IJS 서울대학교 일본연구소

현대일본생활세계총서 4

전후 일본의 지식 풍경

장인성 엮음

박문사

발간사

　이번에 〈현대일본생활세계총서〉(전5권) 시리즈의 제4권을 발간하게 되었다. 〈현대일본생활세계총서〉는 'HK기획연구'의 성과를 단행본으로 묶은 것이다. HK기획연구는 일본연구소가 2008년 11월부터 한국연구재단의 지원을 받아 '현대일본 생활세계 연구의 세계적 거점 구축'이라는 어젠다를 내걸고 수행하고 있는 인문한국(Humanities Korea, 이하 HK)사업의 일환이다. HK기획연구는 상기의 HK사업 어젠다에 관하여 일본연구소가 HK사업단을 중심으로 조직한 기획공동연구를 가리킨다. 특히 HK사업 제1단계(2008.11.-2011.10.)의 HK기획연구에서는 '정체성과 경계의 변용과 재편'이라는 관점에서 현대일본의 생활세계에서 전개되는 다양한 차원의 역학을 조망하는 것을 과제로 설정하고, 2009년 7월부터 각각 '전후 일본과 동아시아', '일본의 사회변동과 지역사회', '전후 일본의 지식형성', '일본의 전통과 문화예술', '일본의 노사관계'를 주제로 하는 5개의 HK기획연구팀을 순차적으로 발족시켜 운영해왔다.

　HK기획연구팀은 HK사업단의 HK교원과 일반연구원을 중심으로 인문학과 사회과학의 다양한 분야 연구자들이 참여하는 학제적 연구를 통해 지역연구의 의의를 충분히 살릴 수 있도록 구성했다. 모든 HK기획연구팀은 매월 연구팀 세미나를 통해 국내외 연구동향 검토와 연구 참여자들의 연구 발표를 진행했고, 또한 세미나의 성과를 국내외에 워크숍과 같은 형태로 공개하면서 연구 성과의 완성도를 높여가는 작업을 거듭했다. 뿐만 아니라 2011년 3월에는 '현대일본 생활세계의 시간과 공간'이라는 주제하에 연합 학술회의를 개최하여 연구 팀별로 수행한 연구 활동을 '생활세계 연구'라는 관점에서 그 연관성을 총체적으로 짚어보는 기회를 갖기도 하였다. 그리고 이러한 연구 활동의 일부는 이미 〈현대일본생활세계총서〉 시리즈 제1권 『전후 일본, 그리고 낯선 동아시아』(2011.7.), 제2권 『도쿄 메트로폴리스: 시민사회·격차·에스닉 커뮤니티』(2012.6.), 제3권 『현대일본의 전통문화: 새로운 과거 오래된 현재』(2012.6.)의 저서로 출판되었다. 이번에 출간된 『전후 일본의 지식 풍경』은 제4권에 해당한다.

서울대학교 일본연구소는 현대일본에 대한 종합적이고 입체적인 지식 생산을 추구하며, 인문학과 사회과학이 함께 참여하는 학제적 연구 방법을 중시한다. 그런 점에서 〈현대일본생활세계총서〉는 서울대학교 일본연구소가 수행하고 있는 HK사업의 핵심적인 연구 성과이자, 동시에 일본연구소의 연구 방향을 담은 출판물의 의미를 갖는다. 물론 이러한 발간의 의의와는 별개로 일본연구소의 출판 성과가 학술적으로 또 사회적으로 어떤 기여를 할 수 있는지에 대해서는 조심스러운 바이다. 2년에 가까운 연구 활동과 1년여의 출판 준비 작업을 거쳐 내놓는 결과물이지만, 연구의 완성도 면에서는 아직 보완되어야 할 부분이 적지 않다고 생각된다. 읽는 분들의 냉정한 비판과 조언을 부탁드리고 싶다.

〈현대일본생활세계총서〉는 앞서 밝혔듯이 한국연구재단이 주관하는 HK사업에 의해 태어났다. 10년간 장기적인 비전을 갖고 연구 활동을 체계적으로 운영할 수 있도록 지원 체계를 제공해 준 한국연구재단에 깊이 감사드린다. HK기획연구를 진행하는 동안 각종 세미나, 워크

숍, 연합 학술 대회 등에서 여러 분야의 연구자들로부터 유익한 논평을 받아 연구 수준을 제고하는 데 큰 도움을 받았다. 지면을 빌려 그 모든 분들께 감사를 드린다. 학술 저서의 출판 환경이 녹록지 않은 가운데서도 기꺼이 〈현대일본생활세계총서〉의 출판을 맡아주신 박문사에 감사드린다. 끝으로 HK기획연구에 참여해 주신 많은 동료 연구자들, 각 연구 팀의 조교로 참여하여 실무를 뒷받침해준 대학원생들, 연구 활동의 원활한 수행을 행정적으로 지원해준 행정실 등, 서울대학교 일본연구소 HK사업단 여러분께도 그간의 노고에 진심 어린 감사를 드리고 싶다.

2013년 6월 21일
서울대학교 일본연구소 소장 · HK사업단장

박 철 희

차 례

발간사 ⋯ 003

서문 전후 일본, 지식의 풍경과 생태학 ⋯ 장인성·서동주
012

1부 전후 사상의 정치성/무정치성

01 '새로운 전쟁'과 문학적 자유주의의 행방 ⋯ 서동주
〈근대문학〉을 둘러싼 사상 공간 025

1. 냉전, '전후'의 침입자 · 026
2. '근대문학파'는 왜 '근대주의'가 되었나 · 031
3. '근대'에서 '민족'으로 · 041
4. '냉전'과 '전후' 사이: 타자 없는 사상 공간 · 048
5. 전후문학의 '55년 체제'를 향해 · 054

02 전후 일본의 보수주의와 교양 ⋯ 장인성
〈고코로〉의 운동과 사상 059

1. '일상적 보수' · 060
2. 전후 체제와 지식사회 · 061
3. 〈고코로〉와 지식인들 · 064
4. 과학주의와 문화주의: 사회과학자와 고코로 지식인 · 073
5. 사상으로서의 〈고코로〉: 고코로 보수주의 · 089
6. '교양' 이후 · 102

03 전후 일본 음악의 연속성과 탈정치화　　　⋯ 이경분
〈음악지우〉의 전후 변용　　　　　　　　　　107

1. 왜 〈음악지우〉에 주목하는가 · 108
2. 〈음악지우〉, 전후 일본 음악계의 거울 · 111
3. 〈음악지우〉를 통해 본 전후 일본의 음악 문화 · 128
4. 전후 일본 음악 문화의 변화와 연속성 · 144

2부 해방/평등의 아이러니

04 전후 일본 '여성해방'의 현실과 이상　　　⋯ 이은경
점령기 〈부인공론〉의 여성참정권과 가사 해방의 담론　151

1. 일본 '여성해방'의 여정과 역설 · 152
2. 〈부인공론〉의 역사와 위상 · 156
3. 점령기 '여성해방'의 실현과 우려 · 165
4. 가사노동으로부터의 해방과 미국 · 177
5. '여성해방'을 둘러싼 인식의 교차 · 187

05 전후 재일조선인의 해방운동과 지식의 정치성 ··· 조관자
〈민주조선〉, 〈진달래〉의 시대와 기억의 정치　　　　　191

　1. 재일조선인의 지식 형성과 정치성 · 192
　2. '조선'이라는 호칭과 정체성 정치 · 194
　3. '해방 인민'의 조직 운동과 〈민주조선〉 · 199
　4. 조국방위대의 반미 항쟁과 〈진달래〉 · 206
　5. 정치적 책임의 소멸과 기억의 정치 · 212

3부 사회과학의 형성/변용

06 전후 사회과학의 제도와 지식　　　　　　　··· 남기정
도쿄대학 사회과학연구소의 탄생과 운용　　　　223

　1. 전후의 개시와 사회과학의 재탄생 · 224
　2. 도쿄대학 사회과학연구소의 설립 · 229
　3. 도쿄대학 사회과학연구소에 모인 사람들 · 232
　4. 전후 사회과학자들의 청춘 군상 · 239
　5. 「사회과학에 대하여」에 나타난 사회과학 인식 · 245
　6. 사회과학의 세 가지 방법: 비교, 종합, 실태 조사 · 249
　7. 『사회과학의 기본문제』의 사회과학 · 256
　8. 도쿄대학 사회과학연구소의 위상과 기여 · 264

| 07 | 마르크스주의 역사학의 전후 변용
전후 일본 역사학계의 운동과 쟁점 | … 박진우
269 |

 1. 전후 일본과 역사학 · 270
 2. '전후 역사학' · 273
 3. '전후 역사학'의 전개 · 279
 4. '전후 역사학'의 변용 · 298
 5. '전후 역사학'의 유산 · 316

찾아보기 … 320

전후 일본의 지식 풍경

서문

서 문
전후 일본, 지식의 풍경과 생태학

1.

지식은 훈육이나 체험을 통해 습득하는 삶의 지침, 혹은 의탁할 수단 같은 것이다. 흔히 담론 체계의 형태로 체계화된 지식은 특정의 이념을 담아내면서 인간의 삶을 규율한다. 체제와 질서가 변동하는 과정에서는 기성의 담론 권력이 약해지고 시대적 과제에 부응하는 새로운 지식 언어와 지식 체계가 출현한다. 여러 형태의 담론들이 경합하는 지식 풍경이 펼쳐진다. 지식 풍경은 변동하는 질서에 대응하는 개체의 삶과 공동체의 비전을 담아내는 담론들이 직조(織造)해내는 지(知)의 패치워크라 할 수 있다.

　　패전부터 안보투쟁 때까지 일본 사회는 격심한 질서 변동을 겪었다. 근대 천황제와 파시즘 체제와 결부된 전전, 전중의 가치관과 지식 체계가 붕괴되고 민주주의의 제도와 이념에 바탕을 둔 새로운 일본을 구축하려는 운동과 사상이 나타났다. 1940, 1950년대 패전-냉전의 맥락과 민주주의-평화헌법-미일 동맹의 제도에 부응하는 일본인들의 행동과 사상은 길항하는 지식 풍경을 만들어내고 있었다. 전쟁 체험과 패전 체험에 기초한 '전후'의 실감(reality), 즉 '전후 의식'이 전후 사상을 규정하면서 새로운 지식사회를 창출하고 있었다. 새로운 일본의 국가와 사회를 생성하는 데 필요한 가치와 제도에 관한 사유와 성찰이 경합하는 풍경이었다.

근대 일본은 국가권력이 근대적 학제와 학지(學知)의 형성을 매개하면서 근대 지식과 근대국가의 형성을 추동하고, 종국에는 국체 이데올로기에 의해 뒤틀린 풍경을 만들어냈다. 1960년대 안보투쟁 이후에는 전후 세대의 출현과 경제성장에 따른 물질적 풍요로 전쟁 체험의 실감이 풍화되면서 일본의 지식사회는 진보와 보수가 고착된 분열상을 보였다. 1940, 1950년대 전후 일본의 지식 풍경은 이들 두 풍경 사이에서 새로운 일본을 모색하기 위한 지적 영위였다. 전후 일본의 지식 사회는 국가로부터의 자립성을 확보하면서 민주주의와 시민사회와 평화 국가의 형성을 매개하는 지적 운동의 장이었다.

2.

인간, 민족, 국가, 예술, 과학 등을 둘러싼 근대와 주체에 관한 성찰은 전후 일본의 지식 풍경에서 중요한 에토스였다. 오랫동안 전후와 현대 일본의 지식 풍경은 마루야마 마사오(丸山眞男)로 상징되는 근대주의적 시선이 조명의 초점을 이루면서, 반근대주의적 견해들이 간헐적으로 이의를 제기하는 모습을 보여왔다. 신화화된 근대주의와 대항적 반근대주의가 만들어낸 비대칭적 이원 구도는 데이터베이스 문화나 서브컬

처의 사상화가 지식사회의 새로운 패러다임을 만들어내고 있는 지금의 시선에서 본다면 어쩌면 시대착오적 풍경일 수도 있다. 서구지향적 근대주의가 탈국민국가론과 탈식민주의론과 같은 포스트모더니즘에 의해 추궁 당한지는 이미 오래이다.

근대와 반근대, 근대와 탈근대의 이념적, 논리적 구성은 전후 일본의 지식 풍경의 실감성을 떨어뜨리고 경합하는 지식들의 다양한 계기를 망각시켜버리는 경향이 있다. 전후 일본에 모색된 '근대(성)'에 관한 고민과 성찰은 음미할 만한 가치가 있지만, 탈냉전기 보수론자들의 반근대주의나 반민주주의 담론이 역사적 사실을 무시한 채 전후 공간을 이념화하고 단순화시켜버리는 것처럼 근대주의 담론도 전후 일본의 지식 공간을 이념화하고 단순화시키는 것은 아닐까.

'지식 풍경'이란 말에는 이념화된 공간을 해체하고 풍경의 다양성과 구체성을 드러내려는 열망이 담겨 있다. 현대 일본의 지식사회를 알려면, 또 '근대'와 '민주'의 일본적 의미를 제대로 이해하려면 전후 공간의 다양한 지식 풍경을 그려내는 노력이 앞서야 할 것이다. 근대주의 대 탈근대주의의 이항대립의 원근법 속에서, 근대주의라는 잣대와 관점에 의해 덧칠된 전후 일본의 지식 공간에 감추어져 있는, 혹은 관심에서 벗어난, 비근대적이거나 비정치적인 의제나 토픽을 찾아내는 작업이 필요하다. 근대주의와 탈근대주의의 이념에 가려진 전후 사상 공간의 실제의 모습을 지식 형성의 측면에서 재조명해야 할 것이다.

3.

지식 풍경은 어떻게 그려낼 수 있을까. 지식 풍경은 특정의 지식 체계나 이념이 지식사회를 규정하는 양상을 통해 드러날 수도 있지만, 지식 집단들이 언어 행위를 통해 지식과 이념을 표출하는 모습에서도 포착할 수 있다. 풍경은 숲 전체를 조망하는 조감도가 아니라 나무들의 군락과 개체를 조명하는 투시도를 통해 묘사될 수 있다. 지식의 군락과 개체를 투시하는 데는 지식의 생태학이 필요하다. 여기서는 지식이나 이념의 주체들이 무엇을 말하는지도 중요하지만, 어떤 조건에서 어떻게 생산되었는지를 살펴보는 것이 더욱 긴요할 것이다. 지식의 생태학은 개별 지식이나 지식의 군락들이 생성되는 과정에 주목한다. 지식인들이 삶과 행위를 규율하는 이념, 이념 투쟁을 빚어내는 권력, 그리고 이념과 권력을 통어하는 제도의 상관적 작용을 통해 지식의 군락을 형성하는 모습에 주목한다.

    지식 군락의 생태학에서는 개체보다는 집단이 지식을 형성하고 운용하는 양상이 더 중요하다. 지식인 집단이나 지식운동의 주체들은 다른 집단과의, 혹은 집단 내부에서의 담론 투쟁을 통해, 그리고 집단 내 사상적 연대와 다른 집단에 대한 배타적 이질성을 통해, 지식과 사상의 형태를 드러낸다. 정치와 문화, 문학과 예술, 과학과 이데올로기, 근대와 전통 등의 의제를 둘러싼 견해를 공유하는 집단들의 정치적 행위(운동)는 집단 내 유사성과 집단 간 이질성을 드러내면서 지식 군락의 생태적 경계를 생성하게 된다. 지식을 생산하고 제어하는 제도도 지식의 군락을 만들어낸다. 잡지는 지식과 운동을 연결시키는 유력한 매개였다. 분과 학문이나 전공 영역에서 학술적 지식 체계를 만들어내고 훈육하는 대학, 연구소, 학회는 지식의 형성, 체계화, 확산을 수행하는 중요한 학술 제도였다. 평화헌법, 민주주의, 보수 정치체제, 미일 동맹 같은 정치제도도 민주주의 및 국가와 관련된 지식의 성질을 규율하는 틀이었다.

　　질서변동기의 지식 풍경은 유동적이다. 특정 지식 체계가 담론 권력을 독점하지 못하고 지식 세계와 현실 세계가 괴리를 보일 때, 지식인들이 그 격차를 해소하려는 강한 정치적 의지와 행동을 보일 때, 지식 풍경은 유동화한다. 하지만 풍경의 유동성이 무한한 것은 아니다. 현실 세계의 관습과 전후 체제의 제도적 권력이 지식 세계의 정치성을 규율하기 때문이다. 무엇보다 논리적 학술 언어로 통제되지 않는, 일상적 생활과 전통적 관습에 기초한 생활 지식은 과학적·논리적 지식이 초래할 지식 풍경의 급격한 변동을 억지한다. 전후 일본에서 지식 풍경의 변용은 과학적 지식과 일상적 지식 사이의, 그리고 이와 연동하는 진보와 보수 사이의 권력관계와 긴밀히 연관된다.

4.

전후 일본의 지식 풍경은 다양성을 내포한 만큼 풍경을 포착하는 관점이나 풍경을 그리는 기법도 다양할 수밖에 없다. 전후 생활을 묘사한 잡지들을 투시해보는 것은 지식 풍경을 파악하는 유력한 방법의 하나이다. 이 책의 저자들은 전후 잡지를 통해 지식 풍경을 그려내고 있다. 공산당의 정치 이념에 반발하며 문학적 자유주의를 표방한 문학지 〈근대문학〉, 혁신적 자유주의와 근대주의에 대항하여 문화적 보수주의를 표방한 지식인들이 참여한 문예지 〈고코로〉, 탈정치적 예술의 가능성을 모색한 음악 잡지 〈음악지우〉, 여성해방을 주창한 대표적 여성지 〈부인공론〉 등을 통해 전후 일본의 지식인 군상이 엮어낸 지식 풍경을 그리고 있다. 〈민주조선〉과 〈진달래〉를 통해 전후 재일한국인들의 운동과 담론을 분석한 글도 있다. 이와 달리 학계의 동향을 분석함으로써 학지의 편력을 그려낸 저자도 있다. 대학연구소라는 제도를 통해 전후 일본의 사회과학을 다룬 글도 있다. 물론 이들 사례는 전후 일본의 지식 풍경을 이루는 군락의 일부를 보여줄 따름이다. 하지만 '근대'와 '민주'를 표방하는 질서 형성 과정에서 이념과 운동과 제도가 상호작용을 하면서 지식을 새롭게 구성하고, 인문학적 사유와 사회과학적 사유, 전통과 근대, 보수와 진보가 때로는 길항하고 때로는 결합되고 있음을 보여준다.

서동주는 〈'새로운 전쟁'과 문학적 자유주의의 행방: 〈근대문학〉을 둘러싼 사상 공간〉에서 전후 일본의 문학사상이 1950년대 이후 자유주의적 주체의 형성에서 민족적 주체의 형성으로 전환하는 과정을 냉전의 맥락에 넣어 분석하고 있다. 전후 역사학이 마르크스주의에 근거했다면, 전후문학의 존재 이유를 드러낸 것은 자유주의 문학자들이었다. 1946년에 창간된 〈근대문학〉은 자유주의 문학자들을 결집시킨 '전후문학'의 모태였다. 패전 직후 "근대적 주체의 확립을 위한 문학(예술)"을 주장하여 주체성 논쟁을 촉발시킨 근대문학파의 사상은 냉전이 전개되면서 담론 권력을 상실하고, 다케우치 요시미(竹內好)의 '국민문학론', 나카노 시게하루(中野重治)의 '피압박민족의 문학론'과 같은 민족 담론이 사상 공간을 주도하였다. 필자는 사상 표현의 제약 조건으로서의 전쟁이라는 관점을 제시하면서 전쟁은 타자 부정을 전제로 하기에 사상의 보편화 가능성을 제약하며 국가를 전쟁의 행위자로 상정하기 때문에 사상 공간에서 '국가'나 '민족' 표상의 과잉을 초래한다고 밝히고 있다. 아울러 근대문학파의 예술지상주의는 문학의 자율성을 억압한 전쟁에 대한 반발의 표현이었고, 전쟁을 사상 억압으로 체험한 세대가 다시 찾아온 전쟁(냉전)이 초래한 사상 제약의 위기에 대항하여 사상 표현의 자유를 보전하려는 의식에서 전후문학 사상의 전환이 이루어졌다고 해석한다.

장인성의 〈전후 일본의 보수주의와 교양: 〈고코로〉의 운동과 사상〉은 진보론 중심의 전후 지식 풍경을 재구성할 필요성을 제기하면서 전후 교양주의자들이 보인 일상적 보수의 모습을 월간 문예지 〈고코로〉에 참여한 지식인 집단의 활동과 사상에서 읽어내고 있다. 필자는 다이쇼 교양주의와 자유주의, 문화주의에 입각한 보수주의 이념을 표방한 '올드 리버럴리스트'들이 〈고코로〉를 매개로 지식인 클러스터를 형성하는 과정을 분석하는 한편, 고코로 보수 지식인들이 패전 직후와 냉전 초기에 전후 일본의 지식사회를 주도한 『세계』 지식인들의 진보주의와 거리를 두고, 새로운 사회과학 형성을 꾀한 『사상의 과학』 지식인들의 과학주의와 사상적 격투를 벌이는 풍경을 그려내고 있다. 필자는 고코로 보수주의자들에게서 투쟁과 정치와 이론보다는 교양과 문화와 체험을 중시하고, 진보 지식인들의 정치적 민주국가보다는 개인의 자유와 교양과 문화가 구현되는 문화국가를 선호하며, 추상적 이념에 따른 혁신보다는 생의 의지가 반영된 구체적 체험에 근거한 변화를 추구하는 의식을 찾아내고 있다. 고코로 자유주의자들에게서 공동체 질서를 전제로 개인의 자유를 용인하는 한편, 진보 지식인들의 이념적 절대평화론을 부정하면서 생의 의지와 투쟁을 통해 평화를 모색하는 사상을 밝혀내고 있다. 고코로 보수주의가 경제성장과 지구화의 경쟁적 맥락에서 교양주의와 문화주의의 입지를 상실하면서 투쟁적 보수로 대체되었다는 지적에서도 전후 보수주의의 현대적 변용을 읽을 수 있다.

이경분은 〈전후 일본 음악의 연속성과 탈정치화: 〈음악지우〉의 전후 변용〉에서 잡지 〈음악지우(音樂之友)〉를 통해 전후 일본음악계의 비정치적 성격을 살펴보고 있다. 전후 일본음악계는 전쟁 책임 문제에 부심했던 지식사회와는 양상이 달랐다. 필자는 패전 직후에 이름을 바꿔 재창간된 음악 잡지 〈음악지우〉는 전후의 변화된 생활세계를 반영하여 음악을 전쟁의 도구가 아니라 음악 자체로 보면서 대중 소비문화에 민감하게 반응하는 변용된 모습을 보였음을 밝히고 있다. 구체적으로 〈음악지우〉에 꾸준히 영화음악이나 음악영화에 관한 기사도 실리고, 전시에 금기시되었던 현대음악과 재즈 음악, 샹송 등이 소개되는 양상을 분석하고 있다. 또한 전시 프로파간다 단체로서 전쟁기 국가권력과 전쟁 논리에 봉사했던 '일본 음악문화협회'와 전시기에 '음악 권력'이었던 야마다 고사쿠(山田耕筰)의 사례를 통해 전후 일본음악계의 전전과의 연속성을 보여주고 있다. 아울러 〈음악지우〉가 대중의 취향과 욕구에 부응하면서 자본주의 논리에 무자각적으로 적응하고 있었음을 밝히고 있다. 전후 교양주의에 나타난 '비정치성의 정치성'을 보여주는 한 단면이라 할 수 있다.

이은경은 〈전후 일본 '여성해방'의 현실과 이상: 점령기 〈부인공론〉의 여성참정권과 가사 해방의 담론〉에서 전후 일본 지식인들의 여성해방 인식을 통해 전후 여성 담론의 실태를 검토하고 있다. 필자는 전전부터 활발하게 여성해방에 관한 논의를 담당한 여성잡지 〈부인공론(婦人公論)〉의 기사들에서 전후 일본의 지식인들이 연합군사령부가 일방적으로 부여한 '여성해방' 정책에 어떠한 반응을 보였는지를 여성참정권과 가사노동을 중심으로 분석하고 있다. 필자에 따르면, 남녀 불문하고 여성의 정치 참여에 대해 우려가 컸고, 첫 여성 정치인의 실망스러운 모습에는 냉소적이기까지 했다. 여성해방은 '가사노동으로부터의 해방'과 동일시되었고, 미국 가전제품에 대한 과장과 왜곡은 가사노동 해방에 대한 지나친 기대와 막연한 미국 동경을 조장하는 경향이 있었다. 필자는 여성 담론의 세밀한 분석을 통해 여성들이 참정권에 대해 점차 각성하고, 미국 가전제품에 대한 막연한 동경이 민주주의 제도와 가치에 대한 관심으로 바뀌어 갔음을 보여주고 있다. 민주화 개혁의 맥락에서 여성 담론이 변용하고 있음을 알 수 있다.

조관자의 〈전후 재일조선인의 해방운동과 지식의 정치성: 〈민주조선〉, 〈진달래〉의 시대와 기억의 정치〉는 전후 일본에서 자신들을 '해방 인민'이라 자칭했던 재일조선인들의 지식 형성에서 나타난 정치성을 검토하고 있다. 그동안 재일조선인 담론이 한국에 소개될 때, 일본의 피차별 민족으로서의 성격이 강조되었다. 그러나 전후 혼란기의 '예외 상태'에서 재일조선인은 정치적 자치 조직과 학교교육을 연결시켜, 민족의식을 고취하고 조직 동원력을 갖추면서 자체 인구를 관리하고 지식 담론을 생성하였다. 이 글은 일본의 '소수민족'이기를 거부하고, 스스로 주권과 생활권을 획득하기 위한 투쟁에 나섰던 재일조선인의 조직 운동과 담론 형성의 역동적 관계를 고찰한다. 필자는 그동안 한국에 전파된 기민(棄民)의 슬픈 기억은 전후 일본과 한반도, 그리고 동아시아 차원의 정치 전선을 넘나들며 운동 주체로서 활동한 재일조선인의 역사를 구체화하지 못했다고 말한다. 그리고 재일조선인운동에서 배태된 재일조선인 담론의 핵심은 민족성과 정치성에서 찾을 수 있다고 강조한다. 이 글은 자유주의 대 사회주의, 혁신 대 보수의 대립 구도에서 파악되는 전후 일본 사상사에서 간과하기 쉬운 마이너리티의 권력 운동과 담론을 성찰함으로써 전후 일본의 사상 공간을 재조명할 여지를 제공하고 있다.

남기정의 〈전후 사회과학의 제도와 지식: 도쿄대학 사회과학연구소의 탄생과 운용〉은 도쿄대학 사회과학연구소에 초점을 맞춰 전후 사회과학 지식의 재구축 과정을 고찰하고 있다. 사회과학연구소의 탄생은 총력전 체제에서 탄압받은 '사회과학'의 부활과 신일본의 재생을 상징한다. 필자는 동 연구소 초기의 연구진이 마르크스주의와 친화성이 강했음을 밝히고 있다. 또한 경성제국대학, 베이징대학 등 '외지' 대학에 재직한 연구자들도 다수 참여했지만, 식민지 경험이 사회과학 형성에 반영되지 않았음을 발견하고 있다. 또한 마르크스주의자이건 근대주의자이건 서양 근대에 기원을 두는 사회변혁에 관한 사회과학적 해명을 통해 일본의 진로를 모색하고자 했음을 밝히고 있다. 필자는 사회과학연구소 구성원들이 전공의 다양성 때문에 사회과학 논쟁을 벌일 만한 분위기는 아니었지만, '비교·종합·실증'의 사회과학 방법론이 '사회과학연구소의 사회과학'을 정의하는 최소공배수로 공유되어 있었고, 이를 토대로 '방법으로서의 일본'을 지향하는 사회과학 연구가 수행되었다고 평가한다.

박진우의 〈마르크스주의 역사학의 전후 변용: 전후 일본 역사학계의 운동과 쟁점〉은 전후 일본 사회의 변혁에 대한 갈망에 부응하여 강좌파 마르크스주의 역사학을 계승하면서 근대 사회과학의 개념과 방법을 받아들인 '전후 역사학'의 융성과 퇴조의 실태를 분석하고 있다. 필자는 '저항의 역사학', '현상 비판의 역사학'을 표방한 전후 역사학이 1950년 전후의 절정기에도 전쟁 책임, 천황제 문제, 식민지 문제와 같은 '난제'를 극복하지 못했고, 1950년대 중반 일본 공산당의 무장 노선 폐기와 후르시초프의 스탈린비판과 헝가리 사건으로 마르크스주의에 대한 대중적 회의가 확산되면서 타격을 받았으며, 1960년대 고도성장이 퇴조를 재촉했음을 밝히면서, 고도 경제성장으로 일본의 봉건성이라는 전후 역사학의 전제가 설 자리를 잃은 데서 원인을 찾고 있다. 필자는 1960년대 유행한 '근대화론', '대동아전쟁긍정론', '메이지백년제', 교과서를 둘러싼 '반동화'가 역풍으로 작용하면서 전후 역사학이 마르크스주의 역사학의 이론적 경직성에서 벗어나 민중사상사 연구와 사회사 연구로 변모하는 과정도 분석하고 있다. 아울러 전후 역사학이 1970년대 이후 포스트모더니즘과 역사학이 결합하면서 종언을 맞이한 듯이 보이지만, 전후 역사학의 유산과 가능성에 주목해야 한다고 지적하고 있다.

5.

우리에게 '전후 일본'은 흔히 냉전체제와 정치 안보와 경제성장으로서 표상된다. 이 책의 저자들은 전후 일본에서 지(知)가 변용하고 새로운 지식이 출현하는 다양한 모습을 드러냄으로써 현대 일본의 지적 기원을 밝히고자 했을 뿐 아니라 '전후 일본' 표상을 보다 유연하게 만들고자 했다. 하지만 공동 연구의 취지가 잘 실현되었는지는 확신할 수 없다. 연구자의 제한된 수 때문에 분석 대상을 넓게 다루는 데는 한계가 있었다. 전공이나 선호의 차이 때문에 분석의 방법과 관점이 일정하지 못한 면도 있다. 부족하나마 한국의 일본 연구에 작은 밑거름이 될 수 있다면 다행이다. 이 공동 연구는 한국연구재단이 지원하는 서울대학교 일본연구소 인문한국사업의 일환으로 수행되었다. 어려운 주제를 함께해준 공동 연구자들에게 감사드린다. 지원과 편의를 아끼지 않은 일본연구소 구성원들에게도 고마움을 전한다.

2013년 6월
장인성 · 서동주 씀

전후 일본의 지식 풍경

제1부
전후 사상의 정치성/무정치성

현대일본생활세계총서 **4**

전후 일본의 지식 풍경

전후 일본의 지식 풍경

'새로운 전쟁'과 문학적 자유주의의 행방*
〈근대문학〉을 둘러싼 사상 공간

서동주

〈근대문학〉 창간호

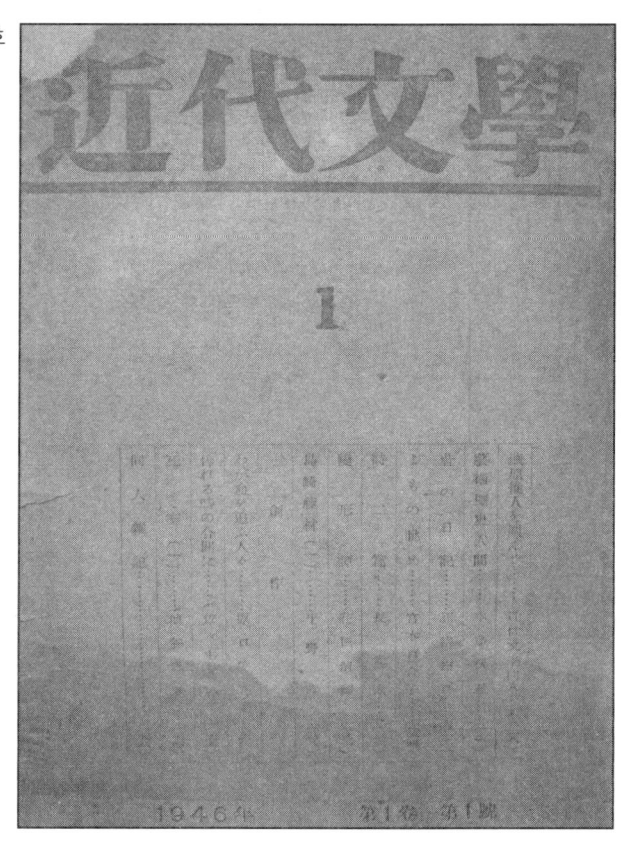

* 이 글은 연세대학교 국학연구원 편, 『동방학지』 제157집(2012)에 실린 초고를 수정·보완한 것이다.

1. 냉전, '전후'의 침입자

패전 이후 10년간, 전후문학의 존재 방식을 둘러싼 담론 공간은 '주체'를 중심으로 편성되었고, 내용에 있어서는 '근대'에서 '민족'으로 전환했다. 이것을 구체적으로 살펴보면, 먼저 1946년 1월에 창간된 잡지 〈근대문학〉의 동인(이하 '근대문학파')을 중심으로 '근대적 주체의 확립을 위한 문학(예술)'이 천명된다. 당시 이들의 주장은 기존의 '자연주의문학' 혹은 '프롤레타리아문학'과 다른 새로운 문학을 제창한 것으로 간주되는 점이 있어, 특히 당대의 문학청년들에게 영향을 주었다.

하지만 일본에서 냉전의 압력이 가시화되고, 무엇보다 한국전쟁의 발발(1950)과 강화조약의 성립(1951)을 기점으로 〈근대문학(近代文學)〉을 모태로 등장했던 이른바 '전후파문학'의 쇠퇴를 알리는 담론이 연이어 출현하는 등, '근대문학파'가 패전 직후의 사상 공간에서 보여준 선도성과 파급력은 급속히 쇠퇴한다.[1] 이어서 강화조약 체결이 불러온 민족 독립을 둘러싼 위기의식을 배경으로 등장한 다케우치 요시미(竹內好)의 '국민문학론'에 의해 '근대문학파'는 '민족을 사고의 계기로 포함하지 않는 근대주의'[2]로 비판받게 된다. 국민문학론의 출현은 전후문학의 사상이 주체의 담론에서 민족의 담론으로 이행했음을 확인시켜 준 문

---

[1] 예를 들면 후쿠다 쓰네아리(福田恆存)는 「지식계급의 패퇴(知識階級の敗退)」(『人間』1949.11-12)에서 저널리즘에서 전후파의 퇴조는 감출 수 없는 사실이 되었다고 말하고 있으며, 아라 마사히토(荒正人)는 「좌담회 현재와 지식인(座談会 現代と知識人)」(『近代文学』1950.5.)에서 1949년 이후로 '전후'가 종료되었다는 인식을 드러내고 있다. 또한 아오노 스에키치(青野季吉)도 『문예연감 1950년(文芸年鑑 1950年)』에서 1949년을 경계로 문학의 전후 현상은 일단락되었다고 언급하고 있다(本多秋五,『物語戦後文学史』, 新潮社, 1967, 390-404쪽).

[2] 다케우치 요시미, 마루카와 데쓰시·스즈키 마사히사 엮음, 윤여일 옮김, 「근대주의와 민족문제」, 『다케우치 요시미 선집1 고뇌하는 일본』, 2011, 231쪽.

학사의 결정적 지표로 간주된다. 이렇게 국민문학론으로 시작된 문학 영역에서의 민족 담론의 부상은 1954년 나카노 시게하루(中野重治)를 필두로 하는 좌익계 문학자들의 '피압박민족의 문학론'을 거쳐, 1955년 에는 야마모토 겐키치(山本謙吉)의 '정신공동체'로 대표되는 이른바 '일본적 전통론'으로 귀결된다.[3]

그런데 문제는 이러한 담론상의 변천을 '확인'하는 것이 아니라, 왜 전후의 문학 사상은 '근대적 주체'로 시작되었으며, 그것은 왜 냉전 속에서 '민족'의 담론에 밀려날 수밖에 없었는가에 관한 '인식'일 것이다. 그리고 이 문제를 생각할 때 중요한 점은 전후문학 사상의 전환점이 일본에서 냉전의 양태가 변화하는 국면과 중첩되고 있다는 사실이다. 예를 들어 문학을 둘러싼 사상 공간의 기축 개념이 근대에서 민족으로 이행하는 1948년부터 1950년까지의 시기는 흔히 '역코스'로 불리는 대일점령정책의 전환기에 해당한다. 또한 국민문학(피압박민족의 문학)에서 전통론으로의 전환은 일명 '55년 체제'로 불리는 냉전 질서의 일본적 구조화(제도화)의 시점에 대응하고 있다.[4] 즉, 전후의 문학 사상은 일본 사회에서 냉전이 격화, 그리고 제도화되는 결절점에서 전환을 맞이하고 있는 것이다.

냉전의 전개와 문학을 둘러싼 사상 공간의 전환 사이의 관계를 생각할 때, 냉전을 새로운 형태의 '전쟁'으로 보는 것은 사태를 새롭게 조명하는데 유의미한 참조점이 될 수 있다.[5] 문학 사상의 전개에서는 다

---

[3] 한편 이 흐름을 다른 각도에서 보자면, '근대문학파'가 제기한 근대의 재평가가 다케우치의 국민문학에 의해 '근대주의=식민주의'로 비판·부정된 후, 전통론이 표방하는 '반근대주의'로 귀결되는 과정으로도 이해할 수 있다.

[4] 이런 사정을 근거로 예컨대 사토 이즈미(佐藤泉)는 전통론의 등장을 '문학의 55년 체제'라는 문제의 틀로 파악하고 있기도 한다(佐藤泉, 『戰後批評のメタヒストリー: 近代を記憶する場』, 岩波書店, 2005 참조).

케우치와 나카노가 '근대문학파'보다 뒤에 위치한다. 하지만 연령상으로는 다케우치와 '근대문학파'는 30대로 같은 세대에 속하지만 나카노는 이들보다 위 세대에 속한다.[6] 따라서 세대교체론과 같은 이해 방식은 그다지 의미가 없다. 보다 중요한 것은 이들이 공통적으로 전쟁을 사상적 억압의 시기로 기억하고 있었다는 점이다.[7] 따라서 냉전이라는 새로운 전쟁에 대한 대응이라는 관점에서 보면, 이들은 모두 사상 억압을 체험한 전중 세대이면서도, '근대문학파'는 패전과 냉전이라는 두 개의 전쟁 사이에서 의미를 가졌으며, 결과적으로 그들의 쇠퇴는 냉전이라는 새로운 전쟁에 대한 사상적 취약함의 결과로 읽을 수 있다. 한편 다케우치가 냉전의 격화 속에서 사상 공간을 주도했다는 것은 '근대문학파'와

---

5) '전후' 일본을 '냉전'이라는 시점에서 재검토하는 것과 관련해서는 다음과 같은 연구들을 참고로 하였다. 佐藤泉, 『戦後批評のメタヒストリー 近代を記憶する場』, 2005; 마루카와 데쓰시, 장세진 역, 『냉전문화론』 너머북스, 2011; 남기정, 「일본 '전후지식인'의 조선경험과 아시아인식」, 『국제정치논총』, 2010; 김항, 「해적, 시민, 그리고 노예의 자기인식」, 『사이』, 2011.
6) 나카노 시게하루는 1902년생으로 패전 당시 40대였다. 반면 '근대문학파'의 혼다 슈고는 1908년생, 다케우치 요시미는 1910년생으로 30대에 패전을 맞이했다.
7) '근대문학파'는 전쟁을 군국주의라는 정치 이데올로기에 의해 '개(個)'에 근거한 문학이 질식된 시기로 기억한다. '근대문학파'의 전쟁 체험에 관해서는 오구마 에이지(小熊英二)의 『민주와 애국(民主と愛国)』(新曜社, 2003)의 「제6장 민족과 시민」이 자세하다. 다케우치 요시미는 1934년에 설립한 중국문학연구회가 일본문학보국회(日本文学報国会, 1942-45)의 직능단체로 가입하는 것을 수락했지만 대동아문학자대회(大東亜文学者大会)에 참가하라는 요청에 끝까지 응하지 않았다. 마루카와 데쓰시는 이런 사실을 언급하며 다케우치가 전쟁 시기를 '굴욕감'을 갖고 있었다고 지적한다(마루카와 데쓰시, 장세진 역 『냉전문화론』 너머북스, 2010, 49-50쪽). 한편 나카노 시게하루는 1931년 공산당에 입당했으나 32년 체포되어 34년 전향 선언 후 출소한다. 전향 이후에도 1937년 전향문학자 중 이례적으로 미야모토 유리코, 도사카 준과 더불어 '집필 금지' 조치를 받기도 하였다.

는 달리 그가 새로운 전쟁에 대응할 사상적 자원을 갖고 있었음을 보여주는 것은 아닐까. 그렇다면 사태를 문학의 사상과 전쟁의 역학(dynamics) 속에서 볼 필요가 있다.

복잡한 역학을 봐야 한다고 말했지만, 그렇다고 문학의 사상과 전쟁을 어떤 매개도 없이 연결시키는 것은 유익하지 못하다. 왜냐하면 그것은 전쟁이 문학을 결정한다는 식의 반영론에 빠지기 쉽고, 그에 따라 사태를 단순화할 수 있기 때문이다. 따라서 양자의 역학을 드러낼 수 있는 시점의 도입이 필요한데, 여기에서는 **사상 표현의 제약 조건으로서의 전쟁**이라는 관점을 설정해 보고자 한다.

이것은 전쟁이 검열과 같은 방식으로 사상 표현을 제약하는 사태를 포함해, 무엇보다 전쟁이 타자의 절멸을 전제로 하는 까닭에 사상의 보편화 가능성을 제약한다는 것을 의미한다. 예를 들어 사상에 대한 전쟁의 이러한 제약성에 관해 중일전쟁의 시기인 1938년 고바야시 히데오(小林秀雄)는 다음과 같이 적고 있다.

> 비상시라는 말이 있다. 일본 국가가 오늘날 조우한 위기는 그야말로 비상시라 불릴 만한 것이다. 그런데 비상시의 사상 따위는 없다. 우리는 평상시에 신중하게 쌓아올린 사상이 있을 뿐이라는 사실을 명심해야 한다. 다시 한 번 말하자면 비상시의 사상이란 없다. 비상시의 정책만이 존재할 뿐이다.[8]

고바야시는 평상시와 비상시의 구별 위에서 사상이란 평상시에만 가능하며, 비상시, 즉 전쟁의 시기에는 정책만이 존재한다고 역설한다. 이 글은 일반적으로 당시 전쟁 협력의 길로 들어선 고바야시의 자기합리화의

---
8) 小林秀雄,「事変と文学」,『小林秀雄全集6』, 新潮社, 2001, 57-58쪽.

주장으로 간주된다. 그러나 여기서 주목하고 싶은 것은 고바야시의 입장이 아니다. 전쟁과 사상의 관계에 관한 그의 통찰이다. 비상시에 사상이 없다는 고바야시의 이 말은 전쟁이 사상(표현)의 제약 조건으로 작용하는 사태에 대한 그의 예리한 인식을 보여준다. 그런 의미에서 전쟁의 사상이란 타자를 배제한 '우리들'만의 사유, 즉 정책에 불과한 것이다. 흔히 반전의 사유가 사상적으로 평가받는 사정도 여기서 이해할 수 있다.

전쟁이 사상 표현의 제약으로 작용하는 것의 또 다른 측면은 전쟁이 국가 간 전쟁의 형태를 띠게 되어 사상 공간에서 '국가' 혹은 '민족'의 요소가 과도하게 활성화된다는 것이다. 이것을 헤겔-다나베 하지메(田辺元)9)의 표현을 빌리면, '특수-종(種)'으로서의 국가가 인류와 같은 '보편-유(類)'와 개인과 같은 '개별-개(個)'를 압도하는 사태로 표현할 수 있다. 전쟁과 사상의 관계에 관한 이런 사정을 또한 고바야시는 다른 글에서 이렇게 말한다.

> 의심하려고 들면 오늘날만큼 의심할 것이 널려 있는 때는 없다. 모든 것이 의심스럽다. 그런데 그런 때에도 의심하려면 의심할 수 있는 관념의 한 자락이나 이데올로기의 부스러기를 믿을까 말까 고민하는 표정을 짓고 있다. 의심스러우면 모든 것을 의심해 봐라. 인간의 정신을 비웃는 듯 적나라한 사물의 움직임이 보일 것이다. 그리고 **성욕과 같이 의심할 수 없는 너의 에고이즘, 즉 애국심이라는 것이 보일 것이다.** 그 두 개만이 남을 것이다. 그곳으로부터 다시 일어서야 할 때, 그것을 비상시라고 한다.10)

---

9) 1885-1962. 근대 일본의 철학자. 니시다 기타로와 함께 교토학파를 대표하는 사상가.
10) 小林秀雄, 「神風という言葉について」, 1938, 『小林秀雄全集6』, 新潮社, 2001, 75-76쪽.

전쟁이 사상 표현의 제약으로 작용한다는 관점에서 볼 때, 그런 전쟁이 '패배'로 종결되었다는 점은 중요하다. 왜냐하면 패배했다는 사실로부터 불가피하게 전쟁 이후, 즉 전후의 사상은 전쟁에 대한 부정에서 자신의 존립 근거를 찾는 상황이 벌어지기 때문이다. 그렇게 본다면 패배한 전쟁 이후의 사상 집단으로서 '근대문학파'가 주장한 '개(個)'의 절대성과 예술지상주의는 문학의 자율성을 억압했던 전쟁에 대한 부정의 산물이라고 할 수 있다. 그들은 정치로부터 문학을 독립시킴으로써 억압되었던 사상 표현을 **회복**하려 했던 것이다. 마찬가지로 다케우치의 국민문학론과 전통론은 다시 찾아온 '전쟁=냉전'이 초래하는 사상 제약의 위기에 대해 사상 표현의 자유를 보존하려는 전중 세대의 **대응**으로 자리매김된다.

결국, 전쟁과 사상의 역학에 관한 이러한 가정에 근거하는 이 글의 문제 제기는 다음과 같은 질문으로 요약할 수 있을 것이다. 왜 패전 이후 일본의 문학 사상은 근대와 개인을 축으로 편성되었으며, 그것은 왜 냉전의 부상 속에서 좌초했는가. 그리고 근대적 주체가 밀려나간 빈자리를 왜 다름 아닌 민족 담론이 채웠으며, 그것은 언제, 어떤 모습으로 냉전의 품속으로 사라졌는가.

2. '근대문학파'는 왜 '근대주의'가 되었나

패전 직후 일본 문학의 사상 공간에서 가장 먼저 주도권을 잡은 것은 옛 프롤레타리아문학 계열 문학자가 중심이 된 '신일본문학회'(1945.11.15. 창립준비위원회 결성, 12.30. 창립)였다. '신일본문학회'는 '민주주의 문학'을 표방했는데, 이것은 창립 대회에서 의장을 맡은 에구치 간(江口

煥)의 다음과 같은 발언, 즉 '본회는 프롤레타리아 단체의 단순한 부활이 아니다. 민주주의혁명의 진전에 발맞춰 모든 민주주의 문학자의 결집을 도모'한다는 말에서 알 수 있듯이 패전 직후 노사카 산조가 천명한 점령군하의 '2단계 혁명'에 복무하는 문학 운동을 의미했다. 특히 사회주의혁명에 앞서 평화적으로 '인민의 정부'를 수립한다는 민주주의혁명의 노선에 따라, '신일본문학회'는 에구치가 언급한 것처럼 과거 프롤레타리아 문학 운동에 참여한 문학자만이 아니라 시가 나오야(志賀直哉), 마사무네 하쿠초(正宗白鳥) 등과 같이 전전 프롤레타리아 문학 운동에 대해 일정한 거리를 두고 '사소설'의 전통을 이어받은 원로 작가들까지 찬조 회원으로 영입하는 등, 짧은 기간에 전후 문단의 주도권을 장악하게 된다.

문단 문학자들이 '신일본문학회'로 대거 결집한 배경에는 패전 직후 공산당이 일종의 '정신적 권위'로 간주되는 사정이 있었다. 이러한 권위는 공산당이 전쟁에 반대한 유일한 정당이라는 것에서 비롯된 것이다. 따라서 공산당의 '비전향 공산주의자'들은 공산당에 부여된 권위의 '화신(化身)'과도 같았다. 여기에 마루야마 마사오의 '회한공동체'가 대변하는 전후 지식인들이 공유하고 있었던, 전쟁을 저지하지도 못하고 저항도 조직하지 못한 '회한'이 다른 한편에서 작용했음은 두말할 나위도 없다.

'신일본문학회'는 지식인의 회한과 공산당의 대중적 권위를 지렛대로 하여 빠른 시간 안에 문학의 사상 공간에서 헤게모니 세력으로 성장할 수 있었지만, 전후문학 사상의 주역이 되지는 못했다. 왜냐하면 핵심을 구성하는 문학자들, 예컨대 구라하라 고레히토(藏原惟人), 나카노 시게하루(中野重治), 미야모토 겐지(宮本顯治) 등은 전전 프롤레타리아 문학 운동 때부터 '지도부'를 이루고 있었으며, 특히 패전 직후 구라하라가 '신문학의 조건'으로 제시한 '객관적 진실의 묘사'와 '인텔리겐 차의 민중으로의 해소'[11])는 전전의 '형상화론'과 '문화 서클 활동'의 반복처럼 보였기 때문이다. 즉, 민주주의 문학 운동은 과거 군국주의에 '비전향'으로 저항했다는 도덕적 권위 외에는 결정적으로 전후라는 시대에 부응하는 '새로움'을 결여하고 있었다.

이러한 '신일본문학회'의 '관성'을 비판하며 새로운 전후문학의 구상에 사상적 자양분을 제공한 것이 '근대문학파'였다. '근대문학파'는 '신일본문학회'가 드러내는 문학에 대한 정치의 우위성을 비판하며, 그것에 예술의 독자성과 '나'에 입각한 예술을 대치시켰다. 그런 의미에서 '근대문학파'는 패전 이후 사상 공간을 점유했던 '리버럴리즘(자유주의)'의 문학상의 표출이라 할 수 있다. 〈근대문학〉 창간호에 실린 '근대문학파'의 창간 선언문의 의미를 갖는 「예술·역사·인간」에서 혼다 슈고(本多秋五)는 정치와 구분되는 예술을 다음과 같이 정의하고 있다.

> '멸사봉공'이 정치의 논리라면, 문학은 '나(私)'에서 출발하며 '나'를 '묵살'해서는 안 된다…'나'에 대하여 정치는 '외율적(外律的)'이고, 문학은 '내유적(內誘的)'이다…정치가 권력이라는 뚜렷한 목표를 둘러싼 투쟁의 형태로 전개되는 반면, 문학의 목표는 분명하지 않다. 따라서 정치상의 변화가 격렬하고 어지럽다면, 정확히 알 수 없는 무엇인가를 둘러싸고 이루어지는 문학의 운동은 정치에 비해 '완만'하고, '유구(悠久)'하다.

이렇게 '정치의 논리'와 '예술의 논리'가 근본적으로 다르다면, 예술성의 판단 기준을 예술 내부에서 찾는 것은 필연적이다. 즉, 예술지상주의란, '정치와 문학의 파장이 훌륭하게 융합, 일치하는' '행복한 시대'의

---

11) 藏原惟人,「新文学への出発」,『東京新聞』1945.11.10, 11.11.

도래를 부정하지는 않지만, '그때까지는 정치의 길과 문학의 길은 다르다는 것을 각성하고, 비록 그것이 어떻게 다르더라도 문학에서는 어디까지나 문학의 시각을 고수하고자 각오하는' 것을 의미한다는 것이다. 따라서 이러한 예술지상주의에서 '군인, 간수의 작품이라도 보수 반동이라 매도당하는 사람들의 작품'만이 아니라, '공산당, 사회당, 자유당, 진보당처럼, 정치 정파에의 소속'도 문제가 되지 않으며 '예술적으로 훌륭한 것이라면' 그 자체로 예술의 조건을 충족하게 된다.

이처럼 '근대문학파'는 문학(예술)에 대한 정치의 개입을 비판하는 문학적 자유주의를 표방했지만, 그렇다고 그들의 '예술지상주의'가 '모든 정치'를 부정하는 것은 아니었다. 이를테면 '나'에 대하여 '외율적'인 정치로부터 독립된 '나'를 확립하고, 그 위에서 '나'에 대하여 '내유적'으로 작용하는 예술의 영역을 확보해야 한다는 혼다의 예술지상주의는 정치 일반을 거부하는 통속적인 '예술지상주의'와 구분되는 다른 차원의 정치성을 드러내고 있다. 그것은 '예술의 사회적 영토화'에 관한 일종의 정치적 주장을 의미한다. 왜냐하면 정치의 논리와 예술의 논리가 절대적으로 다르다는 논의는 예술성의 판단 기준은 예술 안에 존재한다는 '예술적 가치의 내재성'에 관한 주장을 넘어, 자연스럽게 '나'의 내유적 요구에 의해 형성되는 예술 영역의 사회적 공간화를 요구하기 때문이다.

정치권력의 쟁탈에 관련된 '정치'의 개입을 거절하되, 예술의 자립과 사회적 영토화를 주장하는 '정치'를 배제하지 않는 〈근대문학〉의 '정치-문학론'은 사회로부터 단절된 개인에 몰입한 '사소설'과 개인의 영역을 허용하지 않는 '프롤레타리아문학'의 전통밖에 알지 못했던 당시의 문학청년들에게 새로운 문학적 지평으로 받아들여졌다.[12] 뿐만 아니

---

12) 예컨대 요시모토 다카아키(吉本隆明)와 오다 마코토(小田実)는 〈근대문학〉의 애독자였다. 또한 교토통신사(共同通信社)의 편집위원이었던 아라이 나오유

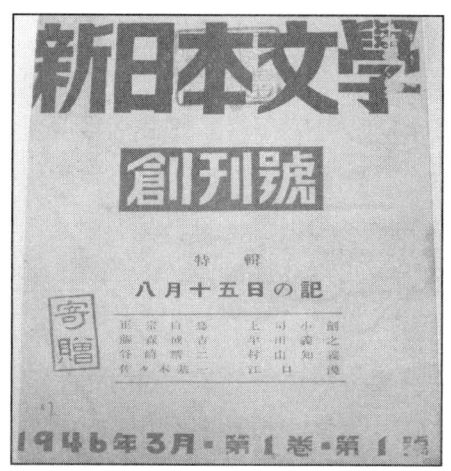
〈신일본문학〉 창간호

라 〈근대문학〉은 '신일본문학회'를 통해 표출된 공산당의 문화에 대한 일방주의에 불편함을 느끼고 있었던 문학자들이 모여드는 '광장(Forum)'의 역할을 담당하기도 했다. 예컨대 7명의 동인으로 창간된 〈근대문학〉은 1947년부터 동인 참가의 문호를 개방하여 1948년까지 후일 '전후파'로 불리는 문학자들을 동인으로 받아들이면서, '전후파문학'의 모태로서의 역할을 하게 된다.13)

당연하게도 전후문학의 사상 공간에서 '근대문학파'가 제기한 이러한 문학적 자유주의의 요청은 '신일본문학회'에게 중대한 '위협'으로

키(新井直之)는 구제고교 재학 당시 읽은 〈근대문학〉에 대해 다음과 같이 평하고 있다. "그것은 지금까지 우리들이 익숙해 있었던 사소설을 중심으로 하는 문학 개념을 완전히 부수는 것이었다…게다가 그것은 전전의 프롤레타리아문학의 이론과도 달랐다. 이른바 그것은 문학을 좁은 문학의 틀에서 문화의 장으로, 사상의 장으로 끌어내는 듯한 느낌을 주었다(小熊英二,『民主と愛国』, 227쪽 참조)."
13) 伊藤成彦,「解説」,『近代文学[復刻版]』, 日本近代文学館, 1972, 24-25쪽.

간주되었다. 양자 사이의 이러한 대립의 분위기는 1946년 일명 전후의 '정치문학 논쟁'으로 불리는, '근대문학파'의 히라노 겐(平野謙)과 '신일본문학회'의 나카노 시게하루(中野重治) 사이의 논쟁으로 표출되었다. 양자의 논쟁에서 초점은 '문학에 있어서 표상의 인간성(윤리성)'에 관한 것이었다. 히라노 겐은 〈근대문학〉 창간 동인 합류 직후부터 민주주의 문학 진영의 '정치의 우위성'에 대해 거듭 비판적인 글을 발표했는데, 그의 비판의 요점은 전후의 민주주의 문학은 전전의 프롤레타리아문학을 '무반성적'으로 계승한 문학 운동이며, 양자가 공유하는 정치의 우위성의 핵심에는 '정치적 목적을 위해 수단을 가리지 않는' 정치의 비인간성이 놓여 있다는 것이다. 히라노는 그 예로서 전전 프롤레타리아문학을 '대표'하는 고바야시 다키지(小林多喜二)의 「당 생활자(党生活者)」 속에 보이는 여성을 이른바 남성 운동가의 '하우스키퍼(housekeeper)'로 묘사하는 대목을 거론한다. 나아가 정치적 목적을 위해 수단을 가리지 않는 사고는 공산당만이 아니라 과거의 '천황제'도 마찬가지였다고 주장한다.[14]

이러한 히라노 겐의 비판에 대해 '신일본문학회'의 나카노 시게하루는 「비평의 인간성」이란 제목의 글을 통해 오히려 히라노의 비평이야말로 비평의 목적을 위해 수단을 가리지 않는 비인간성을 드러내고 있다고 반박한다.

> 히라노 본인이 수단과 목적의 '괴리 현상'의 하나이다. 정치를 인간적으로 생각하는 것은 불가능하다…비평가가 목적을 위해 수단을 가리지

---

[14] 그리고 그런 관점에서 히라노는 고바야시 다키지와 전쟁문학의 기수 히노 아시헤이(火野葦兵)는 상동적이라고 말한다(平野謙, 「ひとつの反措定」, 『新生活』 1946년 4, 5월 합병호).

않는 것은 당연하다. 아라와 히라노는 수단을 가리지 않는다. 그들은 그들 자신의 지저분한 상상과 죽은 자, 망명한 자와의 거래를 통해 목적을 달성하려 하고 있다…그들의 인간성의 질을 거리낌 없이 드러내고 있다.15)

나카노의 불만이 향하는 곳은 히라노 등이 프롤레타리아문학의 비인간성을 드러내기 위해 '죽은 자', 즉 고바야시 다키지를 소환하고 있는 지점이다. '죽은 자'는 자신에게 가해진 비판에 대해 '응답'의 기회를 가질 수 없다. 나카노는 응답 자체가 불가능한 자의 표상을 거론하는 히라노에게서 '비평가의 지저분한 상상(력)'을 보고 있는 것이다. 그래서 나카노는 히라노의 표현에 빗대어 '그들(히라노 겐과 아라 마사히토)은 인간적인 목적이라고 주장하는 것을 획득하기 위해 비인간적인 수단을 쓰고 있다'고 질타한다.

히라노와 나카노 사이에 일어난 다분히 감정적인 공방은 앞서 본 것처럼 고바야시 다키지라는 프롤레타리아문학을 대표하는 작가의 여성 표상을 둘러싸고 진행된 까닭에 '문학적' 사건으로 보이기 쉽다. 하지만 이 논쟁은 1946년부터 1948년까지 전후 일본의 사상 공간을 휘감았던 이른바 '주체성 논쟁'을 촉발시킨 계기에 위치한다. 그런 의미에서 전후의 정치문학 논쟁은 정치의 우위성인가, 예술의 자율성인가와 같은 해묵은 대립의 단순한 반복이 아니다. 그것은 패전 이후 문학만이 아니라 전후 사상의 존재 방식에 관한 문제와 연계되어 있었다.

정치문학 논쟁을 전후 인식이라는 맥락에서 접근할 때, 이 논쟁의 밑바닥에는 양자의 전전(戰前)에 대한 인식의 차이가 존재한다는 점이 중요하다. 왜냐하면 여기에 '근대문학파'가 왜 전후문학을 '개(個)의 확

---

15) 中野重治, 「批評の人間性一」, 『新日本文学』, 1946년 7월호.

립'이라는 주체의 문제로 제기했는가에 대한 해답이 놓여 있기 때문이다. '근대문학파'는 전원이 전전의 프롤레타리아 문학 운동에 참여한 이력을 갖고 있으며, 전후에도 아라 마사히토, 사사키 기이치, 오다기리 히데오는 공산당에 입당했으며, 또한 전원이 '신일본문학회'의 회원이었다. 그들은 정치의 우위성을 비판했지만, '신일본문학회'의 민주주의 혁명을 위한 문학 운동의 필요성마저 부정한 것은 아니었다. 그렇다면 문제는 다음과 같이 표현할 수 있다. 왜 '근대문학파'는 민주주의 문학 운동의 존재를 승인하면서도 '개'와 '예술'의 절대성으로 '신일본문학회'의 민주주의 문학에 대립했던 것인가. 도대체 그들을 분기시킨 '인식'의 차이란 무엇인가.

우선 '신일본문학회'의 경우를 보자. 전쟁 책임 문제에 관하여 '신일본문학회'의 기본 인식은 천황제 군국주의에 전쟁의 책임을 일원화하는 것이다. 즉, 그들의 전쟁 인식은 천황제 군국주의가 민중을 '강제적'으로 동원하고, 지식인을 '탄압'했다는 서사에 기초하고 있다. 그리고 이러한 전전 인식의 자연스러운 귀결로서 전후 최우선 과제는 부당한 권력을 정의로운 권력으로 교체하는 민주주의혁명이 상정된다.

반면 '근대문학파'의 전쟁 인식은 이와는 달랐다. 천황제 군국주의의 전쟁 책임에 대한 인식은 '신일본문학회'와 다르지 않다. 그러나 이들이 문제시하는 것은 권력의 정당성이 아니라, 공산당과 천황제라는 두 개의 '정치'가 보여준 개(個)에 대한 철저한 억압성이다. 따라서 천황제 국가를 인민정부로 대체하는 것을 지지하면서도, 그들은 여기서 더 나아가 정치(혹은 집단)에 환원될 수 없는 개의 '고유성(singularity)'에 집착하지 않을 수 없었던 것이다.

물론 이러한 인식을 떠받치고 있었던 것은 전전의 프롤레타리아 문학 운동에 대한 '근대문학파'의 '환멸'이었다. 오구마 에이지가 지적한

다케우치 요시미

것처럼, 1930년대 스파이 색출을 위해 당 내에서 광범위하게 이루어졌던 '심문과 폭행'들, 그리고 체포된 다수의 당원과 문학자들이 걸었던 '전향과 전쟁 협력'은 '근대문학파'에게는 '인민을 위한 휴머니즘'의 '에고이즘'에 대한 굴복이자 타락과 다름이 없었다.16) 여기서 그들은 자신에 근거하지 않는 '정치'의 위약함을 깨달았다고 볼 수 있다.

'근대문학파'의 사유 구조를 이해하는 데 보다 중요한 것은, 결국 '전선의 정치', 달리 말하면 국가권력을 둘러싼 정치투쟁이 동반하는 개의 소멸에 대한 집요한 문제의식이 그들의 사고 속에 '네이션(nation)'이라는 계기를 누락시켰다는 것이다. 단적으로 아라 마사히토가 주장한 '에고이즘을 확충한 고차원의 휴머니즘'17)이라는 개념에서 보듯이, 이들의 사고는 '개(개별)'와 '인류=인간(보편)'을 어떠한 매개도 없이 접속

---

16) 小熊英二, 『民主と愛国』, 212쪽.
17) 荒正人, 「第二の青春」, 『近代文学』 1946년 2월호.

하는 점에 그 특징이 있다.

훗날 다케우치 요시미는 국민문학의 확립을 요청하면서 이러한 '근대문학파'의 사고를 '민족을 사고의 계기로 삼지 않는 근대주의'라 비판했다. 다케우치가 염두에 둔 것은 문단이라는 길드 안에 안주하여 국민과의 접촉을 외면하고, 서양의 근대문학을 이상으로 했던 '근대문학파'의 태도였다. 분명 다케우치의 비판에는 '전선의 정치'에 대한 과도한 거부감 때문에 네이션의 계기를 소홀히 했던 '근대문학파'의 사유 구조의 핵심을 짚는 예리함이 있다. 그럼에도 불구하고 전후의 '근대문학파'를 일본 문학에서 근대주의의 기원으로 지목되는 다이쇼 시기 〈시라카바파〉의 계승자로만 규정하는 관점을 고수하는 한 왜 패배한 전쟁 이후에 '근대문학파'가 '근대주의'를 이어받는 형태로 등장했는가의 문제는 시야에서 빗겨나버리기 쉽다. '근대문학파'의 네이션의 계기를 결여한 예술지상주의의 주장은 앞서 언급한 바와 같이 그들 나름의 전쟁 체험과 분리해서는 이해할 수 없다. 그런 의미에서 '근대문학파'는 그들의 전쟁 체험과 함께 '역사적 존재'로서 간주될 필요가 있다.

네이션이라는 요소가 누락된 '근대문학파'는 냉전이라는 새로운 전쟁이 시작되고 사상 공간이 '네이션'을 중심으로 재편되자, 문단과 문학청년들에 대한 영향력을 급속히 상실하게 된다. 네이션의 요소를 결여한 까닭에 냉전이라는 상황에 대응할 수 없었던 것이다. 물론 아라 마사히토는 근대적 주체의 개념이 활력을 잃자 '시민문학'을 제창하기도 했지만, 아라의 시민은 국민이나 공민(公民)과 같은 특정 공동체의 구성원이라는 의미를 거부하는 일종의 '코스모폴리탄적' 성격을 갖는 탓에 주목할 만한 반향을 이끌어 내지 못했다. 〈근대문학〉 1953년 1월호에 실린 좌담회 '전후문학의 총결산'은 제목 그대로 '근대문학파'가 제창

나카노 시게하루　　　　　히라노 겐

한 근대적 주체를 위한 문학의 퇴장이 바로 그들 자신의 손으로 확인하는 순간이었다. 그 이후로 심화되는 냉전 속에서 '근대문학파'는 전후문학의 사상 공간에서 획득했던 선도성과 영향력을 다시는 회복하지 못한 채, 안보투쟁의 좌절(1960) 이후 찾아온 대중소비사회의 확산 속에서 1964년 폐간을 맞이하게 되었다.

3. '근대'에서 '민족'으로

1951년 강화조약의 체결 이후 다케우치 요시미는 국민문학의 수립을 주장한다. 다케우치는 국민문학을, 민족의 독립을 염원하는 국민들의 심정을 문학적 언어로 담아낸 것[18]으로 정의하는 데, 이것은 당시 강화

---

18) 다케우치 요시미, 마루카와 데쓰시, 쓰즈키 마사히사 엮음, 윤여일 옮김, 「문

조약의 성립이 점령의 종식과 일본의 독립을 의미하는 것이 아니라 미국에 의한 점령의 영속화로 받아들여졌던 상황을 배경으로 한다. '민족의 독립을 과제로 삼지 않는 문학이 오늘의 일본에서는 있을 수 없다'[19]는 다케우치의 주장은 이러한 상황 인식에 근거하는 것이었다.

민족의 독립을 과제로 하는 문학의 확립과 더불어, 다케우치의 국민문학론이 제기하는 또 하나의 논점은 '근대주의 극복'이다. 그는 '민족이라는 요소가 사고의 통로에 들어와 있지 않거나 배제하는 경향'을 의미하는 근대주의로 인해 일본에서는 서양의 충격(western impact)이래로 분출된 국민문학의 요구가 제 모습을 갖추지 못했다고 파악한다. 그리고 '시라카바파(白樺派)'는 일본문학사에서 이러한 근대주의의 기원으로 간주된다. 즉, 메이지 시기 이래 존재했던 민족주의와 근대주의의 길항이 다이쇼 시기의 '시라카바파'에 의해 민족주의가 잘려나간 근대주의의 형태로 단순화되었다는 것이다.[20]

그리고 전쟁에서 '일본낭만파'를 경험한 전후문학은 그 반동으로 '유럽의 근대문학을 모델로 삼아 일본 근대문학의 왜곡을 조망하는' 근대주의(식민주의)의 입장을 취하게 되었다고 지적하며, 그는 '근대문학파'를 '시라카바파'의 전후 계승자의 자리에 위치시킨다.

> 〈근대문학〉 일파가 국민문학의 형태로 문제를 파악하지 못했던 것은 앞서 말했듯이 문단문학만을 대상으로 삼아 그 내부의 전근대성을 지적하는 데 그쳤기 때문이다. 그렇게 하면 해결책은 자아확립, 근대적 시민으로의 해방이라는 것밖에 나오지 않는다. 그 이상의 국민적 연대

학에서 독립이란 무엇인가」, 『다케우치 요시미 선집1 고뇌하는 일본』, 휴머니스트, 2011, 309쪽.
19) 다케우치 요시미, 「문학에서 독립이란 무엇인가」, 309쪽.
20) 다케우치 요시미, 「근대주의와 민족문제」, 231쪽.

로는 발전하지 못한다. 물론 자유로운 개인이 국민의 단위이니 논리적 순서로야 그런 지적이 타당하겠지만, 실제로 개인의 해방과 국민(민족이라 해도 좋다) 의식의 발생은 대개 동시에 진행된다. 그리고 봉건제와 투쟁하는 과정에서 발생한다…봉건적 분열을 내버려둔 채 독립은 불가능하며 독립을 추구한다면 응당 내부에 남아있는 봉건적 요소를 척결해야 한다. 개인의 독립은 국민적 연대 의식과 떨어져서는 실현되지 않으며, 그 역도 참이다. 개인만을 추상해서 뽑아낸 문학이라면 신분체와의 싸움을 피해서 생겨난 것이지 그 자체가 특권적 의식의 산물이다. 유독 〈근대문학〉만이 아니라 〈신일본문학〉도 포함해 일본의 문단문학을 지배한 근대주의적 경향은 그렇게 만들어졌다.[21]

1949년 이후, 잡지 〈근대문학〉을 모태로 등장했던 전후파문학의 쇠퇴를 거론하는 담론이 등장하고, 1951년부터 전개된 국민문학 논쟁을 거치면서 패전 이후 '근대문학파'의 사상적 영향력은 현저히 후퇴하는 모습을 보인다. 이런 흐름에서 보면 '근대문학파'의 영향력 상실은 국민문학(탈식민주의)에 의해 근대주의(식민주의)가 '극복'된 것처럼 보인다. 하지만 이것은 과거에 전지적(全知的)인 현재에 의해 구성되는 인과관계로, 사태는 그렇게 단순하지 않다. 거듭 말하지만 '근대문학파'를 근대주의의 하나로 보는 것만큼, 역사적인 존재로 보는 것이 중요하다.

이때 '근대문학파'를 '근대주의'로 비판한 것이 다케우치가 처음은 아니라는 사실은 확인해 둘 필요가 있다. 다케우치에 앞서 1948년 8월 『전위』의 지면을 빌어 공산당은 당시 주체성 논쟁에서 주체의 확립을 옹호했던 지식인들을 '근대주의'로 지칭하며 전면적인 비판을 전개한다. 이러한 공산당의 근대주의 비판은 1947년 '2·1 총파업'이 GHQ의 금지명령에 의해 무산되는 것을 계기로 점령하 평화혁명이 회의 속에

---

[21] 다케우치 요시미, 「국민문학의 문제점」, 250-251쪽.

놓이는 상황을 배경으로 한다.

근대주의에 대한 공산당의 비판은 다음과 같은 것이었다. 우선 구라하라 고레히토는 「근대주의와 그 극복」에서 근대주의를 "근대 자본주의 말기, 특히 제국주의 시대에 부르주아문화 속에 나타난 하나의 퇴폐적 조류"로 정의하면서, 이렇게 지식인 문화 속에서 나타난 근대주의는 "근로대중에 뿌리를 둔 건전한 민주주의적 문화"와 화합할 수 없다고 비판하고 있다. 가쓰베 하지메(勝部元)는 「이른바 '주체성' 문제에 대하여」에서 '주체성'을 '반공'으로 규정하여, 주체성론자에 대한 적대감을 드러내기도 한다. 한편 마쓰무라 가즈토(松村一人)는 『부르주아적 인간관에 대하여』에서 같은 마르크스주의 철학자이면서도 주체성론의 입장에 서서 혁명에 있어서 '해방된 인간의 실존적 지주'를 강조한 우메모토 가쓰미(梅本克己)를 향해 그것은 '일본 혁명의 지도력을 노동자계급에서 소부르주아의 손으로 넘기는' 것이라는 비판을 전개하였다.

특히 아마카스 세키스케는 「근대주의와 주체론」이란 글에서 '근대문학파'를 '현재 이른바 주체성론의 가장 유력한, 가장 영향력 있는 하나의 원천'이라 규정한 위에서 아라 마사히토에 초점을 맞춰 비판을 전개하고 있다. 우선 아마카스는 아라의 주체 담론은 전후 일본에 관한 다음과 같은 두 가지 전제, 즉 전후 일본은 후진국이며 전근대사회라는 점과 자아를 긍정하고 그것에 의해 주체성을 확립해야 한다는 점에 근거하고 있음을 확인한 후, 이러한 아라의 인식은 당면한 민주주의 혁명에서 '인민대중에 대한 프롤레타리아트의 지도성에 관한 애매함'을 드러낸다고 비판한다. 나아가 그는 아라의 주체 담론은 이러한 '이론'상의 결점만이 아니라 다음과 같은 '실천'상의 문제도 있다고 덧붙이고 있다.

대중의 봉건적 의식, 무주체성의 극복은 단순한 계몽운동이 아니라, 이것을 제약하고 있는 현실의 봉건적 관계에 대한 현실의 투쟁에 의해, 또한 이 투쟁에 대한 대중의 참가를 통해서만 실현되는 것이다…그러나 주체성의 확립을 주장하는 사람들은 이 운동(프롤레타리아트를 선두로 하는 인민 투쟁)에 결합하려 하지 않는 듯이 보인다.

아라카스가 지적하는 '근대문학파'의 프롤레타리아의 주도성에 대한 소극적 태도는 그뿐만이 아니라 다른 공산당계 논자들도 공통적으로 문제 삼는 부분이다. 즉, '근대문학파'가 근대주의인 이유는 전후 일본의 후진성을 이유로 '부르주아 민주주의혁명'에서의 프롤레타리아계급의 헤게모니를 적극적으로 인정하지 않고, 오히려 인텔리겐치아의 역할을 '과대평가'한다고 간주되었기 때문이다. 마쓰무라 가즈토(松村一人)가 우메모토 가쓰미(梅本勝巳)를 '근대문학파'와 한데 묶어, 이들의 '문학적, 철학적 책략은 부르주아 휴머니즘의 현재적 위상'을 보여주며 '인민적 민주주의를 위한 투쟁에 대해 새로운 사상적 공격'으로 규정한 것도 이러한 맥락에 따른 것이다.

하지만 공산당의 이러한 근대주의 비판이 '근대문학파'와 주체성론자들을 민주주의혁명의 동반자 자리에서 몰아내는 것을 의미하는 것은 아니었다. 사실 공산당의 근대주의 비판은 점령군을 '해방군'으로 간주하는 인식이 급속히 회의에 직면하는 상황에서 제기된 것이다. 그것은 근대주의 비판에 앞서 1948년 2월 당면 목표가 민주주의혁명론에서 '민주민족전선'으로 전환하는 모습으로 나타났다. 그리고 이러한 방침 안에서 주체성론자의 민주민족전선 참여는 기대되고 있었다. 아마카스 세키스케의 다음과 같은 언급은 이런 사정을 보여준다.

현재 일본의 위기에 대하여, 이른바 전후 작가군에 속하는 사람들도 당이 주창하는 민주민족전선에 협력을 아끼지 않게 되었다. 최근의 주체성론은 주로 이 파의 이론가로부터 제기된 것인데, 주체성의 확립이라는 것도 실로 인민의 자주가 없고 또한 민족의 독립이 없다면 거의 무의미한 것이기 때문에, 주체성론의 올바른 발전을 위해서도 이들의 민주민족전선 참여는 기뻐할 일이다.22)

이와 같이 '근대문학파=근대주의'라는 사고는 1948년 공산당의 주체성 담론을 향한 비판에서 비롯되었다. 그리고 비판의 근거는 다르지만, 1950년대 다케우치의 '국민문학 대 근대주의'라는 이항대립을 통해 이러한 사고가 정착된 것으로 보인다. 물론 '근대문학파=근대주의'라는 관념의 역사적 형성의 문제가 여기에서의 초점은 아니다. 중요한 것은 이러한 관념이 점령 정책의 전환, 즉 '일본의 민주화'에서 '반공 기지 국가'로의 이행을 배경으로 하고 있다는 점이다. 달리 말하면 '근대문학파'에 대한 비판의 등장이 냉전의 가시화라는 거시적 변동과 관련되어 전개되었다는 점을 확인하는 것이 중요한다.

하지만 상황의 변화가 사상의 진퇴를 직접적으로 결정하지는 않는다. 게다가 비판이 시작되었기 때문에 위축되었다는 식의 논리는 사태를 지나치게 단순화시킨다. 그런 점에서 '근대문학파' 자체에 시선을 맞출 필요가 있다. 따라서 다음과 같은 질문이 필요하다. 왜 '근대문학파'는 냉전이라는 사태에 무력할 수밖에 없었는가.

---

22) 甘粕石介, 「近代主義と主体論」, 『前衛』 1948년 8월. 여기서 흥미로운 대목은 아카마쓰가 현재의 정세를 '인민의 자주'와 '민족의 독립'의 위기 상황으로 파악하고 있는 부분이다. 이것은 냉전의 가시화 속에서 일어난 점령 정책의 전환(역코스)에 대한 공산당의 반응을 보여주는데, 한국전쟁과 강화조약의 성립 이전부터 '민족'이 주목받고 있었다는 점은 확인해 둘 필요가 있을 것이다.

앞서도 언급한 바와 같이, 이 문제를 생각할 때 '근대문학파'의 사유 안에 네이션의 계기가 빠져있다는 점이 중요하다. 서두에서 전쟁은 사상 표현의 제약으로 작용한다는 시점에 관해 말했다. 하나는 적대성에 근거한 세계의 양분화가 초래하는 보편적 사유에 대한 제약성이고, 다른 하나는 사상 공간에서 국가 혹은 민족의 요소가 과잉 활성화되면서 '인간=인류' 혹은 '개인'의 요소가 배제·억압되는 경향이다. 냉전이 패전 이후에 찾아온 '새로운 전쟁'의 의미를 갖는 한, 그것은 '세계=인류'를 두 개로 갈라놓는 사태와 다름 없으며, 또한 '국가' 혹은 '민족'의 요소를 활성화시키는 조건으로 작용되지 않을 수 없다. 1948년 이후 정치 영역과 사상 영역에 넘쳐나는 각종 '민족'에 관한 담론들이 이를 방증한다. 이런 점에서 보면, 네이션의 계기를 결여한 '근대문학파'가 냉전이라는 새로운 전쟁에 사상적으로 대응할 만한 내적 자원을 갖추지 못하고 있었음은 분명하다. '근대문학파'의 퇴조는 냉전이라는 객관적 상황의 변화가 초래한 단순한 결과가 아니라, 변화에 적절히 대응할 수 있는 사상적 자원의 부재가 결합되면서 일어난 '복합적' 사태로 볼 필요가 있다.

'근대문학파'는 네이션이라는 계기를 갖고 있지 못함에 따라 냉전이라는 새로운 전쟁 속에서 쇠퇴하는 운명을 맞이했다. 냉전에 무력했던 '근대문학파'를 생각할 때, 이를테면 주체성 논쟁에서 '근대문학파'와 마찬가지로 근대적 주체 형성이라는 과제를 내걸었던 마루야마 마사오가 1950년대 이후로도 사상적 영향력을 지속시킨 사실을 떠올려 보는 것도 유익하다. 앞서 살펴본 바와 같이 '근대문학파'가 국가권력을 둘러싼 정치투쟁에서 독립한 개인을 위해 마련한 사상의 종착지에는 언제나 '휴머니즘'과 '인류'와 같은 말들이 놓여 있었다. 반면 마루야마는 천황제의 정신적 구속에서 벗어난 개인에게 '결단'을 통한 '국민주의'로의 합류를 주장했다(결단의 내셔널리즘). 마루야마의 근대적 주체는 네이션과 '주체적으로 결합'함으로써 완성되는 개념이었다. 이렇게 양자는 근대적 주체의 문제를 전후 사상의 과제로 제기하는 데 '합의'하고 있었지만, 마루야마에게는 '근대문학파'에게 결여된 네이션이라는 계기가 근대를 향해 가는 주체의 목적지에 뚜렷하게 설정되어 있었다. 이렇게 냉전 시기 '근대문학파'와 마루야마의 엇갈리는 운명은 사상적 자원으로서의 네이션의 존재 유무와 결코 무관하지 않다.

4. '냉전'과 '전후' 사이: 타자 없는 사상 공간

다케우치 요시미의 국민문학론은 아시아 내셔널리즘(무엇보다 1949년 신중국의 성립)이라는 대외적 상황과 1951년 강화조약 및 안보조약의 성립이라는 대내적 정치 상황을 배경으로 출현했다. 그래서 그의 국민문학은 민족 독립을 과제로 하는 문학으로서 정의되는 것이다.

그런데 다케우치의 국민문학 관련 글에는 강화조약의 직접적 계기였던 한국전쟁에 관한 언급이 보이지 않는다. 1951-1954년 사이, 즉 한국전쟁의 진행과 겹치는 이 시기의 그의 글에서 한국전쟁에 관해 어떠한 언급도 찾아볼 수 없다. 강화조약(안보조약)과 한국전쟁의 긴밀한 정치적 관련성이 인지되고 있었던 당시 상황을 고려할 때,[23] 한국전쟁에

---

23) 남기정이 언급한 것처럼 1950년 12월호 『세계』에 실린 평화문제담화회의 이른바 제3성명 '세 번 다시 평화에 대하여(三たび平和について)'는 강화 문제와 한국전쟁의 '구조적' 관련성에 관한 구조적 인식 위에서 제출된 것이다. 남기정, 「일본 '전후지식인'의 조선경험과 아시아인식: 평화문제담화회를 중심으로」, 『국제정치논총』, 2010, 70쪽 참조.

대한 이러한 침묵은 조금은 기묘해 보인다. 물론 이것이 중국 문학 연구자라는 '본업'에 충실하고자 하는 지식인의 신중함의 결과일 수도 있다는 점에서, 한국전쟁의 침묵을 바로 그의 사상적 윤리성으로 직결시키는 것은 성급한 면이 없지 않다.

그럼에도 불구하고 동아시아 냉전체제의 구조화에서 동전의 양면과 같은 강화조약과 한국전쟁에 대해, 다케우치를 비롯해 1950년대 국민문학 논쟁의 관련자들이 강화조약만을 문제 삼게 만든 '배경=요인'은 따져볼 필요가 있다. 이런 관점에서 여기서는 한국전쟁에 대한 다케우치의 침묵에 대해 사상적 윤리성의 문제로 다루기보다, 한국전쟁에 대한 침묵을 '자연스럽게' 만든 어떤 상황적 요인을 생각해 보고자 한다.

이 문제를 생각할 때, 1954년 나카노 시게하루가 제기한 '피압박민족의 문학'이라는 개념을 둘러싼 담론의 구도를 살펴볼 필요가 있다. 나카노가 이 개념을 처음으로 언급한 「피압박민족의 문학」은 '세계문학과 일본 문학'을 주제로 하여 1954년에 출판된 『이와나미강좌 문학 제3권』에 실린 글이다. 다케우치는 이 책의 편집자의 한 사람으로 참여하였고, 그 자신도 여기에 「문학에서 독립이란 무엇인가」를 싣고 있는데, 이처럼 나카노의 글은 다케우치가 제기하는 문제에 대한 응답의 형태를 띠고 있다. 나카노의 '피압박민족의 문학'은 다케우치의 국민문학론과의 호응 관계 속에서 등장했으며, 무엇보다 다케우치가 '외면'했던 조선 문제를 정면으로 언급하고 있다는 점에서 다케우치를 비춰보는 데 유효한 참조점이 된다.

나카노는 피압박민족의 문학을 제기하는 배경을 "압박 민족의 문학이었던 것이 피압박민족의 문학이 되고, 일찍이 압박민족이었다가 지금은 피압박민족이 된 일본인은 이를 생각하지 않으면 안 된다는 것, 여기에 오늘날 이 문제의 중요성이 있다."[24]라고 적고 있다. 여기서 이 개념이 강화조약 이후 일본이 '아메리카'의 종속 상태에 빠졌다는 상황 인식에 근거하고 있음을 알 수 있다. 그러나 이 글에서 나카노가 제기하는 문제의 핵심은 일본이 피압박민족이 되었다는 '사실'을 확인하는 데 있지 않다. 초점은 왜 일본인이 강화조약을 무효화시키는 데 실패했는가에 맞춰져 있다. 그는 1905년 〈한일의 정서〉의 내용을 상세히 인용하면서, 일본은 자신이 조선을 압박했다는 역사적 사실을 정당하게 기억하지 못한 까닭에 '아메리카'로부터 독립을 지켜내지 못하고 종속 상태에 빠져버렸다는 것이다. 즉, 나카노는 일본이 어떻게 '아메리카'의 종속 상태로부터 벗어날 것인가라는 일본 독립의 문제라는 맥락에서 조선 문제를 도입하고 있는 것이다. 그렇다면 나카노는 조선을, 현재의 일본을 비판적으로 비추는 역사적인 타자로서 소환하고 있다고 할 수 있다.

조선에 관해 침묵으로 일관한 다케우치와는 달리, 이렇게 나카노는 강화조약과 일본의 독립이라는 현재의 정치적 문제를 언급하며 조선을 개입시키고 있다. 하지만 주의 깊게 살펴보면, 나카노도 과거 일본의 식민지였던 조선에 관해 언급하고 있을 뿐, 전쟁과 휴전으로 이어지고 있는 현재의 조선에 대해서는 침묵을 이어가고 있다. 현재의 조선을 외면하는 나카노의 시선이 문제가 되는 것은 그의 「피압박민족의 문학」에 인용된 김달수의 다음과 같은 언급 때문이다.

> 작품의 내용에 대해서는 여기서 언급하지 않겠다. 다만 이것을 썼던 주지하는 시기는 나의 조국 조선에서는 치열한 전쟁이 치러지고 있었다. (중략) 우리 조선인민군은 잘도 싸웠다. 그 초기에는 말할 것도 없이 세계 최강을 자랑하는 아메리카 제국주의군을 주력으로 하는 이른바 국제연합군에 대항해 최후까지 당당하게 잘 싸웠다. 이것은 역사가 보여

---

24) 中野重治, 『中野重治全集 第十卷』筑摩書房, 1962, 475쪽.

주는대로이다. (중략) 이것(현해탄)을 직접 받아들인 일본인에 대해서는 민족의 독립을 상실한 제국주의 치하의 식민지인이라는 것이 어떤 것인가를 보여주고자 했다. 이것은 현재의 일본인에게 가장 적극적인 과제가 아니면 안 되는 것이다.[25]

김달수의 이 글은 1954년 1월에 발간된 『현해탄』의 후기에 실린 것이다. 인용에서 알 수 있듯이, 김달수는 『현해탄』의 집필 배경으로 한국전쟁과 일본의 '독립 상실'을 들고 있다. 김달수가 이렇게 한국전쟁을 거론한 배경에는 한국전쟁 당시 일본에서 전개된 공산당과 재일조선인의 반전 투쟁이 놓여 있다. 그는 '아메리카 제국주의'라는 공통의 적을 통해 이러한 연대에 의미를 부여하고 있는 것이다. 그런데 나카노는 이러한 김달수의 글에서 한국전쟁과 관련된 '공투'의 요청은 배제하고, 오직 일본의 독립 상실을 조선의 식민지 체험과 결부시키는 부분만을 채용하고 있다. 달리 말하면 나카노도 한국전쟁에 대한 언급을 의도적으로 회피하고 있는 것이다.

나카노가 1954년의 시점에서 '갑자기' 조선 문제를 제기한 것을 한국전쟁이라는 정치적 사건과 분리해서 생각하기 어렵다. 하지만 나카노는 그런 '현재'의 조선을 소환하는 대신, 일본의 식민지였던 '과거'의 조선에만 초점을 맞추고 있다. 다케우치가 외면했던 조선을 도입했지만, 한국전쟁으로 상징되는 현재의 조선에 침묵하기는 나카노도 마찬가지였다고 할 수 있다. 그렇다면 왜 1950년대 민족에 열광했던 문학의 사상들은 한국전쟁, 달리 말해 '현재의 조선'과 대면하기를 주저했던 것일까?

이 문제를 사상 표현의 제약 조건으로서의 전쟁이라는 관점에서

---

25) 中野重治, 『中野重治全集 第十卷』, 475-476쪽.

보면, 다음과 같은 설명이 가능할 것이다. 전쟁은 타자의 절멸을 전제로 하기에 사상의 보편화를 제약하는 측면이 있다. 전쟁 속에서 전쟁에 대해 발화하는 사유는, 고바야시 히데오의 말을 빌리면 '사상'이 아니라 '정책'에 불과하다. 따라서 전쟁에서 사상의 위기를 감지하는 자는 전쟁에 반대하거나 관여하지 않는 방식으로 나아가게 된다. 문제는 당연하게도 전쟁 속에서 그런 선택이 결코 쉽지 않다는 데 있다.

한국전쟁과 강화조약은 미소 양국이 세계적 수준에서 전개하고 있었던, 전쟁을 방불케 하는 대립이 동아시아에서 표출된, 동전의 양면처럼 연결된 두 개의 사건이다. 하지만 양자가 환기시키는 냉전의 의미는 전혀 다르다는 것이 중요하다. 강화조약을 거부하는 것은 냉전의 한 축인 '아메리카'로부터의 독립을 의미한다. '아메리카'에서 벗어나는 것이 '소비에트'를 지지하는 것으로 등치되지 않는 한, 그런 선택은 냉전 질서의 '밖'으로 향하는 운동을 의미할 수 있다. 즉, 독립은 냉전이라는 전쟁의 외부로 나아가는 통로가 되는 것이다.

반면 한국전쟁에 개입한다는 것은 적대 관계에 있는 양자 중 하나를 선택하는 문제를 불가피하게 동반한다. 따라서 한국전쟁에 대해 개입(혹은 소극적인 의미에서 언급)한다는 것은 냉전 질서에 '당사자'로서 참여하는 문제를 껴안게 된다. 어느 한쪽을 선택한 이상, 선택에서 배제된 타자의 이해는 기대하기 어렵다. 그리고 이 경우 '사상'은 전쟁 상태가 강요하는 '정책'으로의 타락을 견디지 않으면 안 된다. 거꾸로 전쟁에 개입하는 사상이 외부에서 보면 그 사상의 내용과 무관하게 '정책'처럼 보이는 이유도 바로 여기에 있다.

다시 앞서 제기한 문제로 돌아와 보자. 그렇다면 다케우치와 나카노를 비롯한 1950년대 민족 담론의 주창자들이 '현재의 조선'과 대면하기를 회피하고, 동아시아 냉전의 다른 한 면인 강화 문제에 집중했던 이유는 무엇인가. 사상과 전쟁의 역학에서 보면, 이들은 전쟁 속에서 사상을 보존하는 결코 쉽지 않는 길 대신, 전쟁을 회피 혹은 우회함으로써 정책으로의 타락으로부터 사상을 지켜내는 방법을 선택했다고 할 수 있다. 앞서 언급한 바와 같이 전쟁은 타자의 부정을 전제로 하기에 한국전쟁에 개입하는 사상은 그것의 보편화를 기대하기 어렵게 된다. 그러나 강화 문제를 논하는 것은 한국전쟁이라는 이슈와는 달리, 냉전 질서의 외부로 나아가는 통로, 즉 전쟁에서 벗어날 가능성을 내포하고 있었기 때문이다. 게다가 강화조약의 문제는 '미국(자본주의)인가, 소련(사회주의)인가'라는 특수상황적 구도를 '지배(억압)와 종속(피억압)'과 같이 '일반적'인 구도로 문제를 치환시키는 담론적 효과가 있다는 점을 덧붙여 두는 것도 좋을 듯싶다.

한국전쟁에 대한 침묵의 배경을 이렇게 '이해'하더라도 문제는 여전히 남는다. 1950년대 민족 담론이 주도한 문학의 사상은 한국전쟁을 선택의 문제로 다루고 있었지만, 현실의 일본은 전쟁을 수행하는 미국의 후방 기지 역할을 수임(受任)함으로써 이미 전쟁에 '보이지 않는 당사자'로서 '개입'하고 있었다. 그렇다면 이미 개입해 있는 냉전이라는 전쟁을 선택 가능한 조건 속에서 사고하는 것은 무엇을 의미하는가. 다케우치는 자신의 국민문학론이 전쟁 당시 일본낭만파의 국민문학론과 '연계'되어 있음을 여러 곳에서 밝히고 있다. 이것은 달리 말하면 다케우치가 자신이 처한 현재의 상황이 과거 전쟁 시기의 반복 혹은 재현이라는 인식을 갖고 있었음을 보여준다. 즉, 다케우치는 현재의 자신이 '전쟁과 같은' 상황 속에 있다는 자각이 있었다. 하지만 동시에 그는 한국전쟁 대신 강화 문제에 집중함으로써 냉전이라는 사태를 선택 가능한 것으로 표상하고 있다. 결국 다케우치를 포함한 1950년대 민족 담론의 주창자들의 사상적 한계란, 현재의 조선을 언급하기를 회피했다는 타자 인식의 문제를 넘어, 그런 타자와의 대면을 우회하여 전쟁으로부터 자신을 '격리=분리'시키려는 자기 보존의 욕망에 이끌리고 있었다는 점에서 찾아야 할 것이다. 나아가 전쟁 속에 있으면서 그것을 선택 가능한 것으로 표상하는 것, 거기에서 '냉전'을 '전후'로 살아가는 전후 일본의 무의식의 발단(發端)을 이끌어내는 것은 난폭한 결론일까?

5. 전후문학의 '55년 체제'를 향해

냉전 속에 있으면서도 자신을 냉전의 '밖'에 놓는 감각은 1955년에 들어와 일종의 전통론이라고 부를 수 있는 메타비평의 등장으로 정점에 이른다. 야마모토 겐키치와 후쿠다 쓰네아리는 이 시기 비평 공간의 전통 담론을 대표한다. 이들은 주체의 독창성과 작위성에 대한 부정을 통해 '변덕스런' 정치로부터 문학을 지켜내려 하였다.

예를 들어 야마모토 겐키치는 「고전과 현대문학」에서 '정신공동체', '전통'과 같은 개념을 비평에 도입하여, 작가를 그 개성에 근거하여 '단독'으로 평가하는 것은 불가능하며, '과거의 예술 사이에서 비교·대조할 것'을 주장한다. 다시 말해 야마모토에게 있어서 예술은 정신공동체의 표현으로서의 양식, 즉 '여러 혼의, 혹은 영속적인 하나의 동포성의 외면적 표출'로 간주된다.

한편 후쿠다 쓰네아리는 '연극적 인간(劇的人間)'이라는 개념을 통해 역사의 목적을 자각한 계몽적 주체에 대한 비판을 전개한다.[26] 후쿠다가 말하는 연극적 인간이란, 연극의 결론을 알고 있으면서도 현재에

---

26) 福田恆存, 「人間・この劇的なるもの」, 『新潮』 1955.7-1956.5.

그것을 알지 못하는 듯이 행동하는 인간을 말한다. 이러한 그의 주장이 겨냥하고 있는 것은 이른바 마르크스주의에 의해 구성되는 '주체'와 '전체'의 관념이다. 그래서 그는 '역사의 필연을 알고 있으면서 그곳을 향해 당면 과제를 세운다고 주장하는 자가 구상하는 인위적인 전체주의'에 대하여, '자연'의 전체주의를 대치시킨다. 즉, 마르크스주의는 개개의 작가가 주장할 수 있는 '주의'이지만, 전통은 그 좋고 나쁨과 같은 판단이 미치지 않는 곳에 개개인을 초월해 존재하고 있다는 점에서 '자연'이라는 것이다.

1955년에 거의 동시적으로 모습을 드러낸 전통으로의 회귀(전통의 재평가)는, 같은 해『중세의 문학』을 통해 메이지 이후의 근대화에 회의를 표명하면서 현대를 양식 상실의 시대, 중세를 확고한 양식 확립의 시대라고 주장한 가라키 준조(唐木順三)와도 겹치고 있다. 사토 이즈미가 지적한 것처럼 '개(個)'의 한계를 거론하며 전통을 도입하는 이 시기의 담론은 1950년대 이후 고조된 반근대주의의 흐름과 맞물리면서 '일본적인 것'을 후진성의 지표가 아닌 '민족적 미의식의 원천'으로 전환시키는 역할을 하고 있었다.[27]

게다가 이러한 흐름이 또한 작가를 작품에서 분리시키는 비평 담론과 병행하고 있었다는 점도 간과할 수 없다. 1955년 신진 비평가들에 의한「메타피지컬 비평의 깃발 아래로」라는 제목의 익명좌담회(『文学界』1955.4-9.)가 그것이다.[28] 비평의 기준을 작가에 두는 '사소설적 비평'에 대하여 이 좌담회의 참가자들이 공통적으로 주장하고 있는 것은 작가의 작품으로부터의 '분리=배제'였다. 이들의 관심은 근대적 주체의 확립이 아닌, 작품에 내재하는 '미'의 발견이었다. 두말할 나위도 없이

---

[27] 佐藤泉,『戦後批評のメタヒストリー: 近代を記憶する場』, 岩波書店, 2005, 197쪽.
[28] 「メタフィジック批評の旗の下に」,『文学界』1955.4-1955.9.

이러한 '탐미 비평'과 전통론이 공유하는 것은 예술을 '주체'를 통해 이해하려는 발상에 대한 전면적인 거부이다.

그런데 여기서 주목할 점은 정치적 현실과 미적 세계의 분리에 기초한 이러한 비평 담론이 이미 정치적인 동기에 근거하고 있었다는 점이다. 무엇보다 그것은 강화조약과 안보조약 체결이 불러온 민족의 위기와 그것에 의해 촉발된 사상 공간에서의 네이션의 활성화의 연장선상에 위치한다. 즉 그것은 국민문학론-피압박문학론과 구별되는 1950년대 냉전 구조 속에서 배양된 문학 사상이었다. 하지만, 동시에 그것은 작가라는 주체를 작품에서 분리시키고, 전통의 수동적인 표현자에 위치시킴으로써 정치의 변동에 구애받지 않는 '미의 왕국'을 상상하였다. 달리 말하면 냉전에 의해 태어난 문학의 사상은 스스로를 냉전과 분리시킴으로써 자신이 구축한 미적 세계 외부에 존재하는 냉전을 결과적으로 승인하는 역설을 드러내고 있는 것이다.

더욱이 1955년은 전쟁을 사상의 억압으로 기억하지 않는 요시모토 다카아키[29]가 전중 세대의 전쟁 책임을 제기한 해이기도 하다.[30] 예컨대 전후문학의 담당자들과 자신 사이에 놓은 '단층'을, 그는 다음과 같이 말한다.

> 전후파 작가들의 작품을 들어 논하기 전에 어쩔 수 없이 다른 전쟁 체험으로부터 오는 그들 세대와 우리 세대 사이의 시간적 단층을, 분명히 말해 둘 필요가 있다. 아마도 어떤 사상적인 공감을 갖는다 하더라도

---

29) "나는 철저하게 전쟁을 계승해야 한다는 과격한 생각을 품고 있었다…전쟁에 진다면 아시아 식민지는 해방되지 않는다는 천황제 파시즘의 슬로건을 내 나름대로 믿고 있었다(『高村光太郎』, 1957)."
30) 또한 1955년은 소비사회의 욕망을 선취한 이시하라 신타로의 『태양의 계절』이 세상에 나온 해이기도 하다.

아직 이 단층을 메우는 데 이르지는 못했다고 생각되기 때문이다.31)

전쟁을 사상의 억압으로 기억하지 않는 세대의 등장은 냉전에서 사상과 문학을 지켜내려고 했던 전후문학의 사상과는 다른 국면의 시작을 알리는 신호탄이었다. 이후 전후의 문학은 '오에 겐자부로-요시모토 다카아키'를 한 축으로 하며, '미시마 유키오-에토 준'을 또 하나의 축으로 하는 이른바 '문학의 55년 체제'라 부를 수 있는 세계를 향해 이륙을 시작했다.

---

31) 「戦後文学は何処へ行ったか」, 『群像』 1957.8.

현대일본생활세계총서 **4**
전후 일본의 지식 풍경

전후 일본의 지식 풍경

전후 일본의 보수주의와 교양*
〈고코로〉의 운동과 사상

장인성

〈고코로〉 창간호

* 이 글은 서울대학교 일본연구소 편, 『일본비평』 제6호(그린비, 2012)에 실린 초고를 수정·보완한 것이다.

1. '일상적 보수'

일본의 보수주의라 하면 흔히 강한 국가를 추구하는 내셔널리즘이나 애국심, 혹은 행동가들의 우익적 행동을 떠올리게 된다. 실제 우익 행동가들은 자기 귀속의 대상이자 일상생활을 통제하는 규범적 가치로서 '국가' 표상을 중시하며, 이른바 신자유주의 사관에 입각한 역사교육을 통해 자국 역사의 긍지와 국가 의식을 높이려는 행태를 보이고 있다. 보수 이론가들도 우익 행동가들과 차이는 있지만 전후 체제를 지탱해온 진보주의를 부정하고 국가 의식과 애국심을 강조하는 언설 활동을 활발히 펼치고 있다.[1]

이러한 움직임은 탈냉전과 지구화 상황에서 촉발된 위기감에서 생겨난 것이며, 현대 일본의 보수주의가 심대한 변화를 맞이하고 있음을 나타내준다. 전후 일본에서는 개인의 생활과 자유를 중시하는 '일상적 보수'가 일반적이었다. 하지만 경제 발전이 일본 국민의 보수화와 보수 정치의 일상화를 허용하고 나아가 탈냉전과 지구화 상황이 국가 이념을 강조하는 '싸우는 보수'의 출현을 초래하면서, 자유와 교양과 심미를 중시하는 교양주의적 보수나, 개인의 생활과 자유를 중시하는 일상적 보수는 현저히 퇴조해 있다.

개인의 생활과 자유를 중시하는 일상적 보수는 보수주의의 기본 속성이다. 전후 일본에서 일상적 보수는 전후 체제를 주도한 정치 세계의 정치적 현실주의와 지식 세계의 진보주의에 비투쟁적으로 대면하면서, 초연한 모습으로 전후 보수주의의 단면을 간직하였다. 전후 일본의

---

[1] 이에 관해서는 장인성, "현대일본에서의 보수와 '국가'표상", 장인성 편, 『일본의 보수와 표상』(서울대학교출판문화원, 2010) 참조.

일상적 보수는 보수적 교양주의자에게서 그 전형을 찾을 수 있다. 교양주의를 표방한 문화적 보수주의자들은 전후 체제의 제도와 가치를 공유하면서 주류 이념(진보주의)에 대응하였고 일상생활에서 일본 사회의 문화적 규범과 가치를 보수하고자 했다.

교양주의자의 전후 보수주의는 그간 일본사상사 연구에서 무시되거나 간과되어 왔다. 이 글에서는 전후 일본의 지식인들에게 나타난 교양주의적 보수의 내용과 성격을 특히 문예지 〈고코로(心)〉의 동인들을 중심으로 탐색한다. 고코로 보수 지식인들의 활동과 사상에서 전후 체제의 초기에 형성된 보수적 지식과 자유주의적 보수주의의 실체를 엿볼 수 있기 때문이다. 〈고코로〉는 전후 일본의 자유주의적 보수주의자들이 전후 체제 형성과 경제성장의 맥락에서 문화적 보수주의의 사유를 표출한 장이었다. 고코로 동인은 진보적 제도 개혁이 행해지고 민주주의 가치들이 형성되는 1940년대 후반, 1950년대 전후 일본의 맥락에서 자유주의의 가치와 보수의 관점에서 진보주의와 과학주의와 정치주의에 대응하였다. 담론 권력을 다투는 투쟁성은 약했지만 진보주의와 정치적 현실주의와 차별화되는 일상적 보수의 특성을 보여주었다.

2. 전후 체제와 지식사회

패전후 두 세대 이상 시간이 흘렀고 경제 대국을 이루었으며 냉전체제가 종식된 마당에 일본이 '전후 체제'에 있다고 말한다면 어색할지 모른다.[2] 하지만 민주주의 체제와 평화헌법, 미일 동맹이 계속되는 한, 이것

---

2) '전후의 종식'은 1958년 『경제백서』에서 "더 이상 전후가 아니다."라고 선언한

들에 의해 생겨난 '전후 체제'의 기본 틀은 존속하기 마련이다. 전후 체제를 구성하는 이념과 가치, 제도를 둘러싼 긴장과 대립이 이어지는 한, '전후 체제'는 일본인들의 사유를 규정할 수밖에 없을 것이다. 특히 전후 체제에서 형성된 민주주의와 평화헌법, 미일 동맹의 제도, 가치를 부정하는 논쟁적 보수주의자들에게 '전후 체제'는 극복해야 할 강력한 표상이다.3)

'전후 체제'는 전쟁과 패전의 경험이 만들어낸 제도적, 심리적 공간이며, 거기에는 실재와 해석의 양면이 있다. '제도로서의 전후 체제'는 평화헌법과 미일 동맹이라는 제도로 규율되는 실재의 세계이다. 패전으로 강제된 평화헌법과 냉전으로 성립한 미일 동맹은 일본 사회를 규율하는 규범으로서 작용해왔다. '심리로서의 전후 체제'는 민주주의와 진보주의가 지식사회를 주도하는 지배적 이념과 이와 대결하는 보수적 이념이 길항하면서 만들어내는 해석과 언설의 세계이다. '전후 체제'는 평화헌법론자들에게는 확립된 정상 체제이지만, 평화헌법의 전쟁포기 조항의 부당성과 헌법 성립의 비주체성을 들어 헌법 개정을 제창하는 우익 보수론자들에게는 해체해야 할 비정상 체제이다. 전후 체제를 둘러싼 보수적 해석이 존재하고 해석을 둘러싼 진보와의 대립이 지속되는 한 '심리로서의 전후 체제'는 상존할 수밖에 없다.

체제(정치체제, 국제 체제)는 제도를 매개로 이념이나 가치와 결부된다. 1940, 50년대는 일본의 새로운 제도와 가치가 형성되는 시기였다. 현대 일본의 가치 체계가 민주화와 미일 동맹에 기초한 전후 체제를 전

이래 여러 차례 표명되었다. 하지만 나카소네의 '전후 정치의 총결산'이나 '전후 50년', '전후 60년'이라는 슬로건에는 '전후 체제'가 끝나지 않았다는 암묵적 인식이 깔려 있다.
3) '전후 체제'의 체제와 이념에 대한 비판은 에토 준(江藤淳), 니시베 스스무(西部邁), 사에키 게이시(佐伯啓思)의 저작들에 잘 나타나 있다.

제로 한다면, 패전 공간과 냉전형성기에 표출된 이념과 가치, 그리고 이를 담은 지식의 존재 양태를 파악할 필요가 있다. 그런데 지식 체계는 이념이나 가치를 규정하지만 후자가 전자를 형성시키기도 한다. 이념은 그 자체로서도 성립하지만, 대항 이념과의 상호작용이나 담론 투쟁을 통해 형성되기도 한다. 전쟁과 패전의 공간에서 체제 변혁의 동력과 체제의 강제력이라는 강력한 계기는 가치 체계와 지식 체계의 변형이나 생성을 유발하고 의제를 제공한다. 또한 현실 문제를 둘러싼 쟁점이나 논거를 둘러싼 지적 긴장과 대립은 가치 체계나 지식 체계의 전환 내지 형성의 동력이 된다. 지식의 존재 양식이나 유형은 흔히 특정 쟁점에 관한 태도나 지적 성향을 규정하는 이념에 의존하지만, 매체(잡지)나 지적 그룹(연구회, 동인 집단)을 매개로 형성된 심리적 동질감에서 나오기도 한다. 지식과 이념은 지식인 집단과 활동의 장이 되는 미디어를 매개로 하며, 집단과 미디어는 지식과 이념 형성의 장으로 기능한다. 지식인의 언설은 체제와 매체와 지식의 상호 연관성 속에서 이루어진다.

　　제도 변혁과 질서 변동 과정에서는 기존의 지배 이념이 약화되고 변혁과 변동을 둘러싼 진보-보수 논쟁이 벌어지는 일이 많다. 패전과 냉전의 공간에서 전후 일본의 보수와 진보는 새로운 전후 체제의 제도(평화헌법, 미일 동맹, 민주제)와 가치(자유, 민주주의, 평화)를 공유하면서도 천황제와 국가에 관해 서로 다른 견해를 보였다. 진보 지식인들이 전후 체제의 새로운 민주주의 이념과 보편적 가치에 입각해서 새로운 일본의 형성을 모색하였다면, 보수 지식인들은 꼭 투쟁적이지는 않지만 전후 체제의 지식사회를 주도한 진보와 담론 투쟁을 벌이면서 새로운 체제에서의 개인과 사회와 국가에 대해 비평하였다.

　　문예 동인지 〈고코로〉는 전후 일본의 보수 지식인들이 새로운 민주주의와 안보 공간에서 진보적 언설과 대응하여 보수적 사유를 표출한 장이었다. 고코로 지식인들은 문학과 예술, 사회과학을 아우르면서 기고문과 좌담회 등을 통해 문화적 보수의 정체성을 드러냈다.[4] 지식과 인적 네트워크와 체제의 상관성이 만들어낸 전후 지식사회를 살면서 새로운 지식 체계로 부상한 과학주의(사회과학)에 대항하는 문화주의를, 개혁과 냉전의 정치 안보 쟁점을 주도한 진보주의에 대항하는 보수주의를 표방하였다. '전통', '인간', '개인', '자유'와 같은 말에 주목하면서 개체와 전체, 문화와 정치, 전쟁과 평화 등 다양한 의제에 관해 보수적 사유를 개진하였다.

3. 〈고코로〉와 지식인들

〈고코로〉와 '올드 리버럴리스트'

〈고코로〉는 1948년 7월에 창간되어 1981년 7·8월 합병호로 종간될 때까지 33년간 발간된 월간 동인 문예지였다. 문학자 아베 요시시게(安倍能成), 무샤코지 사네아쓰(武者小路實篤), 시가 나오야(志賀直哉), 나가요 요시로(長與善郎), 철학자 와쓰지 데쓰로(和辻哲郎), 무타이 리사쿠(務台理作), 법학자 다나카 고타로(田中耕太郎), 역사가 쓰다 소키치(津田左右吉) 등 당대의 일급 보수 지식인들이 동인으로 참여하였다. 고코로 지식인들은 메이지 시대에 태어나 자유민권기 이후 청년기를

---

4) 고코로 그룹과 고코로 보수주의는 학술 분석의 대상이 되지 못했다. 이러한 무관심은 학자들이 진보 지식인의 사상에만 주목하는 경향에서 비롯된 것이다. 고코로 그룹의 사상에 관해서는 동시대인의 관찰이 있을 뿐이다. 久野收, "日本の保守主義—『心』グループの思想をめぐって", 『中央公論』 1958年5月號. 山田宗睦, "リベラルな保守派『心』グループ", 『日本』 8-2, 1965年2月號.

보냈고, 다이쇼 시대에 교양주의와 자유주의를 내세우면서 문화인으로서의 명성을 얻은 자들이 많았다. 전쟁에 편승했던 자들이나 전후에 진보적 색깔을 띠게 된 이들은 포함되지 않았다. 무샤코지, 시가, 아베가 핵심이었고 이들의 인맥이 고코로 그룹의 주구성원이었다.

패전 때 다이쇼 교양주의자들은 대부분 50대 이상이었기에 '올드 리버럴리스트'로 불렸다. 진보적 개혁을 모색하는 전후 맥락에서 보수주의 색채를 띤 '낡은' 다이쇼 자유주의자, 교양주의자라는 어감을 주는 다소 냉소 섞인 말이었다.[5] 당연히 '올드 리버럴리스트'들이 만드는 〈고코로〉는 "노인잡지"라는 인상을 주었다.[6] 고코로 지식인들은 이 말을 달가와하지 않았다. 다나카 고타로는 세인들이 〈고코로〉를 "노인들이 틀어박혀 기분이 좋아서 기염을 통하는 장소"로 보는 것에 불만을 표하면서 "영원한(eternal) 것 앞에서는 노인도, 청년도, 남도, 여도, 외국인도, 일본인도 없다…문제는 좋은 것인가 나쁜 것인가, 진짜인가 가짜인가에 있다."[7]라고 토로하기도 했다.

고코로 그룹은 유연한 서클이었다. 〈고코로〉는 생성회(生成會)의 동인지 형태로 발간되었는데, 무샤코지는 창간사에서 동인들이 지향할

---

[5] 50년대에 〈사상의 과학〉 지식인들은 고코로 그룹이 "전전에 보였던 보수적 경향을 전후에 분명하게 사상적 보수주의로 정착시킨 그룹"이었다고 평가했다(『戰後日本の思想』, 76쪽).
[6] 다카타 히로아쓰(高田博厚)는 1957년에 33년간의 재불 미술 활동을 끝내고 귀국했는데, 〈心〉를 읽고 "노인잡지"라는 인상을 받았다고 술회한 바 있다(高田博厚, "『心』について一眞の知性を求めて", 『心』 1978年12月號, 78쪽).
[7] 田中耕太郎, "生成言(三)", 『心』 1948年12月號, 63쪽. 아베 요시시게도 "소위 진보주의자라는 일본의 어떤 젊은이는 공산주의가 진정한 자유주의라 하고, 우리를 시대에 뒤떨어진 올드 리버럴리스트라 경멸한다."라고 말한 바 있다(安倍能成, "平和と自由とについてアメリカ人諸君に訴ふ", 『心』 1953年4月號, 10쪽).

바를 다음과 같이 말하고 있다.

> 이상과 현실이 꼭 일치하는 것은 아니지만 이 잡지의 출현을 기뻐해줄 사람은 의외로 많을 것이다. 누구나 우리를 좋아할 거라 생각지는 않는다. 자유를 사랑하고 자기 본래의 생명을 완전한 모습으로 살리고 싶다고 진심으로 생각하는 사람에게 사랑받는다면 그것으로 된다. 자기 신념을 꺾고서까지 타인의 호감을 얻기를 바라지 않는다. 우리는 같은 생각을 가진 자가 아니다. 취미도 다르다. 자신에게 충실한 사람들을 존경하며 타인을 비틀고 싶어하는 자에 반대한다. 생성회 모두는 자신을 가지고 자신이 말하고 싶은 것을 다른 사람을 개의치 않고 말할 수 있는 사람들의 모임이라고 믿는다. 이 모임에 속해 있다고 해서 자신이 말하고 싶은 것을 말할 수 없다면 곤란하다. 서로 개성은 다르다. 살고 있는 세계의 범위도 다르다. 다르기 때문에 배울 점도 있다. 모든 사람이 같은 형(型)이 되거나 같은 색이 되는 것은 원치 않는다. 모두 마음껏 자신이 쓰고 싶은 것을 쓴다. 그런 잡지였으면 한다.[8]

조직의 유연성과 사상의 다양성은 상관적이다. 그룹의 유연성은 사상과 표현의 자유에서 비롯된다. 차이를 중시하면 개성이 드러나 공통성을 찾기 어렵고 동일성을 중시하면 개성이 무시되기 십상이다. 고코로 그룹은 "차이를 가진 동일성"을 지향하였다.[9] 차이는 개성 간의 다름을 뜻하지만, 개성들로 전체를 구성할 때 차이는 상대화될 수 있다. 개성과 전체성의 상관성은 후술하듯이 고코로 보수주의자들에게 중요한 논점이었다.

이러한 정신은 〈고코로〉의 존재 이유로서 종간 때까지 견지되었

---

8) 『心』 創刊號, 1948年 7月號, 권두언, 4쪽.
9) 山田宗睦, "リベラルな保守派『心』グループ", 285쪽.

다. 창간 30주년을 맞아 〈고코로〉 편집자는 "과도기 현상에 직면한" 현대에 〈고코로〉의 역할이 "미래를 향한 '본질적인 물음'과 '자유로운 표현'이 가능한 장을 보전하고, 창조를 향해 커뮤니케이션이 가능한 인간적 유대를 형성하는 데 있다."라고 확인하고 있다. "전통은, 미래를 향해 창조와 마주하는 자 앞에 절실한 모습을 나타내는 것"이라는 믿음도 있었다.10) 미술가 다카타 히로아쓰(高田博厚)는 〈고코로〉의 존재 이유를 "시대사조를 개념적으로만 수용하고, '새로운 것'을 좇는 데 열심이며, 때문에 '사상' 자체도 '대중화'되고 흥미 위주로 바뀐 전후 일본의 현실에서 '자신의 내면'을 지키려는 이상주의적 정신 자세"에서 찾았다.11) 〈고코로〉 종간호에서는 이 잡지가 창간 이래 "자유인이 자유롭게 말할 수 있는 시대"와 "모든 분들이 용기를 갖고 꿋꿋이 살아간 역사"12)를 보여주었고, "과거에 뿌리내린 부동의 눈으로 현재를 조망하고, 조용히 일본을 응시하는 태도"13)를 견지해왔다고 자평하고 있다.

이러한 일관성은 미래를 향해 "본질적인 물음"과 "자유로운 표현"이 가능하다는 사실뿐 아니라 동인의 유대감에서 나왔을 터다. '고코로'(마음)가 어떤 연유로 잡지명에 사용되었는지는 알 수 없지만, 아마 자신들의 존재를 나타내주는 공감된 표상이었을 것이다. '고코로'는 우선 '일본인의 마음'이었다. 문학자 다케야마 미치오(竹山道雄)는 〈고코로〉가 "일본의 서민적이랄까, 보편적인 생각을 가장 대표적으로 전하며, 일본인의 마음을 그대로 말하고 있다."14)라고 말한 바 있다. '마음'은

---

10) 心編集室, "創刊30周年を迎えて―傳統と未来を見詰める", 『心』 1978年12月號, 77쪽.
11) 高田博厚, "『心』について―眞の知性を求めて", 『心』 1978年12月號, 78쪽.
12) 武見太郎, "『心』の果たした役割", 『心』 1981年7・8月號(終刊特別號), 14쪽.
13) J・ロゲンドルフ, "和魂", 『心』 1981年7・8月號(終刊特別號), 19쪽.
14) 竹山道雄의 발언, 座談會, 31-32쪽.

세계를 향해 열린 것이기도 했다. 고코로 보수주의는 세계주의에 맞닿아 있었다. 조치(上智)대학의 로겐도르프(Joseph Roggendorf)는 '고코로'는 '화혼(和魂)'뿐 아니라 '양혼(洋魂)'을 나타낸다면서, 고코로 지식인들은 "세계의 마음을 마음으로 삼는 사람들"이며, 고코로 그룹의 '기품'과 '연대성'은 이러한 '마음'에서 비롯된다고 자평하고 있다.15)

일본과 세계를 관통하는 '마음'은 유연한 보수주의를 허용한 고코로 지식인들의 교양주의와 자유주의로 연결된다. '교양'이 유럽의 정신문화를 보편으로 받아들이는 것이라면, 교양주의는 일본적 특수성과 세계적 보편성을 매개할 여지를 제공한다. 정치적 자유주의보다 개인적 자유주의를 지향하는 심성도 '세계의 마음'과 통하는 유연성을 허용했을 터다. 유연성은 고코로 보수주의의 건강성16)을 뜻한다. 고코로 보수주의의 건강성은 개성을 중시하면서 전체성을 생각하고, 지난 것(전통)을 살리되 현재의 변화를 부정하지 않는 태도에서도 확인된다. 고코로 지식인들의 교양주의와 자유주의는 문화주의로 표현되었다. 교양을 가리키는 '문화'는 과학적 합리성을 지향하는 사회과학자들에게는 '과학'을 호도하는 추상적 관념이었지만, 고코로 지식인들에게는 '생활'을 드러내는 실재적 개념이었다.

교양주의와 자유주의는 고코로 동인들을 얽어주고 〈고코로〉를 존속시키는 이념이었지만, 대중과의 거리를 초래한 것이기도 했다. 〈고코로〉는 "나쁜 잡지는 아니지만 팔리는 잡지도 아니"었다.17) 심미적 가치를 추구하는 교양주의와 개인적 자유를 추구하는 자유주의는 대중을

---

15) J・ロゲンドルフ, "和魂", 19-20쪽.
16) '문화'와 '교양'을 비판했던 사회과학자들도 고코로 보수주의의 건강성은 인정했다(『戰後日本の思想』, 77쪽).
17) 隆, "余錄", 『心』 1953年4月號, 87쪽.

동원하거나 유인해낼 이념과 비전을 제시할 성격의 것은 아니었기 때문이다. 동인들은 넓은 독자층을 확보하여 〈고코로〉의 사회적 영향력을 높이기보다는 동인지로서의 정체성을 유지하는 데 힘썼다.[18] 이 때문에 재정상의 어려움도 겪었고 몇 차례 휴간하기도 했다.

〈고코로〉의 생존 기간은 일본이 민주주의를 확립하고 경제성장을 달성한 시기와 겹친다. 한 세대에 걸친 고코로 보수주의의 기다란 생명력은 진보 담론이 지식사회를 주도한 전후 체제에서 일상적 보수나 일상의 보수 감각이 일정한 의미를 가졌음을 말해준다. 하지만 일본 사회가 경제 대국으로 진입하는 순간, 고코로 보수주의는 스러질 수밖에 없었다. 경제적 풍요 속에서 '이익'이 '교양'을 압도했을 때, 교양주의와 자유주의에 입각한 일상적 보수는 설 자리를 잃을 수밖에 없었다. 메이지 태생의 올드 리버럴리스트와 독자층이 사라졌을 때 〈고코로〉는 소멸될 수밖에 없는 운명이었다.

인적 네트워크와 고코로 지식인

앞에서 말했듯이 〈고코로〉는 무샤코지, 시가, 아베가 주도해서 만든 생성회(生成會)의 동인지로서 발간되었다. '생성'은 패전과 민주화 개혁의 상황에 맞추어 새것을 형성하거나 변화를 모색한다는 의미에서 채택된 것으로 보인다.[19] 발행 초기에 달마다 실린 생성회 회원 명부를 보면 회원이 계속 늘고 있었음이 확인된다.[20] 생성회는 지방에 지회가 결

---

18) 串田孫一, "終刊號の編集後記として", 『心』 1981年7·8月號(終刊特別號).
19) '생성회'는 나가요 요시로(長與善郞)가 붙인 명칭인데(『心』 創刊號, 安部의 後記), 작명의 의도는 알려져 있지 않다.
20) 생성회 초기 동인을 보면, 창간호 명단에는 와쓰지 데쓰로, 다나카 고타로, 다니자키 준이치로(谷崎潤一郞), 쓰다 소키치, 나가이 가후(永井荷風), 무샤코지 사네아쓰(武者小路實篤), 무타이 리사쿠(務台理作), 야나기 무네요시(柳宗

성되면서 전국적 모임으로 성장하였다. 생성회는 전국적 조직이었지만 회원의 자격과 구성이 유연한, 몇 개의 핵을 가진 지식인 네트워크 내지는 클러스터였기에 운동체로서의 결집력은 약한 편이었다. 〈고코로〉도 중앙의 편집자와 핵심 인물 몇 사람에 의해 꾸려졌다.

생성회 동인의 일부는 삼년회(三年會)에서 유래하였다. 삼년회는 전쟁 말기에 외무대신 비서관 가세 도시카즈(加瀨俊一)가 기도 고이치(木戶幸一) 내대신과 시게미쓰 마모루(重光葵) 외무대신의 지원을 받아 결성한 것이었다. 패전 시 대두할 사상적 혼란에 대처하고 일본을 재건하기 위한 사상적 과제를 검토할 목적에서였다. 니시다 기타로(西田幾多郞), 야마모토 유조(山本有三), 아베 요시시게, 시가 나오야, 와쓰지 데쓰로, 다니카와 데쓰조(谷川徹三), 다나카 고타로 등이 참여하였는데, 이들의 자유주의적 성향이 구미 열강과의 선린을 중시하는 외무성 관료의 성향에 부합했을 것이다. 정기 모임은 주로 외상 관저에서 비밀리에 이루어졌다. 아베, 시가, 와쓰지, 다나카 등은 패전 후 생성회의 핵심을 이루게 된다.[21]

〈시라카바(白樺)〉 동인도 고코로 지식인의 네트워크에 연루되었다. 무샤코지 사네아쓰는 〈고코로〉의 창간과 운영을 주도한 핵심 인물이었다.[22] 〈고코로〉의 명운은 무샤코지와 함께 했다고 해도 과언이 아

悅), 야나기타 구니오(柳田國男), 고이즈미 신조(小泉信三), 아베 요시시게, 니무라 이즈루(新村出), 시가 나오야 등이 보인다. 제2호에는 아마노 데이유(天野貞祐)가, 제3호에는 스즈키 다이세쓰(鈴木大拙)가 추가되었다.

21) 日本外交學會編, 『太平洋戰争終結論』(東京大學出版會, 1958); 학술·문화계에서도 동경제대 법학부 7교수(南原繁, 高木八尺, 田中耕太郎, 我妻栄, 末延三次, 岡義武, 鈴木竹雄)를 중심으로 종전 공작이 있었다. 다나카 고타로는 양쪽에 걸쳐 있었지만, 난바라는 고코로 그룹에 속하지는 않았다(山田宗睦, "リベラルな保守派『心』グループ", 288쪽).

22) 장기간 편집자로서 편집을 맡았던 기무라 슈키치로(木村修吉郎)는 무샤코지

니다. 독문학자 데즈카 도미오(手塚富雄)는 종간을 맞이하여 "무샤코지의 타계(1976년 4월)는 〈고코로〉에 치명적이었다. 때문에 이제 〈고코로〉가 자발적으로 물러날 결의를 한 것은 자연스럽고 현명한 일이다… 이처럼 확실하게 종결지음으로써 무샤코지 씨에게 창피를 주지 않고 〈고코로〉답게 최후를 장식했다고 하겠다."23)라고 술회하였는데, 의례적인 언사는 아니었을 것이다. 이 무샤코지 주위에 〈시라카바〉 옛 동인들이 모여들었다. 편집자 기무라 슈키치로(木村修吉郞)는 "우리들은 모두 〈시라카바〉의 영향을 받지 않는 자가 거의 없었다. 그 정도로 〈시라카바〉에 실린 소설은 물론이고 오귀스트 로댕이나 기타 회화 등의 영향은 실로 위대하였다. 그 중에서도 무샤코지 사네아쓰 작 희곡『누이』, 『애욕』, 『나도 몰라』 등은 걸작으로 꼽을 수 있다."24)라고 회상하고 있다. 시가 나오야도 시라카바 동인들이 집결한 또 하나의 핵이었다. 시가의 자택은 전후에 시라카바 동인들이 자주 출입한 '중심지'였다. 전전부터 이곳을 드나들면서 무샤코지의 주변 인물과 면식이 있었던 미술사가 미와 후쿠마쓰(三輪福松)는, "이곳에 모인 그룹은 정해져 있었기에 전후 〈고코로〉라는 것을 만들었을 때 '아아, 그 동료들이구나.'라는 것을 바로 알았습니다.", "〈고코로〉는 새로운 의미의 〈시라카바〉라는 기분으로 만들었다는 생각이 든다."라고 회상하고 있다.25)

〈고코로〉는 젊은 시절 무샤코지와 시가가 인도주의를 표방했던

의 꿈이 창간의 계기였다고 술회하고 있다. 동인지를 발행하자고 무샤코지를 설득하고 나가요 요시로(長與善郞)에게도 권유했지만 둘 다 좀처럼 받아들이지 않았는데, 무샤코지가 1948년 정월 동인지를 창간하는 꿈을 꾼 뒤 실행에 옮겼다고 한다(木村修吉郞, "余錄", 『心』 1976年7月, 武者小路實篤追悼號).
23) 手塚富雄, "私にとっての『心』", 『心』 1981年7・8月號(終刊特別號), 10쪽.
24) 木村修吉郞, "余錄".
25) 三輪福松, "知的交流の場として", 『心』 1978年12月號, 80쪽.

시라카바 운동의 연장선상에 있었다.26) 고코로 교양주의에 보이는 심미적 성향이나 예술적 감성, 자유주의적 분위기는 시라카바와의 연관성을 보여준다. 그 영향은 고코로 2세대에도 보였다. 역사가 스즈키 시게타카(鈴木成高)는 고코로 2세대가 결과보다는 "동기의 순수함"과 "인간의 순수함"을 존중한 시라카바의 영향을 많이 받았다고 토로하기도 했다.27) 하지만 양자는 달랐다. 〈시라카바〉가 "미지수의 젊음의 표상"이었다면, 〈고코로〉는 원하는 것을 쓰는 개성이 강한 연로한 대가들의 집합이었다.28) 〈시라카바〉가 동료애에 기초한 결집력 강한 문화 운동을 펼쳤다면, 〈고코로〉는 동인들의 다양성으로 인해 결집력 약한 문화 활동을 보였다.29) 고코로 동인의 교양주의와 자유주의는 조직적 운동을 만들어내는 이념으로서 기능하기 어려웠다. 〈고코로〉는 전후의 맥락에서 〈시라카바〉의 재현일 수 없었고 '진보'와 '과학'을 표방하는 새로운 지식 운동과 대결해야만 했다.

---

26) 三輪福松, "知的交流の場として", 82쪽. 무샤코지의 딸인 수필가 무샤코지 다쓰코(武者小路辰子)에 따르면, 무샤코지는 〈白樺〉 이후에도 잡지명이나 편집자를 몇 차례 바꾸면서 〈新しき村〉를 발행하는 등 잡지 발행에 힘썼다고 한다(武者小路辰子, "『心』往来―父と雑誌の誕生のことなど", 『心』 1978年12月號, 85쪽).
27) 座談會, 42쪽.
28) 武者小路辰子, "『心』往来―父と雑誌の誕生のことなど", 85쪽.
29) 三輪福松, "知的交流の場として", 80-81쪽.

4. 과학주의와 문화주의: 사회과학자와 고코로 지식인

전후 일본의 '올드 리버럴리즘'이 다이쇼 리버럴리즘의 선형적 계승이 아니라 맥락적 부활이었다면, 계보학적 연원을 따지는 것 못지않게 고코로 지식인들이 주어진 맥락에서 대항적 이념에 어떻게 대응했는지를 밝히는 일이 중요해진다. 1948년 〈고코로〉의 창간과 생성회 결성은 민주화 개혁과 냉전 개시의 상황에서 진보 이념이 부상하고 새로운 사회과학이 지식 권력을 획득하는 지식사회에 대한 대응이었다. 〈세계〉와 〈사상의 과학〉은 '진보'와 '과학'에 대한 고코로 지식인들의 심리적 저항과 정체성을 일깨우는 매체였다. 〈세계〉는 민주화 개혁으로 민주주의 이념이 부상하고 냉전 개시로 새로운 안보 공간이 출현하는 맥락에서 진보 이념에 입각해 민주와 평화를 모색한 진보 지식인들의 거처였다. 〈사상의 과학〉은 관념론적 사회과학에서 벗어나 실용주의적 사회과학을 모색한 사회과학자들의 장이었다. 고코로 보수주의자들은 '진보'와 '사회과학'에 대응하면서 자유주의적 보수의 정체성을 드러냈다.

진보 대 보수: 〈세계〉와 〈고코로〉

생성회에는 전전의 삼년회 구성원이 함께 했지만 직접적인 모체는 패전 직후인 1945년 9월에 삼년회를 모태로 해서 생겨난 동심회(同心會)였다. 시가 나오야, 무샤코지 사네아쓰, 나가요 요시로, 야나기 무네요시, 와쓰지 데쓰로, 사토미 돈(里見弴), 다나카 고타로, 다니카와 데쓰조(谷川徹三) 등 60세 전후의 지식인 20여 명이 결성한 모임이었다. 동심회 회원들은 다이쇼 교양주의와 자유주의를 체득한 문화인들로서 패전 공간에서 문화 활동을 재개했지만 활발하지는 않았다.[30] 이들은 〈세계〉와 애증 관계에 있었다. 〈세계〉의 창간은 현실 문제를 다룰 종합잡지의 창간을 구상하고 있었던 이와나미서점 사장 이와나미 시게오(岩波茂雄)가 오랜 친구였던 아베 요시시게에게 의뢰해서 이루어졌다. 동심회 핵심 인물인 아베가 창간에 관여하면서 회원들도 자연스럽게 필진으로 참여하였다. 동심회 회원들은 마루야마 마사오(丸山眞男) 등 청년 지식인이 제기한 '회한공동체'와는 다른 형태의 '회한'을 생각하고 있었다.31)

하지만 동심회는 〈세계〉와 바로 결별하게 된다. 회원들은 〈세계〉가 동심회의 기관지나 동인잡지이기를 희망했지만,32) 출판사 측은 그럴 의향이 없었다. 요시노 겐사부로(吉野源三郎) 편집장을 비롯한 편집진은 진보적 논조를 보였고, 〈세계〉는 동심회 교양주의자들의 보수적 성향에 맞지 않았다. 아베는 〈세계〉 창간에 관여도 하고 권두 논문도 썼지만 편집에 관여하지는 않았고 요시노 편집장의 노선에 거리감을 느꼈다. "끊는다든가 헤어진다든가 할 정도의 사건"은 없었지만,33) 아베는 1946년 1월 문부대신에 취임하면서 〈세계〉와 멀어졌다. 아베는 〈고코로〉에 애착을 갖게 된다.

---

30) 월 1회 정도 모여 담화도 나누고 강연 활동을 하는 정도였지만, 회원들의 연령이나 생업 때문에 활동은 순조롭지 않았다(『心』創刊號, 安部의 後記). '동심회'라는 명칭은 야나기 무네요시가 붙인 것이었다.
31) 이와나미 시게오는 전전부터 종합잡지를 낼 의향이 있었고 한때 스스로 편집을 맡고자 할 정도로 의욕이 강했다. 이미 전전에 이와나미는 〈思潮〉(1916년 창간, 1919년 폐간, 주간 阿部次郎), 〈思想〉(1921년 창간, 1928년 휴간, 주간 和辻哲郎; 1929년 재간, 주간 和辻哲郎, 편집자 谷川徹三・林達夫, 1946년 4월 휴간, 이와나미 사후에 성격을 바꿔 속간함)을 발행했는데, '비교적 고답적인 잡지'였다. 이와나미는 현대 세계와 일본의 절실한 문제를 다루지 않는 데 부족함을 느끼고 있었다(安部能成, "『世界』と『心』と私", 『世界』第100號, 1954年4月號, 38쪽).
32) 『心』創刊號, 安部能成의 後記.
33) 『心』創刊號, 安部能成의 後記.

동심회와 〈세계〉의 완전한 결별은 요시노 편집장이 〈세계〉 제4호에 실린 쓰다 소키치(津田左右吉)의 「건국의 사정과 만세일계의 사상」이란 논문과 관련해 항의 조의 편집자 말을 첨부한 것이 계기였다. 아베는 훗날 〈세계〉 100호 발간을 축하하는 글에서 요시노의 "성실한 편집" 덕분에 〈세계〉가 세상에 알려졌다고 공치사하면서도, 쓰다 논문에 대한 요시노의 "지나치게 신경질적인 태도"가 "〈세계〉의 편향"을 결정지은 계기였다고 꼬집고 있다. 요시노 같은 "차세대 사람들"이 주도하는 이와나미서점의 운영 방식과 〈세계〉의 성향에 대해 "거리"를 느꼈다.[34] 〈세계〉는 1949년 특집호와 1950년 3월, 12월호에서 평화 문제를 다루고 1951년 10월에는 강화 문제 특집을 기획하는 등 '민주', '평화' 의제를 선점함으로써 〈중앙공론〉과 〈개조〉를 능가하는 지지를 얻는 진보적 종합 시사지로 급성장하였다. 진보 이념의 확산을 뜻했다.

아베가 느낀 심리적 거리감은 교양주의 문화인들이 젊은 진보 지식인들에 대해 느낀 세대 차와 이념적 차이를 상징한다. "우리 차남은 〈세계〉를 애독하는데 〈고코로〉는 전혀 읽으려 하지 않는다. 최근 젊은 이들은 아마 우리 차남과 같을 게다. 나도 〈고코로〉와 〈세계〉의 간격처럼 〈세계〉를 지배하는 사상이나 감정, 감각에는 친근감이 없다."[35]는 아베의 발언에도 〈고코로〉와 〈세계〉를 둘러싼 보수 감정과 진보 감정 사이의 괴리, 진보에 대한 보수주의자의 심리적 거리가 잘 드러나 있다. 아베는 〈세계〉의 진보주의 "편향"을 불편해 했다. 그는 〈세계〉 지식인들이 "어쨌든 세계와 일본의 현실을 보고, 혹은 보고자 애쓴다."는 사실을 인정했지만, "〈세계〉가 우리에게 알려주는 세계와 일본의 현실"과 "우리가 신뢰할 수 있는 세계와 일본의 현실" 사이의 괴리를 강하게 느

---

34) 安部能成, "『世界』と『心』と私", 39-41쪽.
35) 安部能成, "『世界』と『心』と私", 40쪽.

졌다. 진보 지식인이 세계와 일본에 대해 "진상"을 알리기보다 "편향된 입장"에서 "일면"만을 본다는 것이다. 보수적 자유주의자가 보기에 "진상"은 정치적 이념으로 분식되고, 정치적 이념이 현실을 규정하고 있었다. 아베는 〈세계〉를 읽으려는 "의지가 있어도 잘 읽히지 않는" 심정을 토로한다. "편향된 입장"에 쉽게 가까워질 수 없는 '기품', '교양', '연령' 때문이었다.36) 기품, 교양, 연령―바로 올드 리버럴리스트의 조건!―은 내키지 않아도 읽어 보려는 의지를 낳기도 하지만, "편향된 입장"에 동조할 수 없는 궁극적 제약으로서 기능한다. 아베가 평화문제담화회 좌장으로서 〈세계〉를 띄워준 '평화 문제'에 연루되면서도 〈세계〉의 진보주의를 비판하는 애매성을 보인 것도 이와 무관치 않을 것이다. 애매성은 '기품', '교양', '연령'을 갖춘 '올드 리버럴리스트=보수적 자유주의자'들에게 공통된 것이었다.

　〈고코로〉는 편향된 입장에 대해 느끼는 불편함, 혹은 기품, 교양, 연령이 통하지 않는 맥락에서 벗어나려는 욕망에서 생겨났다. 〈세계〉의 진보적 정치주의로부터의 소외감, 혹은 진보 지식인들에 대한 불편한 심기를 느꼈을 때, 동심회는 〈세계〉에 대항할 매체가 필요했다. 여기서 보수적 문화주의를 지향하는 〈고코로〉가 탄생했고 생성회가 결성되었다. 이 지점은 시라카바 동인들이 합류하는 결절점이기도 했다. 시라카바 동인들의 문예주의와 동심회 인사들의 문화주의가 자연스럽게 합류하게 된 것이다. 새로운 '생성'은 비우호적 혹은 대결적 타자의 존재에 의해 촉발되는 측면도 있고 수동적인 것일 수도 있다. 하지만 비우호적 맥락에서 소외감을 느끼게 될 때 능동적으로 자기 존재를 증명하려는

---

36) 安部能成, "『世界』と『心』と私", 41쪽. 아베는 이러한 '편향'을 〈世界〉뿐 아니라 이와나미서점에서 발행한 『經濟學小辭典』, 『日本資本主義講座』 등도 포함해서 지적하고 있다.

무샤코지 사네아쓰

구노 오사무

야베 요시시게

쓰루미 슌스케

의식이 생겨나기 마련이다.

　〈고코로〉의 출현은, 다나카 고타로에 따르면, "종래의 종합잡지의 '진보적' 경향에 대한 항의"였다. 소극적 항의에 그치지 않고 "우리들 사이에 결여된 가장 중요한 뭔가"를 공급함으로써 "진정한 문화 건설에 공헌"할 것을 요구하는 행위였다. 좌와 우를 떠나 "가장 중요한 것, 즉 사상적 절조"가 결여된 상황, 그리고 저널리즘이나 출판계가 "일반 대중의 관대함과 건망성을 이용하여 금일에도 무절조 집단의 발호를 방임하는" 상황에 대한 분노의 표출이었다.[37] 하지만 다이쇼 교양주의자가 모두 이러한 분노를 공유했던 것은 아니다.

---

37) 田中耕太郎, "生成言(三)", 『心』 1948年11月號, 64쪽.

과학 대 문화: 〈사상의 과학〉과 〈고코로〉

고코로 교양주의자들이 1940년대 후반, 50년대 초반 민주화와 안보 문제가 쟁점화되는 맥락에서 진보 지식인들의 진보 '이념'에 대응했다면, 50년대 초반 이후에는 사회과학자들의 '지식'에 대항해야만 했다. 50년대 교양주의는 실용주의를 표방한 진보 지식인의 '사회과학'에 대한 반발에서 나왔다. 〈사상의 과학〉은 이념적인 '낡은 사회과학'(마르크스주의)을 벗어나 실용주의적인 '새로운 사회과학'을 주도하는 진보 지식인들의 장이었다.

고코로 교양주의자들은 이들 사회과학자들에 대해서도 비판적이었다. 〈사상의 과학〉 지식인들의 고코로 비판과 고코로 지식인들의 반박을 통해 고코로 지식인들의 보수주의 사상은 분명한 모습을 드러낸다. 논쟁의 계기는 1958년 5월 〈사상의 과학〉 멤버인 철학자 구노 오사무(久野収)가 고코로 보수주의에 관한 발제를 하고 쓰루미 슌스케(鶴見俊輔), 후지타 쇼조(藤田省三)가 이에 논평하는 형태로 이루어진 토론회였다.[38]

구노는 발제에서 고코로 그룹의 보수주의에 대한 사회과학적 분석을 시도하고 있다. 그에 따르면, 고코로 지식인들의 사상적 특징은 반속(反俗)적 엘리트 의식, 문화주의, 전통 의식, 그리고 교양주의이다. 반속적 엘리트 의식은 "재능과 취미의 귀족주의", "정신의 귀족주의", "황실의 울타리" 의식에서 나오는, 문화인으로서 문화 예술의 전통을 지켜야 한다는 인텔리주의, 일류주의, 지도자 의식이다. 대중 정치나 반체제적 대중조직화를 혐오하고, 지성과 감성을 기능으로 파악하지 않고 사회

---

[38] 이 토론회는 "日本の保守主義『心』グループの思想をめぐって", 『中央公論』1958年 5月號에 실렸고, 전체 토론회는 훗날 久野・鶴見・藤田, 『戰後日本の思想』(中央公論社, 1966)으로 간행되었다.

적 신분으로 보는 의식이다. 문화주의는 "국가(일본)의 문화적 유산을 중시하고 소중히 한다는 생각", "세계 최고의 문화적 유산을 섭취한다는 생각"이다. 고코로 지식인들은 구조적, 사회과학적 인식이 아니라 "어프리시에이션(실감, 감상)의 입장"에 서서 "인간의 문화가 경제나 정치를 움직인다는 강한 문화주의"를 갖고 있다는 것이다. 전통 의식은 "일본과 세계 속의 일류 전통을 소화해 일본 속에서 살려나간다는 생각"이다. 고코로 지식인들은 전통을 집단주의적, 전체주의적으로 보지 않고 인터퍼스널(interpersonal)하게 생각하며, 개인 주체를 인정하고 체험을 결부시키는 방향에서 이해한다는 것이다. 교양주의는 "사회과학과 법칙화 인식을 경시하는 사상", 구체적으로 시라카바의 예술주의와 나쓰메 소세키(夏目漱石) 문하나 사상가들의 인격주의에 결집된 철학주의를 뜻한다. 구노는 교양주의가 "비정치적 사상"이자 "규범주의"로서 "실증지", "법칙지"를 경시하고 "교양지", "해탈지", "개성지"를 중시하는 인물주의와 주관주의로 흐르기 쉬우며, 때문에 마르크스적 법칙과학과 객관주의에 반발하고 전문 과학의 전문화나 개별화에 반대한다고 보았다.39)

    구노는 고코로 문화인의 교양주의가 자유주의와 결부되어 있지만 그 본질은 보수적 심성에 있다고 보았다. 고코로 지식인들은 전전에는 리버럴리스트로 자처했지만 사상적, 정치적 기능을 보면 보수주의였으며, 일급 학자나 예술가라는 자의식이 강하고 새로운 사상이나 운동에 비교적 둔감했기 때문에 "보수적이라는 의식, 마음가짐"과 "학문적, 문화적 보수주의의 자세"를 보였고, 개전 과정에서는 국민 통합의 역할을 수행하면서 "본심보다 좀 강하게" 보수주의(내지 반동주의)적 발언을

---

39) 『戰後日本の思想』, 80-81쪽.

했다는 것이다. 구노는 우파의 국체론, 좌파의 진보주의, 혁명주의를 혐오하는 교양주의자들의 중도적 입장도 보수적 심성의 발현으로 보았다.[40]

교양주의와 보수적 심성을 잣대로 올드 리버럴리스트의 '자유주의'를 상대화하는 비평의 준거는 정치적 자유주의였다. 구노는 불관용과의 투쟁에서 관용이 성립한다는 존 로크의 전투적(militant) 자유주의와 달리, 고코로 지식인들은 투쟁을 불관용으로 보면서 관용과 불관용을 초월해버렸고, 파시스트의 광신과 불관용뿐 아니라 이에 대한 저항까지도 초월해버렸다고 지적한다.[41] 문화 수용에 관용적이면서도 정치주의를 문화 반동으로 간주하는 불관용의 태도를 보인다고 말한다.[42] 구노는 고코로 지식인들의 교양주의와 보수적 심성에 간직된, 정치적 투쟁을 초월하는 문화적 관용과, 정치주의에 대한 불관용의 기묘한 공존을 예리하게 간파하면서 정치적 자유주의의 입장에서 문화적 자유주의의 유연성 내지 애매성을 비판하고 있다.

역사와 전통을 중시하는 문화주의 국가관에 대한 비판도 궤를 같이 한다. 구노는 "진정한 자유주의자"라면 국가를 국민의 인권을 옹호하는 법 제도로 봐야 하는데, 고코로 보수주의자들은 마르크스적 국가관은 물론, 자유주의 국가관까지도 "추상적 개념주의"라 배척하고, 국가를 역사와 전통에 기초한 "구체적인 국민의 생활공동체"로 규정해버린다고 비판한다.[43] 여기에는 정치적 자유주의를 "진정한 자유주의"로 간

---

40) 『戰後日本の思想』, 73-74쪽. 구노는 동시대의 밀리턴트 리버럴(矢内原忠雄, 河合栄治郎, 正木ひろし, 岩波茂雄 등)은 고코로 그룹보다 좌파 쪽에 가깝다고 보았다.
41) 『戰後日本の思想』, 73-74쪽.
42) 『戰後日本の思想』, 80쪽.
43) 『戰後日本の思想』, 74쪽. 아울러 고코로 그룹의 천황제관에 보이는, 정치적 권

주하면서 문화적 자유주의를 "보수적 심성"(문화)과 "자유주의적 심성"(정치)으로 폄하하는, 혹은 교양주의적 의식의 비과학성을 추궁하는 구노의 과학주의가 읽힌다. 고코로 교양주의자들이 사회과학자의 자유주의적 국가관을 추상적 개념으로 간주하고, 사회과학자들이 고코로 지식인의 문화주의적 국가관을 구체적 실재로 보는 관점의 상위는 자유주의 개념의 차이에서 비롯된다고 하겠다.

구노는 국가를 인권 옹호의 법적 기제로 보는 국가관에 입각해서 고코로 그룹의 공동체 국가론을 판정한다. "추상적 개념주의"에 기초한 '사회과학'을 잣대로 "구체적 공동체"를 중시하는 '교양주의'를 재단하는 셈이다. 하지만 정치적 자유주의만이 자유주의라 말한다면, 전전 일본에 대해 자유주의를 말하기 어렵고 '올드 리버럴리스트'라는 개념 자체도 성립하기 어려울 것이다. 문화 대 정치의 대립 구도를 설정하는 관점으로는 문화와 정치의 불가분성에 주목하는 교양주의를 포착해내기 어렵다. 구노는 전후 고코로 그룹의 보수주의의 연속성을 드러내고자 전전 교양주의의 보수적 성격을 부각시키지만, 전전과 전후의 맥락에서 보수와 진보를 규정하는 조건이 다르다는 사실을 간과할 때, 전전의 교양주의적 자유주의가 전후의 보수주의에 의해 재규정되고, 재규정된 전전을 가지고 전후의 보수주의를 재조명하는 오류가 생겨나기 마련이다. 다이쇼 맥락과 전후 맥락에서 자유주의가 표출되는 방식이 같을 수는 없다.[44]

후지타 쇼조는 더 신랄했다. 구노가 교양주의의 보수성을 끌어내

위에 대한 사고방식이 공적 장면에서는 자유주의보다도 보수주의적 성격이 강하다고 비판한다.

[44] 고코로 지식인들이 사회과학자의 비판에 대해 "설령 정치적 기능에 집중할지라도 고코로 그룹의 현재 모습만을 문제 삼을 뿐 젊은 시절의 역할을 무시한다."(座談會, 32)고 반발했을 때, 맥락적 고려를 해야 한다는 말이었다.

교양주의의 자유주의적 성격을 털어내고자 했다면, 후지타는 교양주의가 만들어내는 국가상을 해체하고자 했다. 교양주의는 "문화적 인터내셔널리즘의 형식", "과학 없는 사상주의"로서 "파괴, 청소"해야 할 대상이었다. 특히 후지타는 고코로 지식인들의 '문화국가' 개념을 전면 부정하였다. '문화국가'는 '문화'가 '정치'를 압도하거나 '문화=정치'의 관점에서 문화 자체를 국가로 삼기 때문에 정치와의 긴장감이 없다는 것이다. "군국 일본"과 "문화 일본"의 구성물인 천황제에서 "군부"를 쫓아낸 것일 뿐, 국가의 보호를 받는 문화뿐 아니라 국가를 지배하는 문화를 함축한 개념이라는 말이다. 후지타는 '문화'를 기능적으로 파악함으로써 '문화국가'의 문화 우월성을 타파하고 '정치'의 자율성을 확보하고자 했다. 또한 후지타는 구노와 마찬가지로 고코로 지식인들이 추상적 가치와 대결하고 생활인 집단에 주목하는 것에도 비판적이었다. 역사는 일반인을 위해 작용하고 개별적, 인격적인 것을 억누르는 법칙적, 비인격적 객관인데, 그들에게는 역사의 비인격화 작용과 대결하려는 의식이 없다는 것이다.[45]

후지타의 교양주의 비판과 문화국가상 해체는 정치에 대한 문화의 우월을 부정하고 문화를 기능적 관점에서 파악함으로써 문화와 정치 사이의 긴장감과 정치의 역동성을 확보하려는 정치관에서 비롯된다. 문화 대 정치의 대립 구도에서 과학주의를 가지고 '문화=교양주의'를 재단해버린 구노와 달랐다. 하지만 구체적 생활에서 문화를 이해하고, 역사를 인격적인 주관적 실천으로 보는 고코로 보수주의자들이 기능적 관점에 입각해서 문화를 포착하고 역사를 비인격적인 객관적 법칙 혹은 추상적 가치로 상정하는 사회과학자의 논법을 수용할 여지는 없었

---

[45] 藤田省三의 발언, 『戰後日本の思想』, 92-93쪽.

다. 문화의 기능적 이해에 의거한 문화와 정치의 긴장은 논리적 구성일 수는 있지만, 현실적 처방일 수는 없기 때문이다.

쓰루미 슌스케는 이를 간파하고 있었다. 쓰루미는 구노나 후지타와 달리 고코로 지식인들의 '문화' 개념에 얼마간 우호적이었다. 쓰루미도 고코로 지식인들의 교양주의가 '문화'를 '국가'의 틀 속에 두는 "문화국가의 이념"임을 지적한다. 하지만 '문화국가' 개념을 부정하지 않았을 뿐더러 교양주의자들이 정부의 슬로건에 편승하지 않고 전쟁 말기부터 '문화국가'상을 제시했다는 사실을 높이 평가한다. 또한 '사상주의'가 과학기술에서 나오지는 않지만 과학기술을 낳는다는 점도 인정한다. 쓰루미는 국가(혹은 정치)의 틀 속에 문화를 내장한 것으로 '문화국가'를 이해함으로써 '문화'를 긍정할 일정한 기반을 마련하고, 과학기술과 교양주의(사상주의)의 연관성을 설정함으로써 후자에 일정한 의미를 부여했던 것이다. 쓰루미는 '문화'를 '정치'의 대립 개념으로 이해한 구노나, '문화'를 기능적으로 파악하여 '정치'의 자율성을 우선한 후지타와 달리, '문화'를 '과학'을 만들어내는 실체 개념으로 보았다. 또한 고코로 지식인들의 "민주주의적 감정 경향"은 "혁명 없는 민주주의"였다고 지적하면서 민주주의적 감정 경향의 "존재 증명"은 필요 없다고 말한다.[46] 쓰루미는 과학기술과의 연관성을 통해 '문화'에 일정한 의미를 부여했을 뿐 아니라 "민주주의적 감정 경향"(교양)과 "존재 증명"(과학)의 방법론적 분리를 통해 '교양(사상)에 일정한 가치를 인정했던 것이다.

쓰루미에게는 객관주의와 과학주의로 판정할 수도 없고 주관주의라 비난만 할 수도 없는, 문화주의의 존재 의미를 인정하는 심리가 읽힌다. 이 심리에서는 고코로 지식인들이 사상과 이론의 구별이 없거나 이

---

[46] 鶴見俊輔의 발언, 『戰後日本の思想』, 94쪽.

론이 결여되었다는 구노의 비판47)이나, 우익들처럼 국가를 지탱하는 강력한 신화도 없기에 "사이언스(과학)도 없고 미토스(신화)도 없다."는 후지타의 비판48)은 그다지 유용하지 않다. 오히려 과학도, 신화도 없는 애매성에 '교양', '문화'가 어떤 방식으로 존재하는지에 주목해야 할 것이다. 사회과학자들은 고코로 지식인들이 '과학'과 '이론'의 부재에도 불구하고 "국민 속에 있는 초정치주의와 질서 감각에 부합하는 바"가 있음을 인정한다. "기술지(知)"와 "지배지(知)"는 "낮은 지(知)"이고 "교양지(知)"와 "해탈지(知)"는 "강한 지(知)"라는 문화적 보수주의자들의 생각이 "일본 국민 대중의 교양이나 해탈의 사고방식과 의외로 통하는 바"가 있으며, 교양주의자들이 "문화상의 내셔널 리더인 이유"가 여기에 있음을 실토한다.49) 교양주의(초정치주의)가 대중에 통한다는 사실을 인정할 때, 사회과학자들은 교양주의자들을 비판한 논거의 취약성을 스스로 드러낸 셈이다.

고코로 지식인들은 사회과학자들의 비평에 가만있지 않았다. 부리나케 좌담회를 열어 사회과학자들을 성토했다.50) 아베 요시시게, 스즈키 시게타카, 와쓰지 데쓰로, 다니카와 데쓰조(谷川徹三), 다케야마 미치오, 무샤코지 사네아쓰 등이 참석했다. 교양주의자들은 〈세계〉와는 온건하게 결별했지만 〈사상의 과학〉 사회과학자들에게는 강한 거부감을 보였다. 감정적이기까지 했다. 구노의 발제는 "내용 검토"가 없는 "꽤 조잡한 레터르 붙이기"로 치부되었다. 후지타와 쓰루미의 토론은 "잡담 방언"으로 폄하되었다. "적당한 미지근한 사상적 분위기 속에서 자신들

---

47) 久野收의 발언, 『戰後日本の思想』, 93쪽.
48) 鶴見俊輔의 발언, 『戰後日本の思想』, 94쪽.
49) 『戰後日本の思想』, 80쪽.
50) 座談會 "『心』グループ批判を読んで"(이하 座談會), 『心』 1958年8月號.

만 잘난 듯 생각하고 젠체하는" 태도도 불만스러웠다. 무엇보다 고코로 그룹을 논하는 방식이 마뜩찮았다. 자신들이 지닌 동양의 전통과 동양적 심정을 "칭찬하는 듯하면서 동시에 헐뜯는" 행태나, 자신들에게 "리젠트먼트(원한)"와 같은 병적 감정이나 자유주의가 지녀야 할 전투적, 혁명적 심정이 없다는 비평도 불만이었다.[51]

고코로 지식인들은 무엇보다 인간 중시의 관점에서 사회과학에 반발하였다. 고코로 보수주의자들은 사회과학자들이 들이댄 정치적 기능이란 잣대와 사회조직을 중시하는 관점을 거부하였다.[52] 사회과학자들은 법적 제도(국가) 속의 인간의 문제를 생각지 않는다는 것이다. 무샤코지는 개인이 주(主)이고 정치가 종(從)인데 사회과학자들은 정치를 주로 생각하고 인간을 정치를 위해 희생시킬 수도 있는 물(物)로 간주한다고 비판하면서, 인간의 가치는 역할이 아니라 인간 자체에 있고, 정치의 기능은 인간을 위해 있다고 주장하였다.[53] 고코로 지식인들은 문화(학문과 예술)에도 독자의 영역과 기능이 있다고 보았다. 때문에 정치가 문화를 파괴한다는 이유로 교양주의자들이 정치를 혐오한다는 사회과학자들의 주장에 동의하지 않았고, 자신들이 중시하는 전통 의식과 공동체 의식에 대해서도 윤리는 추상적 이념에 의해 당장 생기는 것이 아니라 오랜 역사의 시련을 거쳐 성립하며, 여기서 미래의 주체적 창조도 가능하다고 반박하였다.[54]

엘리트 주의와 관련된 반박도 있었다. 스즈키는 극단적 이론이 범람하는 때에 고코로 지식인들이 "당연한 것을 더 소중히" 하는 입장과

---

51) 座談會, 31-32쪽.
52) 竹山道雄의 발언, 座談會, 37-38쪽.
53) 座談會, 33-34쪽.
54) 竹山道雄의 발언, 座談會, 37-38쪽.

"단지 좋은 것을 있는 그대로 존경하는 정신"을 가졌을 뿐 엘리트 의식은 아니라고 반발한다.[55] 문화주의와 관련해서는 사회과학자들의 비판에 반응하기보다는 우호적인 해석을 호의적으로 받아들이는 편이었다. 다니카와는 문화주의가 "전체적 인간"의 형성에 공헌한다는 쓰루미의 발언을 평가하면서 "전문 과학의 전문화나 개별화"에 반대하였고, 다른 사회과학자들도 "과학의 법칙"을 중시했지만 인간이 "전문 과학의 전문화"에 끌려들어가 "작게 쪼개져버리는 것"을 좋아하지는 않았다고 자위하고 있다.[56] 구노도 문화주의가 사회과학적 인식을 어렵게 만들고 "실감의 입장"에서 문화가 경제나 정치를 움직인다고 본 관점에 불만을 가졌지, 자신들을 집단주의나 전체주의로 매도하지 않았을 뿐 아니라 개인과 체험을 결부시키는 자신들을 이해했다는 것이다. 사회과학자들이 문화주의에 최소한의 의미를 부여한 것을 들어 자기 존재를 증명하려는 고코로 지식인의 심리가 읽혀진다.

개인의 자유는 교양주의의 핵심이었다. 사회과학자가 정치적 자유에 관심을 기울였다면, 교양주의자가 추구한 개인의 자유는 권력에 저항하는 자유(적극적 자유)가 아니라 권력으로부터의 자유(소극적 자유)였다. 소극적 자유 개념은 현실과 실천을 초월하려는, 역사를 중시하면서도 역사를 넘어서려는 초월주의적 성향의 소산이다. 스즈키의 경우 올드 리버럴리스트의 초월주의적 경향은 "이상주의의 정신 계보" 위에서 "진선미"를 사회성이나 역사성을 초월하여 영원의 차원에서 받아들이고 역사의 수렁에 휩쓸리지 않으려는 정신으로 이해되었다.[57] 교양주의의 역사초월적 관점에서는, 강력한 이념으로 무장하지 않는 한, "설

---

55) 鈴木成高의 발언, 座談會, 39쪽.
56) 다니카와의 발언, 座談會, 44쪽.
57) 스즈키 발언, 座談會, 42-43쪽.

사 반대하고 싶다고 생각했어도 반대할 확실한 근거를 갖지 못했다. 단지 농후한 의심을 품으면서 끌려들어갔다."58)는 심정이 있을 수 있다. 하지만 "농후한 의심을 품으면서 끌려들어갔다."는 자각은 전시체제를 벗어났을 때, 전후의 맥락에서 이상주의가 붕괴되었을 때 비로소 가능했던 것이 아닐까. 전쟁에 초연한 것이 유일한 저항일 수도 있다는 변호도 가능하지만,59) 초월적 저항은 개인의 소극적 자유일 뿐 역사적인 것이 되기는 어려울 것이다.

〈고코로〉 창간 10년의 시점에서 벌어진, 고코로 지식인들의 사상적 지형을 둘러싼 비판과 반박의 풍경은 전후 일본에서의 진보적 지식과 보수적 지식의 대립 구도의 중요한 단면을 보여준다. 사회과학자와 고코로 그룹은 비판과 반박의 지상 논쟁을 통해 현상 인식의 방법과 지식의 문제를 둘러싼 사회과학과 교양주의의 사상적 차이를 확연히 드러냈다. 사상의 과학 그룹은 고코로 그룹을 동일성, 경향성으로 파악했지만, 고코로 그룹은 자신들의 차이성, 개별성에 주목했다.60) 논쟁을 지켜본 평론가 가와카미 데쓰타로(河上徹太郎)는 사상의 과학 지식인들이 "소세키의 일본적 유교 정신과 칸트파의 이상주의 철학을 인용하면서 조리 정연하게 설명하"지만, 올드 리버럴리스트의 체계에 대한 "정밀한 분류"에 머물렀고 올드 리버럴리스트들의 "살았던 까닭"을 간과했다

---

58) 다케야마의 발언, 座談會.
59) 스즈키의 발언, 座談會, 42-43쪽. 스즈키는 고코로 2세대로서 1세대의 "초역사의 입장"과 달리 "역사의 입장"을 제시한다. 그는 2세대는 역사를 초월한 영원의 차원에서 바라볼 여유가 없으며 전쟁과 같은 역사를 자신의 생활에서 받아들여야 한다고 말한다. 그리고 "역사의 입장"에서 보수주의를 "뷰로크러시(bureaucracy)를 포함해 넓은 의미에서 전체주의화하는 세계의 경향에 대해 저항하는 정신"으로 이해하며, 이러한 저항이 "개인을 살린다"는 1세대의 정신을 관철하는 것이라 주장한다.
60) 山田宗睦, "リベラルな保守派『心』グループ", 285쪽.

고 비평하는 한편, 사회과학자들의 "조리 정연함"에서 "결석 인민재판의 차가움"을 느꼈다는 인상을 피력했다.[61] 사회과학자들의 '과학'과 교양주의자들의 '인간'을 대비한 것이라 하겠다. 고코로 그룹의 좌담회는 사회과학자들의 논리적 분석과 전혀 반대로 감성적 반발이 뜨겁게 표출된 방담에 가까웠다.

사회과학자와 교양주의자 사이에 존재하는 '논리'와 '삶'의 간극은 사회과학과 인문학의 거리로 치환될 수 있다. '사회과학'은 〈세계〉로 대표되는 진보주의와는 구별된다. 사상의 과학 지식인은 고코로 보수주의뿐 아니라 진보주의자와 좌익 운동도 함께 비판하였다. 고코로 지식인도 사회과학자가 "미국적 실용주의"에 기초한다고 보았다.[62] 가와카미 데쓰타로의 관찰에 따르면, 당시 '사회과학'은 심리학이나 사회심리학의 성격이 강했다. "심리학의 진보와 커뮤니케이션의 발달"로 "인간 영위의 가치 평가"에 관해 전전에는 생각지도 못한, 마르크스 사회과학과 구별되는 새로운 사회과학(사회심리학)이 출현하였고, "문예 작품의 구체성의 세계"(인문학)와 대등하게 발언할 정도로 성장해 있었다.[63] 지상 논쟁과 가와카미의 논평은 진보적인 '새로운 사회과학'이 '낡은 사회과학'(마르크시즘)에서 분화되고, 진보적 사회과학과 보수적 문화주의가 대립하는 지식사회가 형성되고 있었음을 보여준다. 고코로 지식인은 사회과학의 가치를 인정하였지만, 사회과학이 "인간 존재의 전부

---

61) 河上徹太郎, 『日本のアウトサイダー』(中央公論社, 1978), 20-21쪽. 원저는 1959년 발행.
62) 座談會, 33쪽.
63) 河上徹太郎, 『日本のアウトサイダー』, 20-21쪽. 다만 가와카미는 '(사상의) 마음'을 생각하는 관점에서 '(사상의) 과학'을 바라보았다. 인간, 인격, 인간미를 중시한 고코로 지식인들의 관점과 통한다. 가와카미는 전후 일본의 '사회과학'이 "문예 작품의 구체성의 세계에 평행해서 발언할 수" 있게 된 상황에서, 즉 '과학'이 '마음'을 압도하기 시작한 맥락에서 '마음'을 붙잡고자 했다.

를 해결하는 전체적 세계관"이 되는 것을 우려하였다. 사회과학자에게
는 스스로 사회과학의 의의와 한계를 비판적으로 성찰할 의지가 없다
고 보았다.[64]

토론회(보수주의 비판)와 좌담회(사회과학 비판)라는 형식과 담화
의 방식은 어쩌면 사회과학자와 교양주의자의 지적 분위기를 대변할지
도 모른다. 한편은 준비된 발제와 토론이었고 다른 한편은 방담에 가까
웠기에 주장의 논리성이나 깊이에는 차이가 있을 수밖에 없었고 반드시
공정한 논쟁이었다고 보기는 어렵다. 고코로 지식인들의 사상 내용은 동
인지 〈고코로〉의 텍스트를 통해 보다 상세히 묘사할 필요가 있다.

5. 사상으로서의 〈고코로〉: 고코로 보수주의

삶과 의지

변혁기에는 현실과 이상, 실제와 이념, 문화와 정치를 둘러싼 대립된 사
유들이 교착한다. 패전, 점령의 현실과 민주화 개혁에 수반된 신일본 건
설에 대한 희망의 사이에서, 문화주의(교양주의)에 기초한 보수와 정치
주의를 지향하는 진보의 사이에서, 일상적 삶과 공동체를 둘러싼 사유
들이 제시되었다. 생활을 중시하는 교양주의와 정치를 지향하는 정치
주의에 관한 사유들이 표출되었다. 새로운 일본의 국가상은 진보의 경
우 인권과 민주주의 제도에 기초한 민주국가였다면, 보수의 경우는 개
인의 자유와 문화적 가치를 중시하는 문화국가였다.

고코로 보수주의자에게 일상적 삶, 즉 생활은 사유의 기초였다. 지

---

64) 竹山의 발언, 座談會, 37-38쪽.

식과 이념, 개성과 인격, 개체와 전체, 민주주의와 국가 등에 관한 사유와 인간관, 가치관, 정치관은 생활에 관한 의식에 기초해 있었다. '생활'은 이상과 현실, 이념과 실제 사이의 간극을 좁히거나 메우는 근거였다. '생활'은 추상적 논리나 이념으로 규정되는 정치적 삶이 아니라 구체적 실천을 통해 영위되는 일상적 삶이었다.

민예가 야나기 무네요시(柳宗悦)의 생활 개념은 일상적 삶의 모습을 잘 드러내준다. 야나기는 '미'와 '경제'를 "문화 문제"로서 이해하였다.65) 그에 따르면, "아름다운 것"의 제작은 생산인 이상 경제 현상이며, 미와 경제를 결합하는 힘은 "쓸모"(用)에 있다. 쓸모를 다할 때 사물은 아름다우며, 생활을 떠나서는 공허한 것이 된다. 효용은 모두에게 쓸모 있을 때 사회적 의미를 지닌다. 생활을 지향하는 민예의 본질은 사회성에 있지 개인성에 있지 않다.66) 여기서 문화는 생활미와 일상적 효용성을 추구하는 미의식과 실용주의의 관점에서 이해된다. 야나기 민예론은 생활과 효용을 중시하는 교양주의의 한 단면을 드러내며, 교양주의의 전전과 전후의 연속성을 보여준다.

다만 야나기의 이러한 생활 개념에는 새로운 맥락이 고려되어 있지 않다. 그것은 다이쇼 교양주의 시대에 형성된 문화 감각이 본격적인 전후 체제를 경험하기 이전에 표출된 것이었다. 이상이나 이념을 강하게 의식하는—신일본 건설을 강하게 의도하는—맥락에 들면 생활 관념은 이상이나 이념에 영향받기 마련이다. 전후 맥락의 정치 안보 측면을 의식했던 아베 요시시게는 "우리들의 결심과 우리들의 행위로 좌우할 수 있는, 즉 자유의 힘으로 움직일 수 있는 희망의 세계"를 상상했을 때, "일본을 어떻게 할지, 일본을 어떻게 해야 하는지에 대한 의지와 이상"

---

65) 柳宗悦, "美と經濟"(上)(中)(下), 『心』 1·2·3(1948年7月號·8月號·9月號).
66) 柳宗悦, "美と經濟"(中), 『心』 1948年8月號, 40-43쪽.

이 새로운 일본을 건설하는 원동력으로 강하게 의식된다.[67] 아베가 제시한 신일본 건설의 요건은 애국심, 평화주의, 민주주의 정신, 천황에 대한 경의와 같은 이념이었다. 다나카 고타로는 이성을 갖춘 인간으로서 생활에서 모순을 없애고 생활에 수미일관성과 통일성을 부여하기 위한 이상이나 사상의 정합성을 주장한다.[68]

어쨌든 신일본 건설의 맥락에서 삶은 과거만을 보수할 수는 없고 미래를 지향해야만 한다. 현재의 삶을 위해서는 진보와 공유하는 맥락을 상정해야 하며, 미래의 삶에 대한 낙관적 희망이나 생의 의지를 상정해야만 한다. 여기서 보수의 이념과 지식은 생의 의지를 미래에 투사하게 된다. 심리학자 다카하시 조(高橋穰)는 삶과 이념과 주체의 상관성에 대해 말한다. 이념은 창조적 힘의 근원으로서 실천의 세계에서 현실적 힘으로 다가오며, 삶은 이념의 실천적 실재성이다. 이념의 실천적 실재성에 대한 인식에 의해서만 실천적 진리는 파악되고, 이념은 삶의 논리로 주어진 것이 아니라 삶의 실천을 통해 실재하며 실천적 진리로만 존재한다. 실천적 진리는 '객관적 진리=과학적 진리'가 아니라 삶의 의지를 통해 존재하는 주관적 진리이다. 사실은 주체의 인식 활동을 통해 존재한다. 주체는 사실에 즉응하지만 사실을 포괄함으로써 존재하며, 진정한 생명은 주체의 활동으로만 존립한다.[69]

---

[67] 安倍能成, "終戰第四周年に", 『心』 1948年10月號, 2-3.
[68] 田中耕太郎, "世界觀の統一性", 『心』 1949年3月號, 3쪽. 다나카는 공산주의의 모순을 의식하고 있었다. "한쪽으로는 기독교를 믿으면서 학문상으로는 마르크스주의를 긍정하는", "국제적으로는 평화주의를 주장하면서 국내적으로는 계급투쟁과 민족주의를 고양하는" "세계관적 모순"을 지적한다.
[69] 高橋穰, "二つの心理—科學的眞理と實踐的眞理", 『心』 1953年12月號, 21-26쪽. 그는 "산다는 것은 언제나 미래에 사는 것, 즉 현재 속에 미래를 살리는 것이다. 생명이란 의지 실현의 과정이다. 의지의 실현이란 목적을 실현하는 것이며, 현재에 없는 것을 미래에 갖게 하는 것이다. 바꿔 말하면 창조하는 것이

미래를 향한 삶의 의지가 실천적 과거의 전승이 아니라 미래의 현재화를 상정하며, 진리는 의지를 투사하는, 즉 생의 의지를 실현하는 과정에서 주관적 진리로 성립한다는 다카하시의 관점은 고코로 보수주의의 중요한 일면을 보여준다. 주체는 객관적 진리로의 자각적 몰입이 아니라 주관적 진리의 자각적 체험에서 성립한다. 주관적 진리의 구성이 삶의 의지를 표현하며, 이 과정에서 주체는 자각된다. '과학적=객관적 진리'는 부정되고 생명의 자각에 의한 '주관적=주체적 진리'를 드러내는 의지의 실현 과정이 '삶'으로서 인식된다. 개개인들의 '체험'과 이를 통한 '생명의 자각'은 진리 성립의 중요한 조건이 된다. "체험의 이해나 납득은 깊지만 행동에 의한 검증은 없다."[70]라는 사회과학자의 비판은 바로 이 지점에서 나온다. 물론 "행동에 의한 검증"이란 방식은 고코로 교양주의자들이 수용할 수 있는 방법론이 아니었다.

주관주의가 지나치면 종교적 자각을 통해 인간과 삶을 파악하는 사유도 나타난다. 불교학자 스즈키 다이세쓰(鈴木大拙)는 과학기술, 집단생활, 경제생활, 물질적 사색(과학적 사고)에서 영위되는, 인간을 "추상적", "이성적"으로 보는 과학적 사고방식에서는 "살아있는 구체성의 인간"이 "죽어간다"고 지적하면서 인간이 인간인 까닭을 "영성적 자각"에서 찾는다.[71] 이러한 종교적 관점은 극단적 사례이지만, "과학은 진보해도, 우주가 확대해도 인간은 그렇게 바뀌지 않는다. 과학은 비약하고 인간을 둘러싼 조건이 일변해도, 인간이 가야할 길에는 이것에 지배되지 않는 어떤 것이 있다."[72]는 인간관은 고코로 교양주의자들에게

다. 창조가 없는 생은 생명이 없는 생이며 진정한 생일 수 없다."라고 말한다.
70) 久野収의 발언, 『戰後日本の思想』.
71) 鈴木大拙, "日本的靈性的なるもの", 『心』 創刊號, 5쪽.
72) 安倍能成, "人工衛星と平和", 『心』 1958年1月號, 3쪽.

공유된 것이었다.

고코로 보수주의자들에게 미래는 진보주의자들처럼 절대 준거를 향해 지향하는 주어진 시간이 아니라 현재적 자각의 축적들이 만들어 내는 개연성의 세계였다. 현재를 과거에 연속하는 과거의 축적물로 보고 미래가 현재에 의해 구성된다면, 미래는 과거와 연결되는 것이 된다. 주체적 진리에서 생명의 의의를 깨닫는 주관주의는 삶의 의지가 작동해야 한다고 믿는 맥락, 즉 신일본 건설의 의지가 고양된 맥락에서 표출되었다.

개체와 전체

다카하시에게 주관적 진리를 드러내는 의지의 실현, 혹은 주관을 통해 사실을 인정하는 주체의 활동은 자기 존재를 인격으로서 자각하는 행위였다. 인격으로서의 자각은 독자성의 자각을, 독자성의 자각은 개성의 자각을 도출한다. 개성의 자각은 개성의 존엄에 대한 자각이다. 또한 자기가 개성인임을 자각하는 것은 타인 역시 개성인임을 인정하는 것이며, 타자의 개성의 존엄을 인식하는 것이 된다. 인격이 개성임을 인식할 때 개성의 차별을 인식하게 되고, 인격의 평등과 차별을 인식하게 된다.[73] 다카하시는 사랑, 성실, 정의라는 보편적 실천 이념을 제시하는데, 이 실천 이념은 논리적 추상성에서 도출된 것이 아니라 개성(인격) 간의 구체적인 '상호적=사회적' 관계 속에서 삶을 영위하는 개성(인격)의 자각에서 타자와 세계에 대한 자각으로 확충되는 과정에서 개인과 인간 사회의 존재 긍정을 위한 가치로 상정된 것이다.

철학적, 인식론적 논의를 떠나 개인이 민주주의와 민주 헌법에 의

---

[73] 高橋穣, "二つの心理―科學的眞理と實踐的眞理", 『心』 1953年12月號, 26쪽.

해 규정되는 사회적 맥락에서 개성과 인격을 보는 견해도 있다. 다나카 고타로는 개성과 인격을 동일시한 다카하시와 달리 개성과 인격을 구분한다. 그에 따르면, 개성은 자연적 소질을 뜻하는 자연 개념이지만, 인격은 정신세계에 속하는 윤리적, 가치적 개념이다. 자연 개념인 개성은 가치 개념인 인격의 지휘를 받으며 인격에 의해 완성된다. 개성은 정립된 목적을 지향하는 자유의지로 그 목적에 봉사하며, 인격은 자유를 예정한다. 자연 개념인 개성에는 완성은 없고 존비 강약만 있지만, 윤리 개념인 인격에는 완성이 존재한다.[74] 여기서 개인은 개성이 아니라 인간이다. 자연적 소질인 개성의 신장은 물질적, 동물적 인간 양성에 불과하므로, 개인은 "본능과 능력의 총화"인 개성이 아니라 개성의 차이를 초월하는 인간 자체여야 한다.[75]

다나카의 논의에서는 독자성의 자각, 즉 개성의 자각을 통해 주체의 성립을 확인한 다카하시와 달리, 자연 개념인 개성과 가치 개념인 인격의 분열로 인해 개성에서 인격을 도출해낼 여지가 없다. 인격의 완성은 개인이 아니라 다른 것을 매개로 하지 않을 수 없다. 다나카는 매개물로서 "협동체"(Gemeinschaft)를 제시한다. 그가 보기에, 개성을 갖춘 인간은 '자족완료체'이지만 고립된 존재가 아니라 자신을 포괄하는 협동체에 소속된다. 개인과 협동체는 서로 공헌하는 관계이다. 협동체를 떠나서는 개인의 발전과 개성의 발휘를 생각할 수 없고, 개인과 개성을 도외시한 채 협동체를 관념할 수는 없다. 협동체는 개인의 다양한 개성으로 풍부해지며, 개인들은 분업 협력 관계에 있다. 협동체의 도덕, 습속,

---

[74] 田中耕太郎, "個性と人格", 『心』 1958年1月號, 20-21쪽.
[75] 田中耕太郎, "個性と人格", 17-18쪽. 다나카는 "모든 국민은 법 아래에서 평등하다."라는 명제를 인간이 법학적 의미에서 "인격(Persönlichkeit)"을 갖는다는 의미로 해석했다.

과학, 예술, 경제는 '교양'과 '문화'를 구성하며, 이러한 협동체의 교양과 문화, 그리고 객관적 정신인 제도는 이성과 가치판단에 이끌리는 개성의 종합으로서 출생에 의해 습득되고 승계된다. "개성의 함양은 협동체 관념에 의해 제한된다". 개인의 개성과 인격은 공동체의 "단체적 가치"인 "공동 복지(bonum commune)"를 통해 완성된다.[76)

개성과 협동체의 상호구성적 존재를 상정하는 다나카의 발상은 개성을 자연 개념, 인격을 가치 개념으로 구분하면서 개인의 인격을 내세웠던 것과 어긋난다. 앞의 진술에서는 개성과 인격이 자유의지를 내장하거나 자유를 예정하는 것이었지만, 뒤의 진술에서는 공동체에 의해 제한되고 있기 때문이다. 결국 다나카는 일본 헌법과 교육기본법에 나오는 개인의 자율성을 적극 모색하면서도 개인을 공동체로 회수시키고 있다. 개인-국가 관계에 대한 몰이해에서 비롯된 자유의 남용과 무질서를 비판하고 도덕교육을 강조한 것은 당연한 귀결이었다.[77)

아베 요시시게는 개체와 협동체의 상호구성적 방식보다는 개체(개인)가 전체를 구성하는 민주적 방식과 소수가 다수를 훼손하는 자본주의 방식에 주목하였다. 아베는 개인의 차이를 넘어 양심(conscience)을 매개로 개인의 "가장 깊은 개인적 경험"과 함께 모든 사람들이 "con(共)하게 보편적으로 알고 느끼고 결의"하는 것을 다수결 원리로 이해한다. 아울러 개체를 "무한정의 전체(indefinite whole)", 즉 "무"(無)에 연결시키는 "개즉전"(個卽全)의 동양적 사유를 동원한다. 니시다 기타로의 영향이 엿보이지만, 아베의 "개즉전"은 개체 속에서 전체를 인정할 뿐 아니라 개체를 모아 전체를 "조직적으로" 실현해야 한다는 적극적 의미를 지녔다. 민중은 개체의 자각을 통해 전체에 참여할 개인의식과 사

---

76) 田中耕太郎, "個性と人格", 19-21쪽.
77) 田中耕太郎, "個性と人格", 16쪽.

회의식을 갖기 때문이다. 소수의 이익과 행복을 위해 다수의 이익과 행복을 희생시키는 자본주의의 폐단을 극복하려면 민중과 노동자도 정치와 경영에 참여시켜야 한다는 주장도 이와 연관된다.[78] 개체는 단순한 집합이 아니라 자각을 통해 전체를 구성한다는 논리는 자유 개념과도 결부되는 것이었다.

자유와 질서

'자유'는 고코로 보수주의의 정신을 보여주는 핵심 개념이다.[79] 자유론은 보수주의 교양인들의 핵심 담론이었다. 아베 요시시게는 "자유의 요구는 인류가 문화를 갖기 시작한 이래 항상 있었던 것이며, 인간의 본질은 자유에 있고, 자유가 없는 곳에는 인간이 없으며, 인간 생활의 특질인 문화 또한 없다."라고 말한다.[80] 자유가 없는 곳에는 인간이 없고, 인간 생활의 특질인 문화도 없다는 것이다. 다나카 고타로는 자유를 인간과 사회 문제의 통일적 해결을 가능하게 해주는 "정치, 경제, 법, 학문, 예술 등을 횡단하는 최대공약수적 문제"로 보았다.[81] 교양주의자들이 전체주의(공산주의)에 대항하여 개인의 자유의지를 적극 모색할 때 개인의 자유는 무한히 확장될 여지가 있다. 하지만 진보주의자들이 정치적 자유를 요구하면서 사회질서의 '혼란'이 우려되는 맥락에서는 개인의 자유가 제한될 여지도 상존한다. 자유를 보장하려는 원리적 관점과 자유를 제한하려는 상황적 관점의 공존을 암시한다.

---

78) 安倍能成, "平和と自由とについてアメリカ人諸君に訴ふ", 『心』 1953年4月號, 9-11쪽.
79) '자유'는 메이지 변혁기와 마찬가지로 현대 일본이 새롭게 규정되는 때에도 중요한 쟁점이었다. 中谷宇吉郎・桑原武夫対談, "自由過剰の國, 日本"(『文藝春秋』 1956年)은 자유 논쟁의 일면을 보여준다.
80) 安倍能成, "平和と自由とについてアメリカ人諸君に訴ふ", 8쪽.
81) 田中耕太郎, "自由とは何か", 『心』 1953年9月號, 12쪽.

아베는 출판물이 범람하고 저널리즘이 횡행하는 가운데 "세력 있는 것, 신기한 것, 이른바 진보적인 것"을 추종하고 긍정해버리는, "자신에 근거해서 이를 부정하는 견식과 용기"를 결여한 전후 상황을 상정하면서 자유를 말한다. 그는 사회적 조건이 자유를 구속하거나 규정한다는 사실은 인정했지만, 개인의 자유를 더 중시하였다. 그에 따르면, 자유는 소여의 상태에서 자기 의지에 의한 요구를 자각하고 실현하려는 정신이다. 개인의 자유는 '주관적=주체적'이다. 자유는 타인의 주장이나 사회의 경향을 부정하는 것일 수 있지만, "자신이 없이는 자유도 없고 자신으로부터 발하지 않는 자유는 없"다. 자기의 부정을 통해 타인을 인정해야 진정한 자유이다. "자신에 충실할수록, 통절한 의지와 요구를 가질수록, 자신뿐 아니라 타인도 자유로 삼는 바, 만인이 똑같이 자유로 여겨지는 바가 된다. 자유는 자신에서 발하여 자신을 넘어야 한다". 관용(tolerance)도 타자와의 타협이 아니라 자기부정을 통해 타자의 입장을 인정하는 것을 뜻한다.[82] 타자와의 투쟁적 불관용을 통해 관용이 나온다는 사회과학자들의 관용 개념과는 다르다. 아베의 이러한 자유론에서 "개인의 존중이 없는 사회적 협동은 공허한 것"[83]이라는 발상이 나온다. 제도와 조직이 자유를 규정하긴 해도 혼을 불어넣는 것은 개인의 자유이다. 도덕은 절대적 가치가 아니라 자유의 요구에서 비롯되며 책임 관념을 부여한다. 개인적 자유를 자의적 기분이나 자연적 욕망, 만인 대 만인의 투쟁에서 벗어나게 해주는 것은, 즉 개인적 자유를 규정하는 것은, 절대적 가치로서의 정의, 진리가 아니라 반성을 통한 정화와 이성에 의한 통어(control)이다.[84]

---

82) 安倍能成, "自由と平等", 『心』 1957年 2月號, 9-10쪽.
83) 安倍能成, "終戰第四周年に", 『心』 1948年 10月號, 4쪽.
84) 安倍能成, "平和と自由とについてアメリカ人諸君に訴ふ", 『心』 1953年 4月號, 8-10

다나카는 아베와 달랐다. 개인과 공동체의 상호구성적 관계를 상정한 다나카는 "도덕적, 사회적, 사상적, 문화적 혼란" 속에서 자유가 오해, 오용되고 있고, 전후 사회질서의 혼란과 도덕의 쇠퇴가 "자유와 방자의 혼동, 소여의 기본적 인권과 자유의 남용"에 귀착한다는 인식을 가졌다.[85] 다나카는 개인의 자유에 대한 국가의 제한을 최소화해야 하며, '관용'이 자유의 중요한 덕목이라고 생각하였다. 국가는 자유를 방해하지 않는 것만 법으로 정해야 하며 모든 학문과 종교에 관용을 보여야 한다는 것이다. 하지만 개인은 공동생활을 영위하기 때문에 개인의 자유는 제한된다고 보았다. 일상생활은 절대적인 객관적 가치가 정점에 있는 계층적 가치 질서를 전제로 하므로 인간의 자유도 이러한 질서에서 기능하며, '인격'은 정치적 자유가 아니라 이러한 질서(평화)에서 "신의 세계계획"을 실현함으로써 이룩된다는 생각이었다. 정치적 자유는 절대적 가치의 질서에 의존하므로 시대와 나라에 따라 다르다. 정치의 목적이 질서유지, 국민 경제생활의 안정 및 향상, 문화 발전에 있다는 다나카의 정치관과 무관하지 않은 자유관이었다.

아베는 개인의 자유를 강하게 주장했지만, 그의 자유관에서는 반성을 통한 정화와 이성에 의한 통제라는 자유의 방식이 정의와 진리라는 절대적 가치를 내세운 정치적 자유로 진화하는 것을 억지하고 있었다. 다나카의 경우 개인의 자유는 공동체의 계층적 가치 질서에 제한되는 것이었다. 공동체 가치를 절대 준거로 삼건, 반성적 성찰과 이성의 통제를 동원하건, 자유는 질서에 구속된다. 고코로 보수주의자들은 사회

쪽. 자유와 책임에 관해서는 창간호에서 "자유가 있는 곳에만 책임이 있고, 자유가 증대하면 책임도 증대한다…자유의 날개는 책임의 중하를 나를 수 있어야 온전한 것이다."(安倍能成, "卒業式の辭", 『心』創刊號, 36-37쪽)라고 말하고 있다.
85) 田中耕太郎, "自由とは何か", 11-18쪽.

질서를 해치지 않는 소극적 자유(negative liberty)인 한에서 개인을 자유로운 존재로 상정했던 것이다. 물리학자 나카야 우키치로(中谷宇吉郎)의 표현에 따르면, "집단생활 속의 개인의 자유", 즉 "마이너스의 리버티"이다. 자유는 법으로 정의되고 보전되는 것이므로 질서와 모순되지 않는다. 질서를 세우기 위한 제한은 타인의 자유를 침해하는 자유를 제한하는 것이지 자유 자체를 제한하는 것은 아니다.[86]

전쟁과 평화

'전쟁'과 '평화'는 패전과 냉전의 맥락에 대응하는 전후 지식인들의 정치 이념과 현실 의식을 가장 잘 함축한 언어다. 패전은 평화 쟁점을 부상시켰고, 평화헌법은 평화의 의미를 둘러싼 긴장을 자아냈다. 냉전은 이념상의 대립과 대결적 외교정책을 자극하면서 태평양전쟁 이후의 새로운 전쟁의 개연성에 대처하는 평화의 논리와 심리를 산출하였다. 평화 담론은 새로운 국가 건설이란 과제와 맞물려 있었다. 진보주의자들이 냉전 '이념'에 대항하여 '평화' 이념으로 담론을 구성했다면, 고코로 보수주의자들은 '인간'의 관점에서 세계 평화와 일본 국가의 존재 양태에 관한 언설을 만들어냈다.

아베의 평화론은 진보 지식인과 보수 지식인의 사이에 위치한다. 아베는 "평화는 전쟁의 반대"이며 "무장적 평화"(군비)는 전쟁을 없애지 못하고 "무장적 전쟁"만을 초래한다는 관점에서 군비 철폐를 주장하였다.[87] 인간의 이상은 평화에 있으며 역사의 본질은 전쟁이 아니라 문화에 있다는 발언[88]에서 보듯이 그것은 평화주의에 입각한 전쟁-평화관

---

86) 中谷宇吉郎, "自由と進步", 『心』 1957年1月號, 8-9쪽.
87) 安倍能成, "平和と自由とについてアメリカ人諸君に訴ふ", 3-7쪽.
88) 安倍能成, "終戰第四周年に", 3-4쪽.

이었다. 하지만 신일본을 건설하려는 실천적 관심의 소산이기도 했다. 그는 "평화주의"를 국제 번영과 국제 정의를 높이는 국제 협력뿐 아니라 국가 에고이즘에 대한 일정한 통어와 신일본의 재건을 위한 원칙으로 생각하였다.89) 평화헌법은 세계 평화와 일본 재건을 위한 계기, 즉 전쟁을 통한 팽창의 유혹을 끊어내고 전쟁을 평화로 바꾸는 "가치 전환"과 "일본 갱생"의 계기로 여겼다. 군비를 뺏긴 자가 "싸울 수 없다는 현실"에서 나아가 "결코 싸우지 않는다는 의지"의 확립이 패전 일본의 길이라 믿었고, 이러한 입장에서 평화헌법은 강제된 것이지만 "일본 국민의 책임에 있어서 승인"된 것으로 이해하였다.90) "일본 국민의 총의"에서 나왔다는 것이다.91)

아베의 평화론은 진보의 평화론과 많이 닮아 있다. 평화문제담화회에는 올드 리버럴리스트와 신세대 진보학자가 공존했지만, 고코로 지식인 대부분은 진보 지식인들의 평화론이나 전면강화론에 동의하지 않았다. 아베는 평화문제담화회의 좌장을 맡아 재군비 반대, 중립, 군사기지화 반대의 의견에는 동조했지만, 담화회의 진보주의적 성향과는 거리를 두었다. 미국에 우호적이었고 소련의 평화공세와 일본공산당의 평화론을 불신하였다. 평화주의가 절대이념이 아니라 실천 이념으로 기능할 때 평화는 현실의 세력 관계에 의존할 수밖에 없다. 아베가 국내외의 복잡한 현실에 "곤혹을 느끼면서" 기지 제공, 중립 불허용을 "기정사실"로 받아들이는 "양보"를 한 것은 진보주의자의 이념적 평화론과는 구별되는, 보수주의자의 면목을 드러낸 것이라 할 수 있다. 공산국가와

---

89) 安倍能成, "平和と自由とについてアメリカ人諸君に訴ふ", 8-10쪽.
90) 安倍能成, "平和と自由とについてアメリカ人諸君に訴ふ", 3-4쪽. 신헌법의 평화조항은 세계 평화 달성의 계기만 된다면 패전의 희생이 오히려 값싸다고까지 말할 정도였다(安倍能成, "終戰第四周年に", 3-4쪽).
91) 安倍能成, "終戰第四周年に", 『心』 1948年10月號, 2-4쪽.

의 전쟁이나 적대 행위를 피하면서 "차가운 전쟁을 조금이라도 따뜻한 평화로 바꾸는 노력"을 요구하고 내란 방지, 치안 유지 등 국내 경찰 임무로 한정시키는 조건으로 자위대를 용인한 것도 보수적 평화관의 일면을 보여준다.92) 아베가 평화주의, 민주주의 정신과 더불어 신일본 건설의 원리로 제시한 초계급적인 애국심과, "일본 국민의 상징이며 일본 국민통합의 상징"이자 "국민의 도의적, 정신적 중심"인 천황에 대한 인간적 경애93)는 보수주의 평화론의 또다른 면목을 보여준다. '진보적=이상주의적 평화관'과 '보수적=현실주의적 평화관'이 결합된 평화론이었다. 한편 "애국"과 "애인류"(愛人類)의 공존에 기초한 세계 평화에 공헌하려면 일본을 "아름다운 나라", "인간다운 나라"로 만들어야 한다는 무샤코지 사네아쓰의 보수적 평화론도 있었다.94)

고코로 보수주의자들은 평화와 전쟁의 개념을 인간과 생명을 중시하는 관점에서 포착하였다. 삶의 의지를 투영시켜 평화를 구현하려는 평화관에서는 인간의 존재 양식이 더 중시된다. 스즈키 다이세쓰는 평화 문제를 종교적 심성의 문제로 환원시켰다. 평화는 여러 형태의 집단 간에 발생하는 무력적 투쟁의 종식이며, 평화의 실현은 집단 간 투쟁의 종식이 아니라 집단을 형성하는 개별 인간의 종교적 태도에서 찾을 수 있다. 평화의 실현은 종교적 훈련을 통한 영성적 자각에서 가능하다는 말이다.95) 심성을 중시하는 고코로 평화주의의 일면을 보여준다.

인간과 생명을 중시하는 평화관은 나가요 요시로에게 잘 드러난다. 나가요는 인류가 "원시적 비문(非文)의 상태"에 있다고 보고 단지

---
92) 安倍能成, "平和と自由とについてアメリカ人諸君に訴ふ", 4-7쪽.
93) 安倍能成, "終戰第四周年に", 2-4쪽; 安倍能成, "卒業式の辞", 37쪽.
94) 무샤코지는 재무장을 "인간다운 나라를 만드는 애국대" "신애국군"으로 간주했다. 武者小路實篤, "再軍備私感", 『心』 1953年8月號, 13쪽.
95) 鈴木大拙, "平和の實現につきて", 『心』 1949年5月號, 2쪽, 7-8쪽.

"평화적인 상태, 전쟁이 없는 상태"를 "이상적인 지복(至福)의 상태"로 여기는 상황을 우려하였다. '비문'의 현실과 '평화'의 이상이 분절되고 전쟁의 부재를 평화로 보는 관점이 만연한 것을 걱정하였다. 나가요는 인간과 생명에 기초해서 '평화'에 접근한다. 인간과 생명에 내재된 투쟁성을 부정하지 않았고, 전쟁을 개인 내부의 투쟁이 계급 간, 국가 간 아욕(我慾)의 투쟁으로 확대된 것이라 보았다. 평화는 전쟁포기 선언이나 유네스코 참가 등으로 실현되는 것이 아니라 "실질의 향상"을 통해 '그 결과로서 저절로 온다'고 생각하였다. 여기서 실질의 향상이란 "생명 자체의 적극적 해결" 혹은 "쟁투의 고로(苦勞)"를 통한 "강한 생성"을 뜻한다. 평화는 "안면(安眠)하는 돼지 같은 평안"이나 전쟁 부정에서 도래하는 것이 아니라 실질의 향상을 통해 도달된다는 것이었다.[96] 인간의 투쟁적 생의 의지는 논리적 추상으로서의 평화 개념을 실천적 차원에서 극복할 여지를 제공하지만, 동시에 투쟁적 생명관에서 전쟁의 가능성을 읽어낼 수도 있다. 고코로 지식인들의 평화론에서 한발 나아간 견해일 수도 있고, 고코로 평화론에 함축된 관점을 드러낸 것일 수도 있다.

6. '교양' 이후

〈고코로〉는 패전과 냉전의 지식 공간에서 민주주의와 안보 쟁점을 둘러싸고 이상주의적 진보주의와 과학주의(사회과학)에 대응했던 지식인들이 보수주의적 견해를 표출한 장이었다. 고코로 보수주의는 개인의 일상생활, 개성과 인격, 공동체와 질서를 중시하는 문화주의와, 문화 예술의

---

96) 長興善郎, "本物であること", 『心』 1948年12月號, 2-4쪽.

세계적 조류에 부응하면서 개인의 자유를 존중하는 교양주의로서 성립하였다. 문화주의가 고코로 보수주의를 문화적 보수주의로 규정하는 것이었다면, 교양주의는 고코로 보수주의가 배타적 내셔널리즘으로 변용할 여지를 제어하는 요소였다. 교양주의와 문화주의는 자유주의적 보수주의자들에게 있어 진보 지식인들의 새로운 사회과학이나 보수 정치가들의 체제순응적인 정치적 보수와 구별되는 지적 사유였다.

교양주의를 표방한 문화적 보수주의는 정치 이념을 배제하고 생활감각에서 정치를 발견하고자 했던 온건한 일상적 보수였다. 고코로 지식인들은 온건성과 유연성에서 비롯한 사유의 애매성 때문에 조직과 운동의 동력을 만들어내지는 못했다. 동심회와 생성회라는 동인 집단은 지적 네트워크였지 이념 투쟁을 벌이는 조직적 운동체는 아니었다. '진보'와 '과학'에 대해 항의는 했지만, 일상생활과 소극적 자유에 기초한 신념에서 적극적인 투쟁 의지가 생겨나기는 어려웠다. 55년 체제가 성립한 뒤 다케야마 미치오가 교토학파의 니시타니 게이지(西谷啓治), 스즈키 시게타카와 조우하면서 출현한 2세대 고코로 지식인들은 보다 투쟁적인 반진보주의의 자세를 보였지만,[97] 정치적 초월주의와 문화주의를 압도하지는 못했다.

교양주의와 문화주의는 일본의 정치적, 경제적 상황에 초연한 모습으로 살아남을 견고한 이념일 수 있었을까. 보수주의는 낡은 것의 토대 위에 새로운 것을 점진적으로 받아들이는 사유이다. 혁명을 부정하고 개량을 옹호하는 이념이다. 이론에 기초한 혁신보다 구체적인 체험에서 나오는 변화를 소중히 여기는 정신이다.[98] "여러 조건의 변화에 의

---

[97] 山田宗睦, "リベラルな保守派『心』グループ", 290쪽.
[98] 이에 관해서는 로버트 니스벳, 강정인 옮김, 『보수주의』(이후, 2007)를 참조할 것.

해 모습이 바뀔지라도 그 변화 뒤에 변치 않는 본질이 있다는 기분"[99])이다. "변화 뒤에 변치 않는 본질이 있다는 기분", 불변의 영원한 가치를 인정하고 싶어하는 보수 감각은 고코로 보수주의자들에게 자기 정당화의 신념을 제공하였다. 하지만 '주의(ism)'가 아니라 '기분'이라면 견고하기는 어려울 것이다. 삶의 의지가 영원히 도달할 수 없는 불변의 가치를 추구하는 과정은 가변적일 수밖에 없다.

다이쇼 민본주의의 유산이었던 서구의 인격주의 및 일본 문화의 교양주의에서 배양된, 민주주의에 대한 정치 감각과 인간을 중시하는 신념은 고코로 보수주의자들의 존재 이유였지만, 올드 리버럴리스트 세대가 사라질 때 함께 소멸될 운명이었다. 경제 발전으로 상업주의에 의한 '인간의 추락'이 깊어질수록 일상적 보수는 '교양'을 탈색시키지 않을 수 없다. 1980년대 일본이 경제 대국으로 부상하면서 한 세대 동안 살아남았던 〈고코로〉의 '생명의 의지'가 소멸한 것은 우연이 아닐 것이다. '교양'이 사라진 뒤 보수는 '이념'으로 무장하고 '전후 체제'에 이념적 저항을 시도한다. 정치적 자유를 위한 투쟁이 아니라 개인과 공동체, 자유와 민주에 대한 반진보주의적 재규정이 이루어진다. '싸우는 보수'의 출현이다.

교양주의나 문화주의가 '기분'을 넘어 맥락을 초월할 수 있다면, 개인의 구체적 삶에서 개체와 전체의 존재 방식을 조명하는 관점은 유용할 수 있다. 개체와 전체가 맥락에 따라 유동하는 것을 억지하는—진보주의에서 설정한 객관적, 과학적 진리와 같은—어떤 장치를 떠올릴 수 있다. 공동체의 절대적 가치를 상정하는 것은 손쉬운 값싼 방법이다. 개체의 삶과 가치에 치중했던 아베의 진술에서 개체의 구체적 삶과 전체의 보편적 삶을 연결해주는 심미적 가치의 존재를 상정할 수 있다. 리버

---

99) 安倍能成의 발언, 座談會, 36쪽.

럴 보수주의의 심미적 성향은 또다른 성찰 과제가 된다.

> 진이라는 것, 선이라는 것, 미라는 것을 자신의 생활에 실현하는 것이 인간의 수행이지만, 동시에 이렇게 체득한 진선미는 내 것이 아니라 만인에 통하는 보편의 것이다. 진정 진선미로 나아가 기쁨을 얻은 자는 남이 이것을 성취하는 것을 기뻐하고, 이것을 남과 함께 하기를 바란다. 이야말로 실로 고귀한 정신이고, 이 정신만큼 오늘날 일본에 필요한 것은 없다…그것은 특권적 귀족주의가 아니라 만인을 높이고자 하는 건전한 민주주의 정신에 맞는 것이다.[100]

---

100) 安倍能成, "卒業式の辞", 36쪽.

현대일본생활세계총서 **4**

전후 일본의 지식 풍경

전후 일본의 지식 풍경

전후 일본 음악의 연속성과 탈정치화*
〈음악지우〉의 전후 변용

이경분

〈음악지우〉
창간호

* 이 글은 성균관대학교 대동문화연구원 편, 『대동문화연구』 Vol.76(2011)에 실린 초고를 수정·보완한 것이다.

1. 왜 〈음악지우〉에 주목하는가

패전 후 가치를 상실하고, 전쟁과 살인과 삭막함에서 상처받고 자존심을 잃은 일본인이 인간성을 되찾고 허무주의에서 빠져나오는 방법으로 가장 기대했던 분야는 문화 예술이었다 할 수 있다. 일본의 유명한 작곡가 미요시 아키라(三善晃)는 이때의 상황을 다음과 같이 회고한다.

> 패전을 겪으면서 일거에 역전한 가치관 중에서 어른들이 제시한 혼란, 즉 과거를 전부 부정하는 것, 아이덴티티의 상실은 우리들 십대 아이들의 마음에 큰 허무감을 안겨주었다. 우리들은 이중적 의미에서 전쟁의 상처를 떠안았다. 하나는 전쟁에 의해, 하나는 전쟁을 일으킨 어른들의 표변과 배신에 의해. 내 또래 일본인들은 모두 이 마음의 상처(트라우마)를 공유하였다. 이 허무의 공동(空洞)에서 어떻게 생산적인 가치를 만들어내는가 하는 것이 우리들 세대의 공통 명제였고 이 명제를 출발점으로 각자의 아이덴티티를 (음악적으로) 그려내려 했다고 생각한다.[1]

이처럼 이전에 신뢰했던 정치와 삶의 가치관이 모두 의심스러워진 상황에서, 전쟁 중에 책, 영화, 음악을 원하는 대로 마음껏 향유하지 못했던 젊은 층의 문화 예술에 대한 갈망은 전후의 빈곤한 시기였지만 대단했다고 할 수 있다. 전쟁이 끝나고 얼마 되지 않아 혼란과 폐허가 일상적 풍경이었을 때임에도 일종의 클래식 음악 붐이 일어났던 것은 이런 맥락에서 보면 이해될 수 있을 것이다. 예를 들면, 1946년 1월 베르디의 〈춘희〉가 7회 연주된 것을 시작으로, 4월에는 비제의 〈카르멘〉이 11회,

---

1) 日本戦後音楽史研究会, 『日本戦後音楽史(上)—戦後から前衛の時代へ 1945–1973』, 東京: 平凡社 2008, 51쪽.

8월에는 차이콥스키의 〈백조의 호수〉가 20회, 47년 7월에는 바그너의 〈탄호이저〉가 25회, 12월 다시 〈카르멘〉이 31회 공연되어 오페라, 발레 및 클래식 음악에 대한 일본 청중의 뜨거운 반응을 보여주었다. 대극장에서도 전석 매진이 보통이었고, 25회에서 30회가 되는 공연에서는 매회 약 5만 명의 청중이 모였다.[2]

전쟁기 동안 국책에 의해 좋아하지도 않는 일본인의 음악 작품을 들어야 했던 청중들은 이러한 활발한 클래식 음악 붐 속에서 일본 작곡가들의 음악을 미심쩍게 보기 시작한 것도 사실이다. 더욱이 전시체제가 무너지면서, 1946년 이후 작곡가들은 국가적 권력과 방송, 레코드와 같은 미디어의 비호를 급속하게 잃어버렸다. '일본적인 것'에 대한 의심의 눈초리를 부담으로 느끼면서 일본 음악계는 새로이 재편성되지 않으면 안 되었다.

최근 일본 음악학계의 뛰어난 성과로 평가할 수 있는 『일본전후음악사』는 전후의 일본 음악계를 전전과 비교하면서, 전쟁기에도 존재했던 "민족파", "서양파", "중도파"의 삼각 구도가 60년대 말에 이르러 점차 무의미한 것이 되어버린다고 서술한다. 그 계기가 된 것은 "방악(邦樂)의 붐"이었다고 말한다.[3] 즉, 일본 전통악기인 샤쿠하치와 비파를 사용한 다케미츠 도루의 〈노벰버 스텝스 (November Steps for biwa, shakuhachi and orchestra)〉(1967)가 세계적으로 인정을 받으면서, 일본 음악계에서는 일본적 아이덴티티가 어떤 그룹이든 가장 중요한 문제가 되어버렸던 것이다.

다르게 말하면, 60년대 말 이전의 일본 음악계에는 전쟁 시기에 활동하던 세대와 전후에 새로이 등장하는 세대가 공존하였으며, 아직 전

---

[2] 日本戰後音楽史研究会, 日本戰後音楽史(上), 85쪽.
[3] 日本戰後音楽史研究会, 日本戰後音楽史(上), 14쪽.

쟁 세대의 영향력이 우세했던 시기였다 할 수 있다.

하지만 『일본전후음악사』의 첫 장에서 가타야마 모리히데(片山杜秀)가 서술하는 전후의 삼각(민족파, 서양파, 중도파) 대립 구도는 원래 야마네 긴지(山根銀二)가 전쟁 시기 일본 음악계를 파악하는 도식으로 이미 제시한 것이다. 시대가 바뀌었음에도 같은 구도를 반복하여 적용하는 것에 대해 가타야마 자신도 실제 현상을 놓칠 수 있음을 우려하고 있지만,[4] 그럼에도 이 틀은 전후 일본 음악계를 질적으로 이해하는 방법으로서 그의 전후 음악계 서술을 위한 든든한 디딤돌이 되고 있다.

그렇다면 이러한 틀을 가지지 않고, 전후 일본 음악계의 실제를 과연 어떻게 파악할 수 있는가?

그런데 여기서 먼저 고민해야 할 문제는 '전후를 언제까지로 볼 것인가' 하는 물음이다. 이는 '어떤 관점에서 전후 일본 사회를 볼 것인가' 하는 물음과 일맥상통하는 것이다. 하지만 여기서는 이 근본적인 문제를 토론하기보다 세 가지 질문을 모두 해결하는 방법으로서, 1946년부터 1955년까지의 10년간 음악 잡지 〈음악지우〉를 분석하고자 한다. 그 이유는

첫째, 1946년부터 1955년까지 잡지에 수록된 내용을 분석하면 일본 음악계가 어떻게 재구성, 재편성되었으며, 어떤 방향으로 변화하고 있는지 충분히 보여주리라 사료되기 때문이다. 다시 말해 '자료가 스스로 말하도록 한다'는 의미에 충실하고자 한다.

둘째, 여러 잡지 중에서 〈음악지우〉를 다루는 이유는 무엇보다 이 잡지가 전후를 대표하는 대중적인 클래식 음악 잡지이기 때문이다. 또한 이 잡지는 (전쟁 시기 일본 음악계에서 활동했던 독일 유대인 음악가

---

[4] 가타야마 모리히데 교수와의 인터뷰. 2011.2.21. 게이오대학 연구실.

클라우스 프링스하임(Klaus Pringsheim)이 말했듯이) "전쟁과 연결되어 있는 일본 음악계의 운명"5)과 비슷한 점도 전전과 전후 음악계의 변화를 비교하기에 유리하다. 전쟁 시기와 전후를 직접 이어주는 음악 잡지는 단 두 개가 있었는데, 다른 하나는 〈음악예술〉이다. 하지만 〈음악예술〉을 연구 대상으로 삼지 않은 이유는 현대음악에 집중하는 전문 잡지였기에 〈음악지우〉보다 독자층이 훨씬 제한적이었으므로, 폭넓게 일본 음악계의 변화를 감지하기에는 〈음악지우〉보다 불리하다고 사료되었기 때문이다.

먼저 지금까지 일본 음악학계에서도 분석의 대상이 되지 못했던 잡지 〈음악지우〉가 일본 음악계에서 어떤 위치를 차지하는지를 역사적으로 추적해보고, 전쟁 직후 새로운 출발을 위한 과거 성찰 및 정치적 이슈에 대한 일본 음악계의 태도를 살핀 후, 〈음악지우〉에 비춰진 전후 10년간의 일본 음악 문화에 대해 서술하고자 한다. 참고로 여기서 '일본 음악 문화'라 함은 일본 전통음악이나 대중음악이 아닌 '일본의 클래식 음악'에 국한함을 밝힌다.

2. 〈음악지우〉, 전후 일본 음악계의 거울

(1) 세 번째 〈음악지우〉와 그 역사

잡지 〈음악지우〉는 1946년 1월부터 현재까지 65년간 꾸준히 발간되어

---

5) Klaus Pringsheim, "Goodbye to Japan" (Interview appearing in the *Tokyo Shimbun*, August 17. 1946), Archives and Research Collections McMaster University Library Canada의 자료.

일본에서 클래식 음악 잡지의 대표적 상징성을 가진다. 이 잡지는 어떻게 만들어졌으며, 어떠한 역사적 의미를 가지는가? 〈음악지우〉라는 이름만 본다면 이 잡지는 전후에 새로 출간된 잡지가 아니라 그전에도 있었다. 일본에서 가장 처음으로 〈음악지우〉라는 제목을 내건 잡지는 1901년(메이지 34년) 11월에 창간되었다.[6] 그러나 일본에서 가장 오래된 이 음악 잡지는 1901년 11월부터 1905년 3월(7권 5호)까지만 발간되고 단명하고 만다.[7]

그 후 같은 이름을 가진 두 번째 잡지는 1941년 12월에 출간되는데, 40년 전 메이지 시기의 〈음악지우〉와는 아무런 상관이 없다. 전시하의 일본 음악계는 전시체제에 맞게 두 차례에 걸쳐 음악 잡지들을 통합하는데, 두 번째의 〈음악지우〉는 바로 제1차 통합 과정의 산물이라 할 수 있다. 즉, 1930년대 클래식 음악 잡지로 잘 알려진 〈월간악보(月刊樂譜)〉, 〈음악세계(音樂世界)〉, 〈음악구락부(音樂具楽部)〉를 합쳐 〈음악지우〉 하나로 통합한 것이다. 하지만 이 두 번째 〈음악지우〉도 오래가지 못한다. 2년 후인 1943년 10월호를 마감으로 폐간되는데,[8] 이는 제2차 음악 잡지 통합의 결과였다. 구체적으로 말하면, 두 번째의 〈음악지우〉는 그전까지 존재했던 다른 잡지 6종과 함께 사라지고,[9] 2개월 후 1943년 12월호부터는 〈음악문화〉[10], 〈음악지식〉으로 통폐합되어 발간

---

6) 전후 『음악지우』 창간호 편집장 호리우치(堀內敬三)는 메이지 시기의 잡지를 본 적이 없다고 기술하지만, 도쿄예술대학과 도쿄대학 도서관에 보존되어 있다.
7) 첫 번째의 『음악지우』 출판사는 악우사(樂友社), 후속 잡지는 『음악(音樂)』이다.
8) 堀內敬三, 「編輯後記」, 『音樂之友』 1946년 1호, 65쪽.
9) 『음악공론』도 1941년 11월 창간되었다가 1943년 10월호를 마지막으로 폐간되고, 『국민의 음악』도 마찬가지이다.
10) 『음악문화』는 『음악공론』과 『음악지우』가 통합되어 만들어졌다.

되었다. 1943년에 남은 이 두 잡지의 지면은 군가 및 국민가요 일색으로 채워지게 된다. 제1차 통합 기간보다 더 짧은 제2차 통합 시기의 두 잡지는 1년 남짓 후인 1945년 1월호를 끝으로 휴간되었다가[11] 전쟁이 끝나고 다시 1945년 10월, 11월에 잠시 재간된다.

전쟁 시기와 전후의 변화는 잡지 목차에서도 쉽게 알 수 있다.
〈음악지우〉 1945년 1호의 내용은 「결전가곡에 관해」, 「결전가의 의의와 지도요령」, 「우미유카바(海ゆかば)」, 「애국행진곡(愛国行進曲)」, 「국민진군가(国民進軍歌)」, 「태평양행진곡(太平洋行進曲)」, 「부인종군가(夫人従軍歌)」 「승리의 날까지(勝利の日)」, 「불타는 대공(燃える大空)」 등 총력전을 목표로 하는 악보로 가득 차 있다.
반면 전쟁이 끝난 후 10월・11월호는 합본임에도 매우 빈약한 내용이었을 뿐 아니라, 양적으로도 줄어들었다. 세 개의 서정적인 노래 〈월초(月草)〉, 〈탱자 꽃(からたちの花)〉, 〈제비의 노래(つばくろの歌)〉의 악보와 「아메리카 대중의 음악 생활」, 「종전 후의 악단 잡기」, 「추억록」 등의 기사가 고작이었다.
그리고 〈음악문화〉의 1946년 1월호(마지막 호)에서는 「음악 문화의 재건」, 「고난의 시대 - 음악 문화 재건에 관한 사견」 등의 기사를 실어 변화된 상황을 반영하며 뭔가 새로운 장을 여는 듯하지만, 결국 전쟁 시기의 이미지가 지속된다는 부담 때문에 폐간되고 만다. 대신에 2월호부터 〈음악예술〉로 개칭하여 음악 전문가 등 음악 연구가를 대상으로 하는 "음악연구잡지"로 재출발하였다. 내용은 "평론, 연구 발표, 신작 악보 및 업무상의 보도 기사" 등으로 이루어져 있다.[12]

---

11) 『음악지식』은 1944년 12월호도 휴간되었다.
12) 堀内敬三, 「編輯後記」, 『音樂之友』 1946년 1호, 65쪽.

한편, 아마추어 음악 애호가를 위한 〈음악지식〉은 1946년 1월호부터 〈음악지우〉라는 이름으로 바뀌어 생명을 이어간다. 개칭의 이유는 "종래의 계몽주의적 편집 방침을 「음악 취미의 보편」, 「음악 교양의 향상」, 「음악적 시야의 확대」"로 방향을 바꾸었기 때문이다.

> 〈음악지식(音樂智識)〉을 보급하는 일에 있어서는 원래대로 노력을 계속할 예정이지만, 면수를 많이 하여 기사 분량을 늘리고, 내용도 다채롭게 하여 풍족한 취향과 정취를 추구할 계획이다.[13]

〈음악지우〉의 전신인 〈음악지식〉도 〈음악문화〉처럼 전쟁을 위해 봉사하는 음악과 음악 정책에 관한 기사로 대부분 지면을 할애해 왔던 것이 사실이다. 예를 들면, 「음악을 전력화하라(音楽を戦力化せよ)」(1944/3), 「음악과 전투(音楽と戦闘)」(1944/7), 「음악정신대(音楽挺身隊)」(1944/10), 「군가로서 기분전환-음악은 도움이 된다(軍歌で気分―新―音楽は役に立っている)」(1944/11), 「적을 쳐부수는 음악(驕敵を撃つ音楽)」(1944/11) 등과 같은 기사들이다.

따라서 급격하게 바뀐 전후의 정치, 사회적 상황에 맞게 적응하면서 살아남는 잡지가 되기 위해서 전쟁 냄새가 나는 제목도 비정치적인 제목인 '음악의 친구'로 개칭하고 내용도 대폭 바꾼 것으로 보인다.(아래 1946년 1월호 목차 참고)

어쨌든 이렇게 해서 세 번째의 〈음악지우〉 잡지가 탄생했다. 전후 물자 부족으로 원래(전시에는) "4전이었던 오선지가 35전으로" 거의 9배로 뛰고, 20전 하던 악보가 1946년에는 1원 이상이 되던[14] 때, 이런 어

---

13) 堀内敬三, 「編輯後記」, 65쪽.

려움도 무릅쓰고 1946년부터 매달 출간되어 역사적인 잡지가 된 〈음악지우〉는 전후 일본의 음악계와 음악 생활에 대한 정보를 알려주는 귀중한 자료가 되었다.

〈표 1〉 근대 일본의 음악 잡지 계보

```
                                                              『音樂之友』1
                                                         (1901.11.~1905.3.)
      『月刊音樂』+『音樂世界』+『音樂俱樂部』  →  *『音樂之友』2
                                                         (1941.12.~1943.10.)
『音樂之友』2 + 6종의 음악 잡지  →  **『音樂知識』15)  →  『音樂之友』3
                                    (1943.10.~1945.12.)    (1946.1.~현재)
                             (* 제1차 통폐합 과정   ** 제2차 통폐합 과정)
```

(2) 〈음악지우〉의 탈정치화

〈음악예술〉과 함께 전쟁 시기와 전후를 잇는 음악 잡지로서 〈음악지우〉는 여러 측면에서 전후 일본 음악계의 상황을 다양하게 보여준다. 패전을 겪은 일본 음악계의 모습이 어떤지, 단절과 변화 그리고 연속성을 읽어내는 데에는 전문가를 대상으로 하는 〈음악예술〉보다 대중적인 〈음악지우〉가 더 유리하리라는 전제에서 〈음악지우〉를 자세하게 분석하고자 한다.

---

14) 堀內敬三,「編輯後記」,『音樂之友』1946년 1호, 65쪽. 그리고 잡지 한 권에 2원, 1년간 잡지 대금 12원 60전(송료 포함)이었다.
15) 『音樂之友』2+6종의 음악 잡지가 정리되어 남은 다른 잡지『音樂文化』→『音樂藝術』(1946.2.~현재)

〈표 2〉〈음악지우〉 1946년 신년호 목차16)

음악과 민주주의 이야기(音楽と民主主義の話)
[나의 에세이] 음악으로 좁은 길(音楽への小径)/노래 달력(歌暦)
봄을 맞이하는 연주진(春を迎へる演奏陣)
음악계 전망(音楽界展望)
고노에 히데마로 귀국하다(近衛秀麿子帰る)
음악살롱 : 반주의 역할(伴奏の役目)
취주악의 재건과 혁신(吹奏楽の再建と革新)
경음악대회를 산책하다(軽音楽大会を歩く)
악단의 고민은 끝이 없다(楽壇に悩みは果なし)
경음악단 편성표(軽音楽団編成表)
레코드 신보＝종전 제1회 발매음반(レコード新譜＝終戦第一回発売盤)
신생의 레코드계(新生のレコード界)
디즈니의 환상(ディズニーの「幻想」)
[명곡감상] 미완성 교향곡(未完成交響曲)
쉽게 악보 읽는 법(易しい譜の読み方)
뮤직 서비스(ミュジック　サービス)
편집후기(編輯後記)
게재악보 가사(掲載楽譜歌詞)

출처: 〈음악지우〉 1946년 1월호

　　모두 65면으로 되어 있는 〈음악지우〉 신년호(1946)에는 1945년 1월호와 대조적으로 전쟁을 상기시키는 내용은 말끔히 치워져 있다. 거의 탈정치화된 타이틀과 주제로만 구성되어 있는 것이 두드러진다. 「신생의 레코드계」, 「명곡감상」, 「쉽게 악보 읽는 법」은 (나중에 이름은 달라지지만) 전후 10년간 〈음악지우〉의 고정된 코너로서 탈정치화된 잡지의 성격을 드러내주는 역할을 한다.
　　그런데 여기서 GHQ의 검열에 걸려 수정된 기사가 있다. 「신생의

---

16) 일어와 관련하여 교정에 도움을 준 사토 아키히토(佐藤暁人, 서울대 사회학과 박사과정)에게 감사드린다.

레코드계」인데,17) 이 에세이의 내용은 "1) 기획에 관해서 2) 검열에 관해서 3) 생산에 관해서 4) 배급에 관해서 5) 미국의 사정"으로 구성되어 있다. GHQ의 검열제도는 '검열이 이루어지고 있음을 대중이 느끼지 못하도록' 하는 것이 중요한 방침이어서 검열관이나 검열 과정에 대한 글은 출판될 수 없었다고 한다.18) 하지만 이 기사처럼 검열에 대한 내용이 '검열'되지 않고 출판된 경우도 있는 것은 CCD(Civil Censorship Detachment)의 검열이 철저하지 않았음을 암시해준다.19) GHQ 기간 동안 검열에 걸린 〈음악지우〉의 음악기사는 모두 세 개인데, 「신생의 레코드계」 외에 1946년 7월호의 「노래를 생명으로」라는 기사와 1949년 1월호의 「세계명곡해설: 바흐의 브란덴부르크 협주곡」이 그렇다.20) 음악 기사의 검열에 대한 연구는 더 깊이 있게 시도되어야 할 것이다.21)

반면, 직접 정치적 냄새를 풍기는 기사는 오히려 검열을 통과했다. 예를 들면 「음악과 민주주의 이야기」(필자: 淸水 脩)는 음악과 정치를 연결시키는 시도이지만, 당시 미점령군의 정책을 반영한 것이라 할 수 있으니, 오히려 잡지의 생존에 기여하는 항목으로 보인다. 군국주의를 버리고, 민주주의를 교육시키고자 하는 새로운 권력자의 의도에 부응하고자 하는 음악계의 새 움직임으로 해석된다.

---

17) 占領期新聞雜誌情報データベース、http://m20thdb.jp 참조.
18) Shunya, Yoshimi, "Reconsidering the Consumption of "America" in the Postwar East Asian Historical Context", 서양미술사학회,『서양미술사학회논문집』, 제23집 2005. 227~228쪽. 하지만 이런 조치가 제대로 행해지는 데는 시간이 걸렸던 것 같다.
19) 1947까지 CCD에 고용된 일본인 검열관은 8,000여 명이라고 한다. Shunya, Yoshimi, "Reconsidering the Consumption of "America" in the Postwar East Asian Historical Context", p.227.
20) 占領期新聞雜誌情報データベース、http://m20thdb.jp
21) 일본 전후 음악을 방대하게 저술한 초키 세이지(長木誠司)의 저서 『戦後の音楽』(作品社 2010)에서도 검열의 문제는 따로 다루어지지 않고 있다.

신년호에 나타나는 "신생", "전망", "재건", "혁신", "고민" 등의 어휘는 패전을 경험한 전후의 상황을 암시해 주고, 「고노에 히데마로 귀국하다」라는 기사는 일본 음악계에 전쟁이 끝났음을 알려준다. 고노에는 동맹국 독일에서 일본의 대표적인 음악가로서 활동을 벌이다가 미군정의 검사를 받고 무혐의로 풀려나와 특별 운송기로 일본으로 귀국했던 것이다.[22]

그러나 음악계의 적극적인 자기 성찰, 갑작스런 단절에 대한 원인과 결과로서의 전쟁범죄에 대한 얘기는 없다. 새로운 시작을 위해 반드시 다루어져야 할 듯하지만, 이에 대한 언급은 3월호 좌담회 「현재의 악단을 움직이다(樂壇の現狀を働く)」[23]에서 아주 잠깐 나온다. 그 첫 토론 주제가 "음악의 전시 이득 조사"인데, 이 때 새로운 일본 음악계를 구상하는 엘리트들의 태도가 어떠한지는 아래에서 자세하게 다룰 것이다.

(3) 〈음악지우〉의 전범 음악가에 관한 토론

음악가들의 전쟁 혐의를 어떻게 증명할 수 있는가? 이 문제는 일본뿐 아니라, 동맹국이었던 독일의 음악인에게도 마찬가지로 해당되는 것이다. 제2차대전이 끝난 후, 독일에서는 나치 제국에서 활동했던 유명 음악인들이 나치 전범의 혐의를 받았다. 히틀러의 "음악적 대사"로서 국내외적으로 독일제국의 위상을 높여준 유명한 베를린 필하모닉 오케스트라의 지휘자 빌헬름 푸르트벵글러(Wilhelm Furtwängler)[24]와 혜성처럼

---

[22] 고노에 히데마로는 일본으로 돌아온 후, 자신이 나치의 핍박을 받았다는 증언을 한다. 近衛秀麿, 「兄 文麿の死の陰に」, 『文芸春秋』20/4, 1952. 3. 자료의 도움을 주신 일본 洋樂文化史硏究会의 요시하라 준(吉原潤) 선생에게 감사드린다. 또 이경분, 『잃어버린 시간 1938~44』, 휴머니스트 2007 참고.
[23] 1946년 1월 26일 〈音樂之友社〉 사무실에서 실행됨.
[24] 헤르베르트 하프너(Herbert Hafner), 이기숙 옮김, 『푸르트벵글러』, 마티, 2007.

떠올라 스타가 되었던 헤르베르트 카라얀(Herbert von Karajan)이 미군정의 조사를 받았고, 20세기 음악 작곡가 중 작품이 가장 널리, 자주 연주되었던 리하르트 슈트라우스(Richard Strauss)25)가 혐의를 받았다.

나치 제국의 최고 지휘자로서 음악 프로파간다에 기여했다는 이유로 푸르트벵글러는 1945년부터 1947년까지 약 2년간 미군정으로부터 지휘 금지를 당했고, 나치당원이었던 카라얀도 1946년부터 1년 정도 직업 금지를 당했다. 나치 제국의 '제국음악협회(Reichsmusikkammer)' 회장직을 역임했던 슈트라우스의 작품도 1948년까지 미군정으로부터 연주를 금지당했다. 하지만 이들은 모두 '음악가로서 음악만 했을 뿐', 정치적인 신념이 있었던 것은 아니라는 이유로 모두 1, 2년 이내에 "죄가 없다."는 판결을 받았다.26)

일본의 음악가들은 어떠했는가? 전후 일본 내에서 GHQ로부터 전범으로 피해를 받았던 일본 음악가는 없다. 물론 앞서 잠시 언급되었지만, 나치 독일에서 활동했던 일본 음악가 고노에 히데마로(近衛秀麿)가 1945년 독일이 항복한 이후, 미군에 체포되어 조사를 받았지만, 유대인 음악가를 도와준 일27)과 나치로부터 박해를 받았다는 증언 등으로 곧 풀려났다. 일본에서는 작가를 비롯한 예술인은 거의 아무도 도쿄 전범재판에서 GHQ 법정의 전범으로 혐의를 받지 않았다.

물론 '공직추방령'으로 인해 영화제작에 종사했던 책임자들 31명

---

25) Kurt Wilhelm, *Richard Strauss persönlich*, Berlin: Henschel Verlag 1999. pp. 399~401.
26) 리하르트 슈트라우스는 1948년 무죄판결을 받았다. 일반적으로 독일의 과거 청산이 일본보다 철저했던 것으로 긍정적인 평가를 받지만 실제 독일도 그리 철저하지 못하였다.
27) 실제 그는 유대인 음악가 만프리트 구를리트(Manfred Gurlitt)가 일본으로 망명할 수 있도록 편지를 써 주었다. 山本尚志, 「亡命ユダヤ人音楽家と在日ドイツ人音楽家をめぐる政治」, 『紀尾井史学』第23号, 2003, 13~24쪽.

이 1947년 10월 전쟁 도발 범죄자(戰爭挑發犯罪者)로 지명되어 책임을 지고 영화계를 떠났다.28) 하지만 3년 후인 1950년 10월, 침체되었던 일본 영화의 활성화 움직임에 힘입어 기도 시로오(城戶四郞), 모리 이와오(森岩雄)는 다시 각각 쇼치쿠(松竹), 도호(東寶)영화사의 지도적 지위로 복귀하였다.29) 영화계는 영화라는 매체의 대중적 영향력에 비례하여 음악계보다 훨씬 적극적으로 책임 추궁이 이루어진 편이었음30)에도 이러한 책임 문제 추궁은 자발적인 것이 아니라, "GHQ 점령 정책에 대한 반응"에 의한 것이었다.31)

이러한 한계는 음악계에서도 크게 다르지 않다. 도쿄음악학교의 교수 이구치 모토나리(井口基成), 작곡가 히라이 고우자부로(平井康三郞), 호소가와 미도리(細川碧), 하시모토 구니히코(橋本國彦)32)가 전쟁 협력자로 도쿄음악학교를 사퇴하였지만,33) 얼마 가지 않아 전후 일본의 중요한 음악교육자로 활동하는 데는 아무런 어려움이 없었다.34) 물론 음악가의 전쟁 복무에 대한 논쟁이 음악계에 전혀 없었던 것

---

28) 이때 영화감독, 배우, 각본가, 촬영 스태프, 비평가는 책임 추궁에서 제외되었다. 戶ノ下達也, 『音樂を動員せよ. 統制と娛樂の15年戰爭』, 靑弓社 2008, 243쪽.
29) 함충범, 「전후개혁에 따른 일본영화계의 변화양상연구(1945~1948)」, 『인문과학연구』, 강원대학교 인문과학연구소 2010, 514쪽과 532쪽.
30) 함충범, 「전후개혁에 따른 일본영화계의 변화양상연구(1945~1948)」, 512쪽.
31) 戶ノ下達也, 『音樂を動員せよ. 統制と娛樂の15年戰爭』, 243쪽.
32) 그는 1949년에 병으로 사망하여 전후 일본 음악계에서 활동할 시간이 많지 않았다.
33) 이들의 사퇴는 전쟁 책임 추궁의 의미 외에 새로운 교장 고미야 도요타카(小宮豊隆)의 학교 개혁에 반대하는 사람들에 대한 비판의 의미도 있었다고 한다. 「樂壇の現狀を働く」, 『音樂之友』 1946년 3월호, 2. 이러한 전쟁 책임 추궁으로 학교를 사퇴하는 것은 단지 관립 음악학교에만 한정되었을 뿐 음악교육계 전반으로 확대되지 못했다. 戶ノ下達也, 『音樂を動員せよ―統制と娛樂の15年戰爭』, 244쪽.
34) 「희망방문: 이구치 모토나리를 방문하여(井口基成氏を訪ねて)」, 『音樂之友』

은 아니다. 1945년 12월 23일부터 25일까지 〈도쿄신문〉에는 평론가 야마네 긴지(山根銀二)가 야마다 고사쿠(山田耕筰)와 3회에 걸쳐 음악가의 전범 문제에 대해 논쟁한 기록이 남아있다. 논쟁이 촉발된 배경은 미 점령군이 일본 문화 이해를 위해 프로젝트를 기획했는데, 그 임무를 야마다 고사쿠에게 위촉한 것이었다. 여기에 반감을 가진 사람들이 야마다 고사쿠에게 그럴 자격이 있는지 의문을 제기하였던 것이다.35)

하지만 이 "악단 전범 논쟁"의 결과는 "자네도, 나도 감추고 있는 상처 있는 몸"이라는 것, 그 이상의 결론이 나오지 못했다.36) 야마다 고사쿠는 야마네 긴지가 발표할 논쟁 텍스트를 미리 받아서 읽고 야마네 긴지가 다음 회에 언급할 것을 선수 쳐서 언급하는데, 야마다 쪽의 압력이 있었으리라 추측된다.37) 어쨌든 이 논쟁은 미리 짜고 하는 일종의 "게임"38)을 연출한 것으로 평가된다. 결과적으로 야마다는 공적으로 '전쟁범죄인'이라 단죄된 적은 없었다.39) 전쟁기 유대인 음악인 배척에 대한 야마네 긴지의 비판에 대해서도 야마다 고사쿠는 "전쟁 수행상의 불편한 국가적 요망을 악단적으로 조정 안배한 것에 지나지 않는다."라고 변명한다.40)

〈음악지우〉 1946년 3월호에 실린 좌담회도 음악가의 전범 논쟁은 매우 피상적으로 끝나버리고 만다. 이 문제를 따로 다루는 것이 아니라,

---

1949년 8월호, 「이구치 모토나리의 음악예담(井口基成 音楽芸談)」1953년 2월호 기사 참고.
35) 戸ノ下達也, 『音楽を動員せよ―統制と娯楽の15年戦争』, 243-244쪽.
36) 日本戦後音楽史研究会, 日本戦後音楽史(上), 90쪽.
37) 長木誠司, 『戦後の音楽―芸術音楽のポリティクスとポエテイクス』, 東京: 作品社 2010, 17.
38) 日本戦後音楽史研究会, 日本戦後音楽史(上), 89~90면.
39) 長木誠司, 『戦後の音楽―芸術音楽のポリティクスとポエテイクス』, 18쪽.
40) 長木誠司, 『戦後の音楽―芸術音楽のポリティクスとポエテイクス』, 18쪽.

한번 언급하고 넘어가는 것 자체에 의의를 둔 듯, 「현재의 악단을 움직이다」라는 좌담회 안에서 짧게 언급한다. 전범 토론을 도입하는 사회자 요시모토 아키미쓰(吉本明光)의 말을 인용해보자.

> 장래가 어떻게 될까 예상은 할 수 없지만, 음악의 측면에서 전쟁범죄 용의자가 있는가 어떤가? 도쿄신문에서 야마네 긴지 군과 야마다 고사쿠 씨가 논쟁했지만, 누가 전쟁범죄인인가? 악단에도 그런 조사위원회를 만들 필요가 있을지 모르므로, 참고할 자료로서 음악의 전쟁범죄인에 대한 정의를 부탁드립니다.[41]

좌담회의 참가자는 음악 평론가, 일본레코드협회 주사, 일본음악연맹 상무이사장, 음악 매니저, 일본방송협회 음악부 부장, 전국 악기상 조합연합회 상무이사서기장이었다. 클래식 음악과 관련해서 음반, 방송, 악기, 연주매니지먼트 등 중요한 음악산업계의 관계자가 모두 한자리에 모인 셈이다. 전쟁 시 실질적으로 전쟁에 복무하는 방송, 국민가요, 군국가요 등을 리코딩하여 판매한 음반사, 일본군 위문 공연을 조직하고 실행했던 음악 행정 관계자들에게 "결국 누가 전쟁범죄자인가"라는 문제는 불편한 주제임이 틀림없다.

이런 분위기 속에서 좌담회 참석자들의 의견은 음악 평론가 노무라 고이치(野村光一)의 한 마디로 수렴된다 할 수 있다. 즉, "전쟁이 나면 모두가 승리를 위해, 나라를 위해 노력하는 것이 당연한 것입니다."라는 것이다.[42]

각자가 주어진 상황에서 자신의 일을 충실하게, 열심히 하는 것을

---

41) 「楽壇の現状を働く」, 『音樂之友』 1946년 3월호, 1쪽.
42) 「楽壇の現状を働く」, 『音樂之友』 1946년 3월호, 1쪽.

미덕으로 삼는 일본인의 태도를 반영하는 발언이다. 이것은 나치 제국의 독일인의 그것과 크게 다르지 않다. 패전 후 "나는 나치가 아니다. 열심히 음악만 연주했을 뿐이다."⁴³⁾라고 이구동성으로 말한 독일 음악인들처럼. 나치 정권의 독일 사회가 전쟁과 학살 범죄를 효과적으로 수행하기 위한 체제였으니, 자신의 맡은 일을 열심히 하면 할수록, 그래서 이 체제가 능률적으로 잘 작동할수록, 독일인과 독일 사회의 죄는 더욱 커지게 되어버리는 논리였다. 미국 망명에서 고국 독일을 낯설게 성찰하고 있던 철학자 아도르노(Theodor W. Adorno)가 "잘못된 세상에서는 올바른 삶이 없다."⁴⁴⁾라고 한 것은 성실함의 '악마적' 맥락을 한 마디로 축약해서 말해준다 하겠다.

(4) 유대인 핍박 문제에 관하여

한편, 전후 일본 음악계는 전쟁 시기 유대인 음악가에 대한 일본 측의 억압에 대해서 어떤 자세를 보이는가? 여기서도 국가가 요구하는 상황이었으므로 개인과 음악계는 '명령을 따랐을 뿐 잘못이 없다'는 자세를 보여준다. 좌담 중에 한 참가자가 1946년 다시 재개한 음악콩쿠르의 심사위원을 유대계 음악가에게 위임하려 했지만, 유대계 음악인들이 심사위원직을 보이콧하였다는 얘기가 나온다. 그 이유로 '전쟁 시기 연주 활동을 금지당한 것에 대한 반응'이라고 설명되지만, 노무라는 다음과 같이 반론을 제기한다.

---

43) 이경분, 『망명음악 나치음악』, 책세상 2004, 170~171쪽.
44) "어떻게 살아야 올바르게 사는 것인가"에 대한 대답이다. Theodor W. Adorno, *Minima Moralia. Reflexionen aus dem beschädigten Leben.* Suhrkamp, Frankfurt am Main 2008, p. 59.

전쟁 중 일본의 국시로서 유대인에 대한 것이라기보다, 주축국 이외의 음악가와 음악 공연을 중지하라는 명령이 떨어졌으므로, 음악콩쿠르는 그런 분부에 따라 주축국 이외의 외국인 심사 위원은 심사를 못하게 했습니다. 하지만 전쟁이 끝나고 심사를 의뢰했을 때, 유대계 음악가들이 거절하였다는 것이지요. 내가 말하고 싶은 것은 콩쿠르 심사는 거절하면서, 전쟁 중 방송에 나오지 못하게 했던 방송국에는 출현하는 이유가 무엇인지 이해하기 어렵다는 것입니다.[45]

노무라의 말로만 본다면, 유대인 음악가들의 보이콧이 일관성이 없으므로, 유대인의 항의는 아무 의미가 없다는 결론이다. 무엇보다도 "전쟁 중 나라의 국시"였으니, 일본 음악계가 이에 대해 사과해야 할 문제는 아니라는 논리가 깔려있고, 이에 동석한 참가자들도 동의한다.

전쟁기 일본은 독일과의 긴밀한 군사적, 정치적 관계에도 불구하고 태평양전쟁 이전까지는 반유대인 정책을 강력하게 추진하지는 않았다.[46] "외자의 도입"이라는 경제적 고려도 하나의 이유에 속한다.[47] 더욱이 일본 음악계에서 유대인 음악가들이 차지하는 역할과 영향력은 단순히 정치적 압력으로 차단할 수 있었던 것이 아니었다. '아리아계' 음악가들보다 유대인 음악가들이 오히려 '독일 음악'을 대표하는 존재로서 중요한 위치에 있었기 때문이다.[48] 유대인 음악가들을 핍박하는 것

---

45) 「楽壇の現状を働く」, 9쪽.
46) 「猶太人 対策要綱」, 日本外務省記錄 『民族問題関係雜件 猶太人 問題』 第5券, 山本尚治, 「日本のユダヤ人政策 1933年から1938年までを中心に」 2010 學習院 대학 학술대회 발표문 재인용, 12쪽.
47) 「猶太人 対策要綱」, 日本外務省記錄 『民族問題関係雜件 猶太人 問題』 第5券, 山本尚治, 「日本のユダヤ人政策 1933年から1938年までを中心に」, 12쪽.
48) Detlev Schauwecker, "Musik und Politik, Tokyo 1934~1944", *Formierung und*

이 오히려 일본의 여론 매체에서 유대인 음악가들에 대한 동정이 커질 것을 우려하였으므로, 나치 제국의 재일 독일 대사 헤베르트 폰 디르크센(Her-bert von Dirksen)도 이 문제에 대해 오히려 베를린 본부의 상관을 설득시키기 위해 편지를 수없이 써야 했다.49) 하지만 1941년 12월 태평양전쟁의 발발과 함께 일본의 반유대인 정책은 공적인 차원에서 일관성을 보이기 시작한다. 음악 잡지에서도 유대인을 공격하는 글귀가 나타나는데, (두 번째) 〈음악지우〉 1943년 6월호와 〈음악문화〉 1944년 1월호에 이러한 반유대적 내용을 기고한 평론가는 호리우치 게이조(堀内敬三)이다.

> 일본의 악단은 지금까지 많은 유대인을 추대하고 있다. 그 중에는 음악적 재능이 우수한 사람도 있지만, 적국과 사상적으로 연결되어 있음을 부정할 수 없다. (중략) 이제 우리는 유대인을 우리 악단의 제일선에서부터 퇴출시켜야 한다.50)

직접적으로 반유대적인 발언을 서슴치 않고 했던 호리우치는 두 번째(전쟁기)와 세 번째(전후) 〈음악지우〉의 편집장으로서 잡지의 전체적인 경향에 큰 영향을 미치는 인물이었다. 전후 10년간 거의 모든 좌담회 사회를 노무라 고이치가 맡으며, 전쟁 시기 음악가들의 책임 문제와 정치적 성찰을 회피하는 듯한 인상을 주는 〈음악지우〉의 기본 어조는 편집장 호리우치의 기본 방침에서 나온 것임을 암시한다.

다른 예를 들면, 〈음악지우〉의 1950년 4월호 「독일 음악을 말한다

Fall der Achse Berlin-Tokyo, p. 244.
49) 일본의 독일 대사 Herbert von Dirksen의 편지들(1934/1935년) 베를린 연방문서보관소에 소장되어 있음.
50) 堀内敬三, 「楽壇戦響」, 『音樂之友』 1943년 6월호, 26쪽.

(ドイツ音楽を語る)」라는 좌담회에서도 독일 유학을 경험한 일본 음악인들이 '음악의 나라' 독일에 대해 침이 마르도록 선망의 말들을 쏟아놓지만, 아무도 유대인 음악가들을 향한 핍박에 대해서는 언급하지 않는다. 이들은 거의 모두 나치 독일 제국 시기의 음악계를 경험한 유학파들인데, 나치스와 유대인의 관계에 대해 몰랐을 리가 없지만, 전혀 아무 일도 없었던 것처럼 나치 제국의 '왕성하고 풍부했던' 음악 생활을 부러운 듯이 강조하고 있다.51) 여기서도 사회자는 노무라 고이치인데, 1946년 3월호 좌담회의 기저에 흐르는 맥락과 다르지 않은 것도 쉽게 이해할 수 있다.

하지만 패전 5년 반이 지난 후 〈음악지우〉와는 다른 분위기를 암시하는 연주회가 있었다. 1951년 1월, 도쿄에서 있었던 한 연주회에서는 정부 차원에서 유대인 음악가에 대한 핍박을 인정하는 태도를 보여준다. 이 연주회는 유대인 음악가 클라우스 프링스하임을 위한 자선 연주회였다. 일본인에게 큰 영향력을 미치고 있던 유명한 노벨 문학상 수상자 토마스 만(Thomas Mann)의 처남이었던 프링스하임은52) 유명한 오스트리아 작곡가 구스타프 말러(Gustav Mahler)의 제자였다. 1931년부터 1937년까지 도쿄 음악학교의 교수로 재직하면서 작곡과 지휘를 가르쳤던 프링스하임의 계약은 나치의 압력으로 1937년이후 더 이상 갱신되지 않았다.53) 그 후 그는 태국의 음악 교사 양성 음악원에 초빙받아 갔다가 2년 후인 1939년 일본으로 되돌아와 전쟁이 끝날 때까지 일본에 머문다.54) 1946년 미국으로 제2차 망명을 떠났지만, 로스앤젤레스에서 5년

---

51) 「ドイツ音楽界を語る」, 『音樂之友』 1950년 4월호, 34~49쪽.
52) 처남이 일본에서 다시 음악대학 교수로 살아갈 수 있도록 토마스 만은 일본 신문 매체에 쓰기 싫은 신년 인사를 써 보내기도 했다. Thomas Mann, *Tagebücher 1951~1952*, Frankfurt a. M.: S. Fischer 1993, pp. 819~820.
53) Detlev Schauwecker, "Musik und Politik, Tokyo 1934~1944", pp. 240~241.

호리우치 게이조

클라우스 프링스하임

간 생계의 어려움과 좌절을 겪은 후 1951년 무사시노 음악대학의 교수로 초빙되어 다시 일본으로 되돌아오게 된다.[55]

프링스하임을 기리는 이 연주회를 주최한 단체는 "사랑의 운동 도쿄도협의회"와 "전일본 음악협회"이고,[56] 후원은 도쿄도, 문부성, 외무성, 인양지호청, 국회의원음악연맹, 일본방송협회, 도쿄예술대학, 무사시노 음악대학 등, 정부 측과 음악계의 대표격인 단체가 모두 관여하였다. 토마스 만에게 보낸 주최 측의 편지에서도 언급되었듯이 프로그램에는 전쟁 중에 유대인이라는 이유로 클라우스 프링스하임의 활동을 탄압했던 것을 인정하는 문장이 실려 있다.[57] 하지만 이 연주회는 유명한 연주자들이 섭외되었으나, 준비 기간이 짧았으므로 그리 큰 성공을 거두지는 못했다.[58] 그럼에도 불구하고 공식적인 차원에서 일본이 유

---

54) クラウス プリングスハイム (Klaus H. Pringsheim), ヒトラー、ゾルゲ、トーマス マン [원제: *Man of the World, Memoris of Europe, Asia & North America 1930s to 1980s*] (池内光久 翻訳), 彩流社 2007.
55) 松田ふみ子,「三度び来朝のプリングスハイム教授」,『音樂之友』, 1951년 12월호, 84~85쪽.
56) 〈사랑의 운동〉 도쿄 사무실에서 토마스 만에게 보낸 편지(1950. 11. 14.) Archives and Research Collections McMaster university library Canada의 자료.
57) 早崎えりな,『クラウス プリングスハイム』, 268쪽.
58) 立花右近,「コンサート 巡り」,『音樂之友』1951년 4월호, 70~71쪽.

대인 핍박을 시인한 것으로 특기할 사건이었다. 물론 이것은 유대인 전체에 대한 사과라기보다 프링스하임이라는 개인에 대한 배려로 보아야 할 것이다.

〈음악지우〉 1951년 4월호에서도 이 연주회에 관해 보도(「콘서트 순례(コンサート巡り)」)하는데, 여기서 특기할 것은 유대인에 대한 사과 내용은 전혀 언급되지 않았다는 사실이다.

3. 〈음악지우〉를 통해 본 전후 일본의 음악 문화

(1) 단체의 해체와 재결성 그리고 미 점령군의 그림자

패배는 과거를 송두리째 의심하고 비난하게 만든다. 음악 정책과 음악 교육에도 예외가 아니었다. 의심과 비난은 변화를 요구하고, 과거와 연결된 기억을 지우는 노력으로 이어진다. 일본 음악계에도 우선 눈에 띄는 것은 변화이다. 해체와 새로운 결성, 새 조직과 개혁은 과거와의 단절을 실감나게 보여주고자 하는 행동이다.

일본 음악계의 중요한 기관으로서 도쿄음악학교의 개혁에 대한 목소리가 높았다.[59] 하지만 무엇보다도 변화가 많았던 것은 음악 단체의 해체와 결성이다. 전쟁 중, 효과적인 전쟁 동원을 위해 일본의 모든 음악 단체가 '일본 음악문화협회'로 일원화되었지만, 종전과 함께 이 단체는 바로 해체되었다.[60] 해체된 다음날 새로운 조직인 '일본음악연맹' 결성

---

[59] 도쿄음악학교에 다시 복귀하고자 기회를 보았던 유대인 음악가 프링스하임에 따르면, 1946년 학교 개혁은 어떤 계획이나 체계도 없이 엉망이었다고 한다. Klaus Pringsheim, "Goodbye to Japan".
[60] 1945년 9월 27일 이사회, 10월 9일 총회에서 일본 음악문화협회의 해산이 결

을 위한 움직임이 활발히 전개되어 동년 12월에 기능별 조직이 모두 결성 완료되어 '일본음악연맹'이 12월 25일 정식으로 발족되었다.[61] '일본음악연맹'의 기능별 산하 조직은 일본작곡가조합, 일본연주가조합, 음악교육가협회, 음악문필가협회, 일본음악출판업조합, 전국악기업조합연합회, 일본레코드협회, 음악매니저구락부로 모두 8개였다.[62] 즉, 각 단체는 이전과 달리 "독자적 활동"이 보장되고, 각각 2명의 대표를 '일본음악연맹'의 이사회에 보내 각 단체의 목소리를 낼 수 있도록 했다.[63] 여기에 도쿄음악학교, 일본교향악단, 도쿄도립음악단과 같은 큰 단체 대표도 1인씩 이사회 구성원이 될 수 있었다.[64]

조직의 해체와 재결성은 이름도 달라지고, 목적도 달라졌지만, 그렇다고 완전히 새로운 것도 아니었다. 당시 〈도쿄신문〉에는 "사단법인 일본 음악문화협회가 해산한 뒤 통제의 틀을 벗고 그 대신 새로운 일본음악연맹을 결성했다 해도, 우수한 음악을, 즐길 수 있는 음악을 풍부하게 들을 수 있다고 쉽게 생각하는 음악팬은 한 사람도 없다."[65]라고 코멘트했듯이, 이름만 달라진 단체에게서 진정한 새로움을 기대하는 사람은 없었음을 알 수 있다. '일본 음악문화협회'가 해산한 지 겨우 2주만에 다시 결성된 새로운 단체의 인적 구성은 전쟁 시기에 활동하던 음악

정되었다. 戸ノ下達也, 『音楽を動員せよ―統制と娯楽の15年戦争』, 238쪽.
61) 戸ノ下達也, 『音楽を動員せよ―統制と娯楽の15年戦争』, 239쪽.
62) 이 연맹은 전쟁 중의 기관처럼 악단 지도나 통제하고자 하는 의미는 전연 없으며, 다만 "협의기관"으로서의 "서비스" 역할이 목적이라고 내세웠다. 「楽壇の現状を働く」, 『音樂之友』 1946년 3월호, 9. 1946년 일본 음악연맹은 콩쿠르도 개최하였는데, 유명한 일본 작곡가 단 이쿠마(團伊玖磨)가 〈두 개의 서정시〉(관현악에 붙인 독창곡)로 입선하였다.
63) 「楽壇の現状を働く」, 『音樂之友』 1946년 3월호, 10쪽.
64) 이사장은 음악 평론가 아리사카 아이히코(有坂愛彦)였다.
65) 戸ノ下達也, 『音楽を動員せよ―統制と娯楽の15年戦争』, 239쪽 재인용.

관계자들과 거의 차이가 없었기 때문이다.

다른 한편, 대상과 형태는 조금 달랐지만, 같은 원칙이 반복되는 것은 위문 공연에서도 마찬가지였다. 예를 들면, 전시 중에 있었던 이동 연주단의 활동이다. 전후가 되었어도 석탄 증산을 위해서 (1945년 말부터) 6인조로 이루어진 이동 연주단이 조직되어 규슈 탄광에서 연주 활동을 벌였다.66)

뿐만 아니라, 전시 중 공장과 군대를 위해 위문 공연했던 관습이 이제는 GHQ 주둔군을 위한 위문 공연으로 대상과 목적이 바뀌었다. 예를 들면 〈나비부인〉으로 유명한 오페라 가수 미우라 다마키(三浦環, 1884~1946)는 이제 클래식 음악 취향의 미군 장교들을 위해 불려가서 노래를 하고, 예술가로 특별 대접을 받았다. 미우라가 죽기 전 마지막으로 선 무대는 '아메리카 친우회'의 알선으로 개최되었던 미군 제82 (기계화) 부대를 위한 연주회(1946년 1월 26일과 27일)였다.67)

전쟁 시기 동안 전투지를 돌며 이동 음악대로 일본군의 위문을 담당했던 그리 유명하지 않은 음악가들은 이제 미군들 앞에서 연주하기 위해 안간힘을 썼다. 도쿄 역 마루노우치 출구 앞에는 매일 수백 명의 음악가들이 미군 트럭 앞에서 "밴드 연주자로 경매에 부쳐졌다"고 한다.68) GHQ하에서는 (이전의 국가적 통제하에 있었던 것과 달리) 음악가들을 연결해 주는 암거래 브로커가 생겼는데, 이것이 돈벌이의 수단이 되었기 때문이다.69)

---

66) 「樂壇の現狀を働く」, 『音樂之友』 1946년 3월호, 10쪽.
67) 吉本明光, 「三浦環のプロフィール」, 『三浦環―お蝶夫人』, 東京: 日本図書センター, 1997, 238쪽.
68) Shunja Yoshimi, "Reconsidering the Consumption of "America" in the Postwar East Asian Historical Context", p. 228.
69) 좌담회 참가자들은 이런 브로커에게 제재를 가하자는 의견이다. 「樂壇の現狀

(2) 여섯 가지 특징의 음악 문화

이런 연속성 속에 나타나는 외적인 변화는 〈음악지우〉의 주제나 소재 선정의 측면에서 다양하게 나타난다. 본고에서는 지면상 상세한 분석을 제한하고 전쟁 시기 잡지와의 차이점을 중심으로 고찰하는 것에 만족하고자 한다. 이에 따라 달라진 경향을 크게 두 가지로 축약해서 말한다면, 하나는 음악을 (전쟁의 도구로서가 아니라) 이제 음악 자체로서 취급하려는 경향이 잡지 구성에 반영되어 있고, 다른 하나는 대중 소비문화에 민감하게 반응하고 있다는 것이다. 전쟁 시기의 잡지와 대조적으로 눈에 두드러지는 현상은 6가지로 서술해 볼 수 있다.

첫째, 현대음악과 관련한 내용이 이전보다 비중 있게 다루어짐을 들 수 있다. 이는 전쟁 시기 현대음악에 대한 정보가 차단되었던 것과 대조를 이룬다. 무엇보다도 청중에게 현대음악을 교육시키려는 제스처가 돋보이는데, 예를 들면 「현대음악감상」 및 「현대음악 듣는 방법」이 〈음악지우〉 1949년 9월부터 1950년 8월까지 10회 연재되는 것이 그렇다.[70] 또한 「현대 프랑스음악 듣는 방법」, 「현대 독일음악 듣는 방법」, 「현대 일본 음악 듣는 방법」 등, 각 나라의 현대음악을 구분하여 감상하는 방법을 연속해서 소개한다. 또한 힌데미트(Paul Hindemith),[71] 쇤베르크(Arnold Schoenberg)나 쇼스타코비치(Dmitri Shostakovich), 다리우스

を働く」, 『音樂之友』 1946년 3월호, 10쪽. 특히 이름 없는 음악대의 경우는 여기저기서 위문 연주를 했다면서 종전연락사무국에 돈을 요구하는 경우도 자주 있었다고 한다.
70) 잡지에 기재된 횟수는 착오가 있어서(예: 1950년 5월호와 6월호가 똑같이 「현대음악듣기 8」로 되어 있음) 실제 게재된 횟수를 계산하였다.
71) 1949년 8월호, 1951년 3월, 5월호에 파울 힌데미트의 소식과 작품 소개가 되어 있다.

미요(Darius Milhaud)와 같은 현대 작곡가도 다루어지고 있다. 특히 힌데미트와 쇤베르크는 미국으로 망명 갔던 독일 음악가이고, 쇼스타코비치는 공산주의 나라 소련의 작곡가로서 1940년대 전쟁 시기에는 거의 언급되지 않았었다. 쇼스타코비치가 방미한 사실은 1949년 7월호에 보도되어 있고, 그의 교향곡 5번과 9번이 1951년 10월호와 11월호의 명곡 해설 코너에서 소개되어 있다. 또한 1954년 2월호에는 「소비에트 음악가의 파리 방문」도 실려 있는데, 프랑스의 보도를 여과없이 그대로 반영하고 있다.

〈표 3〉〈음악지우〉의 현대음악기사

통권 호	연월	기사제목
6권/9	1948년 9월	현대음악감상(現代音樂鑑賞)
7권/1	1949년 1월	현대작곡가 로이 하리스(現代作曲家 ロイ ハリス)
7권/4	1949년 4월	근대작곡가 쇤베르크(近代作曲家 シェーンベルク)
7권/7	1949년 7월	해외뉴스: 쇼스타코비치의 방미(ショスタコウィチの訪米), 힌데미트의 방독(ヒンデミットの訪獨)
7권/8	1949년 8월	스승을 말하다: 그 시기의 힌데미트 선생(を語る。あるの頃のヒンデミット先生)
7권/11	1949년 11월	음악수첩: 현대음악 듣는 방법(音楽手帳: 現代音楽の聴き方)
7권/12~8권/8	1949년 12월 ~1950년 8월	현대음악 듣는 방법(現代音楽のきき方)
8권/9	1950년 9월	현대 프랑스음악 듣는 방법(現代フランス音楽の聴き方)
8권/10	1950년 10월	현대 독일음악 듣는 방법(現代ドイツ音楽のきき方)
8권/11	1950년 11월	현대 아메리카음악 듣는 방법(現代アメリカ音楽のきき方)
8권/12	1950년 12월	현대 일본 음악 듣는 방법(現代日本音楽のきき方)
9권/3	1951년 3월	힌데미트의 연하엽서(ヒンデミットの年賀葉書)
9권/5	1951년 5월	화가 마티스-힌데미트 곡(畵家マチス ヒンデミット曲)
9권/8	1951년 8월	현대일본의 음악(現代日本の音楽)
9권/10	1951년 10월	현대음악(現代音楽)
9권/11	1951년 11월	현대음악과 친해지기 위해서는(現代音楽に親しむには)
10권/7	1952년 7월	다리우스 미요의 음악(ダリウス・ミローの音楽)[72]

10권/8	1952년 8월	재즈에서 현대음악으로(ジャズから現代楽へ)
11권/2	1953년 2월	현대의 작곡. 연주가에게 무엇을 기대하는가(現代の作曲。演奏家になにを期待するか)
11권/7	1953년 7월	대표적 현대악(世界の代表的現代楽): - 프랑스의 현대음악(フランスの現代楽) - 현대의 아메리카음악(現代アメリカ音楽) - 현대 이탈리아 명곡(現代イタリア名曲) - 현대일본 음악교육(現代日本音楽教育)
13권/7	1955년 7월	나와 현대음악(私と現代音楽)

둘째, 〈음악지우〉에서 전전과 전후의 변화를 두드러지게 보여주는 것은 태평양전쟁 이후, 금기시되었던 재즈 음악이 다시 등장하는 것이다. 1946년 5월「나의 재즈」, 1952년 3월「경음악 재즈」, 53년 10월「세계의 재즈」와「재즈입문」, 1954년 9월「재즈의 음악성과 오락성」 등의 기사가 나타난다. 하지만, 예상외로 미국의 정치, 군사적 영향력에 비하면 재즈의 위력은 거의 느낄 수 없을 정도로 미약하다. 이는 '엘리트' 독자를 상대하는 클래식 음악 잡지 〈음악지우〉의 성격과 관련 있는데, 두 가지로 해석할 수 있다. 하나는 재즈 애호가가 〈음악지우〉를 구독할 확률이 크지 않기 때문이고, 다른 하나는 여전히 재즈를 미학적 관점에서 열등한 것으로 적대시하는 편집자나 클래식 음악 청중의 태도를 반영한다고 볼 수 있을 것이다.

셋째, 전쟁기에 동맹국이었던 독일의 비중이 높았지만, 전후에는 프랑스의 비중이 높아지고 있는 경향을 포착할 수 있다.「파리의 하루」(49. 10.),「파리의 음악가들」(50.2.),「좌담회 프랑스음악을 말한다」[73)]

---

72) 다리우스 미요를 일본에서는 ダリウス・ミヨー 또는 ダリウス・ミロー라고 표기함.
73) 독일, 이탈리아, 러시아, 스페인, 영국의 순으로 1950년 4월부터 8월호까지 계

(50. 3.), 1953년 10월에는 「금일의 프랑스 음악계를 말한다」[74]가 있다. 무엇보다도 1951년 2월호부터 시작되는 프랑스 통신은 동년 4월호부터는 「파리 통신」으로 제목을 달리하면서 1952년까지 거의 매월 이어져 간다. 1952년 7월호에 일회적으로 「뮌헨에 도착하여 - 독일 통신(ミュンヘンに着いてードイツ通信)」이라는 기사가 있을 뿐, 베를린 통신은 없다.[75] 물론 여전히 18, 19세기 독일 음악의 영향은 변함이 없다. 베토벤, 모차르트, 바흐, 하이든, 멘델스존, 슈만, 슈베르트는 특집으로 다루어지고, 악보나 명곡 해설에서 중요한 음악 레퍼토리로 등장한다. 이는 (승전이나 패전과 무관하게) 독일 음악이 전 세계 연주회의 레퍼토리로 지속적인 독점력을 가지고 있었기 때문이라 해석할 수 있다.

이렇게 보면, 적어도 클래식 음악계에서는 정치권력과 음악 권력이 반드시 일치하지 않음을 보여준다고 하겠다. 전후 일본에서 최고의 권력을 과시했던 미국의 영향력은 〈음악지우〉에서 적어도 표면적으로는 그리 크지 않은데, 클래식 음악에 관한 한 독일이 '최고'라는 인식이 음악계에서는 변함없이 유지되고 있다.

그러나 외국 음악계의 소식 보도는 이제 독일보다는 프랑스에 의존도가 높아진 것을 감지할 수 있는데, 이는 변화된 전후의 한 측면을 반영하는 것이다. 1930년대에는 독일과 일본의 동맹 관계로 인해 프랑스 음악에 대해 소홀했던 것이 프랑스 대사관과 프랑스 음악 관계자 쪽의 불만을 야기시켰던 일이 있었다.[76] 하지만 독일의 영향력이 약화된 전

속된다. 이전 같으면 독일부터 시작했을 터이나, 프랑스 음악으로 시작한 것이 의미심장하다.
74) 1950년대부터 프랑스에서 유학한 이케노우치의 영향력이 일본 음악계에 커지고 있음을 반영하는 간접적인 징조로 볼 수 있을지도 모른다.
75) 1952년 7월호의 프랑스 통신은 「파리의 카르멘 가수(巴里のカルメン歌手)」이다.

후에는 그동안 억눌렸던 프랑스 쪽이 문화적 영향력을 키우는 데 노력을 기울이고 있다고 해석할 수 있다. 물론 서양음악계 소식을 독일이 아니라 프랑스를 통해 받아들이는 것은 승전 쪽과 패전 쪽의 상황을 고려해 보면 자연스럽다. 패전 후 독일에서는 폭격으로 연주 홀이 파괴되었을 뿐 아니라, 클래식 음악 연주 시스템도 붕괴되었기 때문이다.

한편, 프랑스 대중음악의 상징이라 할 수 있는 '샹송'이 1950년대에 〈음악지우〉에 적극적으로 소개되는 것도 강화된 프랑스 문화의 영향으로 볼 수 있다. 이때부터 전쟁기 적국에 속했던 프랑스의 '샹송'이 미국 대중음악의 상징인 '재즈'보다 더 큰 관심을 받았음을 당시 기사에서 볼 수 있다. 1950년「샹송이야기」, 1952년 6월「피아프와 다미아」, 1953년 12월「프랑스 샹송과 파리」, 55년 4월「2인의 샹송 가수 지로와 그레고(二人のシャンソン歌手ジローとグレコ)」, 1956년 6월 〈즐거운 음악이야기(音楽朗談)〉 코너에서「샹송은 마음의 노래(シャンソンはこころの歌)」, 12월호「샹송이야기(シャンソン物語)」에서는 7인의 일본인들이「나의 친구 샹송 가수(私の友達)」, 「다미아 이야기(ダミアのはなし)」, 「이베토 지로의 새로움(イウエット・ジロの新しさ)」, 「우리의 파리와 샹송(わがパリとシャンソン)」, 「서민의 노래 샹송(庶民の唄　シャンソン)」, 「샹송「고엽」에 관해(シャンソン「枯葉」について)」, 「삼색이 있는 샹송(三つの色がのあるシャンソン)」 등 1950년 중반 이후 샹송 기사의 비중은 더욱 높아지는 추세이다.[77]

넷째, 1950년 전후로 〈음악지우〉에 샹송보다 더 눈에 두드러지는

---

76) Detlev Schauwecker, "Musik und Politik, Tokyo 1934~1944", p. 238.
77) 이 현상은 일본 영화의 '전성기'를 맞이해 뜨거워지는 전후 일본인들의 영화에 대한 열망과 비례하는 것으로 보인다.

현상은 '음악영화' 또는 '영화음악'이 '스테디 기사'로 다루어지는 점이다. 영화음악 역시 재즈 음악처럼 상업적인 장르이고, 영화음악에는 재즈가 사용되지만, 영화음악 장르에 대해서는 활짝 문을 열어놓았다. 영화음악은 양식적, 미학적 통일성이 없지만, 재즈 음악보다 '수준이 있는' 세미클래식으로 간주되고 있는 듯하다. 1946년 9월 좌담회에서는 「영화음악을 말한다」를 주제로 삼았고, 1949년 9월호 좌담회에서는 '음악영화'라는 용어로 바꾸어 사용하면서 거의 매월 호에 '음악영화 소개' 코너가 이어진다. 풍성한 영화음악 기사(〈표 5〉)는 빈약한 재즈 음악 기사(〈표 4〉)와 큰 차이를 보인다.

〈표 4〉〈음악지우〉의 재즈 음악 기사

통권호	연월	기사제목
4권/5	1946년 5월	에세이: 나의 재즈이야기(僕のジャズ 談義)
7권/1	1949년 1월	WVTR에 나타난 사람 베니 굿맨(WVTRに現れる人グッドマン)
10권/3	1952년 3월	경음악, 재즈, 신악보 레코드(軽音楽, ジャス, 新楽譜レコード)
10권/8	1952년 8월	재즈에서 현대음악으로(ジャズから現代楽へ)
11권/10	1953년 10월	히스토리 오브 재즈(ヒストリーオブ ジャズ) 세계의 재즈연주가(世界のジャズプレイヤー) 재즈입문 특집(ジャズ 入門) - 일본의 재즈계(日本のジャズ界) - 방일하는 세계적 재즈음악인(来朝する世界的ジャズ楽人)
12권/7	1954년 7월	최근 음악의 화제(最近の音楽の話題) - 작곡되는 재즈, 즉흥의 재즈(作曲されるジャズ、即興のジャズ) 재즈 스타의 매력을 탐구하다(ジャズスターの魅力を探る) - スターダスターズと南十字星 - 黒田美治と柳沢真一 - 江利テイミと雪村いずみ - ペギーと新倉美子 - ジョージ 川口とフランキー境
12권/9	1954년 9월	좌담회: 재즈의 음악성과 오락성(座談会:ジャズの音楽性と娯楽性)
13권/3	1955년 3월	재즈 북(ジャズ ぶっく)
13권/5	1955년 5월	재즈 다방 순례(ジャズ喫茶店めぐり)

〈표 5〉〈음악지우〉의 영화음악(또는 음악영화) 기사

통권호	연월	기사제목
4권/8	1946. 9.	영화음악을 말한다(座談会 : 映画音楽を語る)
6권/5	1948. 5.	음악영화 소개(音楽映画紹介)
6권/6	1948. 6.	음악영화 소개(音楽映画紹介)
7권/3	1949. 3.	음악영화 소개(音楽映画紹介)
7권/9	1949. 9.	좌담회: 음악영화를 말하다(座談会 : 音楽映画を語る) - 전후 음악영화의 인상(戦後音楽映画の印象) - 아메리카, 프랑스, 소련, 영국의 음악영화(アメリカ、フランス、ソ連、イギリスの音楽映画) - 생각나는 음악영화(思い出の音楽映画) - 음악영화의 이상(音楽映画の理想) - 일본의 음악영화(日本の音楽映画)
8권/2	1950. 2.	음악영화 소개(音楽映画紹介)
8권/6	1950. 6.	음악영화 소개(音楽映画紹介)
8권/7	1950. 7.	음악영화 소개(音楽映画紹介)
8권/8	1950. 8.	음악영화 소개(音楽映画紹介)
8권/11	1950.11.	음악영화 소개(音楽映画紹介)
8권/12	1950.12.	음악영화 소개(音楽映画紹介)
9권/1	1951. 1.	음악영화 소개(音楽映画紹介)
9권/3	1951. 3.	음악영화 소개(音楽映画紹介)
9권/4	1951. 4.	음악영화 소개(音楽映画紹介)
9권/7	1951. 7.	최근의 음악영화 공개(近日公開の音楽映画)
9권/9	1951. 9.	생각나는 음악영화집(印象記: 思い出の音楽映画集) - 최근의 구주 음악영화(最近の欧州音楽映画) - 일본의 음악영화(日本の音楽映画) - 영화음악 작곡에 관해(映画音楽の作曲について)
9권/11	1951.11.	음악영화를 보고(音楽映画を見て)
9권/12	1951.12.	금월의 음악영화(今月の映画紹介)
10권/3	1952. 3.	음악영화 "카네기 홀"을 보고(音楽映画 "カーネギーホール"を観て)
10권/6	1952. 6.	음악영화 소개(音楽映画紹介)
10권/7	1952. 7.	음악영화 소개: 애인 줄리엣 /가극왕 카루소(愛人ジュリエット歌劇王カルーソ) 영화평: 거슈윈과 파리의 아메리카인(ガーシュウィンと巴里のアメリカ人)
10권/8	1952. 8.	음악영화: 비평과 소개(音楽映画 批評と紹介)
10권/12	1952.12.	음악영화 소개(音楽映画紹介)
11권/1	1953. 1.	영화음악 소개(映画音楽紹介)

11권/2	1953. 2.	금월의 음악영화(今月の音楽映画紹介)
11권/3	1953. 3.	금월의 음악영화(今月の音楽映画紹介)
11권/4	1953. 4.	금월의 음악영화(今月の音楽映画紹介)
11권/7	1953. 7.	금월의 음악영화(今月の音楽映画紹介)
11권/8	1953. 8.	음악영화 소개(音楽映画紹介)
11권/10	1953.10.	영화음악이 완성되기까지(映画音楽の出来るまで)
11권/12	1953.12.	금월의 음악영화 소개(今月の映画紹介)
12권/1	1954. 1.	영화에 나타나는 음악가(映画に現われた音楽家)
12권/2	1954. 2.	츠무라 히데오와 함께 영화와 음악을 말하다(津村秀夫と映画と音楽を語る) 금월의 음악영화(今月の映画紹介)
12권/3	1954. 3.	금월의 음악영화 소개(今月の映画紹介)
12권/4	1954. 4.	금월의 음악영화 소개(今月の映画紹介)
12권/6	1954. 6.	금월의 음악영화 소개(今月の映画紹介)
12권/7	1954. 7.	- 영화음악을 낳는 사람들(映画音楽を生む人たち) - 차이콥스키 전기 영화 〈황홀한 무도회의 밤〉(チャイコフスキー伝記映画 〈さんざめく舞踏会の夜〉) - 금월의 영화 소개(今月の映画紹介)
12권/9	1954. 9.	음악영화: 랩소디(音楽映画　ラプソディ) 영화 소개와 비평(映画紹介と批評)
12권/10	1954.10.	금월의 영화 소개(今月の映画紹介)
12권/11	1954.11.	영화음악 잡담(映画音楽　四方山話)
13권/1	1955. 1.	금월의 음악영화 소개(今月の映画紹介)
13권/2	1955. 2.	음악영화: 〈여기에 이즈미 있네(ここに泉あり)〉
13권/3	1955. 3.	금월의 영화 소개(今月の映画紹介)
13권/4	1955. 4.	- 영화의 역사(映画の歴史) - 뮤지컬 영화의 역사(ミュージカル映画の歴史)
13권/5	1955. 5.	- 이마이 다다시와 함께 음악과 영화를 말하다(今井正と音楽と映画を語る) - 영화 〈여기에 이즈미 있네〉의 화제를 찾아서: (映画 "ここに泉あり"の話題を求めて) - 음악가가 본 〈이즈미〉(音楽家のみた"泉") - 〈이즈미〉를 보고("泉"をみて) - 영화에 출연하여(映画に出演して) - 〈이즈미〉의 이것저것("泉"あれこれ)
13권/7	1955. 7.	음악영화 〈황혼의 술집〉(音楽映画 〈たそがれ酒場〉)
14권/5	1956. 5.	영화와 음악(映画と音楽) - 〈악의 결산〉 감독 이브 시앙피와 함께 영화와 음악을 말한다(〈悪の決算〉の

		監督 イウシャムビと映画と音楽を語る) - 일본영화와 음악(日本映画と音楽) - 외국영화와 음악(外国映画と音楽) - 음악영화 인상기〈사랑의 교향곡〉(音楽映画印象記「愛の交響曲」) - 스크린 소개(スクリーン紹介) : 청춘의 아리안느「青春のアリアンス」, 이유 없는 저항「理由なき反抗」, 사나이들과 여자들「野郎どもと女たち」
14권/12	1956.12.	- 나와 영화음악(私と映画音楽) - 영화잡감(映画雑感)

이렇게 영화음악, 또는 음악영화를 1950년부터 지속적으로 소개하고, 좌담회와 특집으로 포커스를 두고 있는 것은 당시 전후 일본 영화가 일본인의 뜨거운 관심을 받고 있음을 그대로 반영한 것으로 보인다. 샌프란시스코 강화조약이 체결된 다음 해인 1952년 GHQ의 영화 검열이 폐지되고 그동안 금지되었던 시대극이 부활하는 등 영화제작이 자유로워지면서 1950년대 일본 영화는 "최고의 전성기"를 맞이하고 있었기 때문이다.[78] 1950년 제작 편수가 215편이었던 것이 1953년에는 302편, 1960년 547편 제작에, 전국 영화관 수는 7,457개 관으로 점점 증가하였다.[79] 더욱이 1951년〈라쇼몽(羅生門)〉, 1952년〈우게츠 이야기(雨月物語)〉, 1954년〈지옥문(地獄門)〉, 1957년〈순애보(純愛物語)〉가 베니스, 칸, 베를린의 국제영화제에서 수상하여, 영화는 전후 일본인에게 "세대의 흥분이라고 할 만한 것을 동시에 느끼게 하는" 일종의 "물결"이었다.[80] 1958년 11억 2,700만 명이라는 기록적인 관객 동원수가 이를 반증해준다.[81]

---

78) 복환모, 「일본영화산업연구」, 『영화연구』17/8, 한국영화학회 2001, 245.
79) 복환모, 「일본영화산업연구」, 245-246쪽.
80) 요모타 이누히코(四方田犬彦), 「일본영화 90년」(이홍우 번역), 『영화연구』 6/10, 한국영화학회 1989, 215쪽.
81) 1958년을 정점으로 일본 영화산업은 TV의 보급률이 점차 증가하면서 쇠퇴의

물론 〈음악지우〉에서는 영화의 장르 중에서도 음악영화, 또는 영화음악에 포커스를 두고 있어서, 당시 유명한 일본 감독 중에서 음악영화 〈여기에 이즈미 있네(ここに泉あり)〉를 만든 이마이 다다시(今井正)의 이름만이 타이틀에 부각된다. 이 영화는 군마시민교향악단의 전신인 '다카사키 시민오케스트라(高崎市民オーケストラ)'[82]가 설립되는 초창기를 묘사한 것으로, 유명한 작곡가 야마다 고사쿠도 영화에서 배우로서 '야마다 고사쿠'의 역할을 직접 연기한다.

〈음악지우〉에서 다루는 음악영화 중 흥미로운 것은[83] 1954년 7월호의 차이콥스키 전기 영화 〈황홀한 무도회의 밤(さんざめく舞踏会の夜)〉이다. 이 영화는 1939년 나치 독일에서 만들어 대히트를 쳤던 영화로 원제는 "Es war eine rauschende Ballnacht"인데, 당시 독일에서 유명한 스타 가수이자 배우 자라 레안더(Zarah Leander)가 차이콥스키의 애인 카타리나 역(여주인공)을 연기하였다.[84] 이 '나치 제국'의 영화가 1954년에 '서독 영화'로 일본에 공개된 것은 전후 독일의 영화 정책 변화와 무관하지 않다. 전후 일본과 마찬가지로 전후 독일에서도 연합군의 영화 검열이 있었으나 1949년 5월 23일 서독 정부가 세워진 이후로는 영화 검열권이 서독 정부에게 넘어갔으며, 그 이후 연합군의 금지 리스트

길로 접어든다. 복환모, 「일본영화산업연구」, 246쪽.
82) http://www7a.biglobe.ne.jp/~cityphil/enkaku/enkaku.htm 참고.
83) 미국의 音樂映画 〈カーネギーホール〉와 프랑스/독일 영화 〈악의 결산(원제: Les héros sont fatigués est)〉이 흥미롭다. 〈カーネギーホール〉는 1947년 제작된 할리우드 영화로, 1952년 1월 일본에서 개봉되었는데 유명한 지휘자 레오폴드 스토코프스키가 직접 지휘하는 장면이 나온다. 1955년 제작된 이브 시앙피(Yves Ciampi) 감독의 〈악의 결산〉은 음악영화가 아니지만, 유명한 샹송 가수 이브 몽탕이 주인공 미셸 역을 맡았다.
84) 1937년부터 만들어진 자라 레안더의 영화는 선전부 장관 요셉 괴벨스(Joseph Goebbels)에게 "경제적 대성공"을 의미하였는데, 그의 일기에 (1937년 10월 6일) "그녀로 인한 사업적 성공은 엄청나다."라고 쓰고 있다.

에 있었던 나치 시기의 영화 대부분이 다시 상연되고 있었다. 그리고 일본도 이 영화들을 수입하였던 것이다.[85]

다섯째, 전후 일본 사회의 중요한 변화로 보이는 음악 관련 운동이 〈음악지우〉에 나타나지 않는 것도 〈음악지우〉의 (전쟁 시기와의) '연속성'을 보여주는 하나의 경향이라 할 수 있다. 예를 들면, 우타고에(歌ごえ)운동과 같이 생활 속의 진보적인 운동으로 1950년대 전후 일본 사회의 중요한 이슈가 되었던 현상은 1955년 4월호에 단 한 번「일본의 우타고에(日本の歌ごえ)」가 에세이로 소개되었을 뿐이다.[86] 1950년 초반 일본 지식인 사회의 새로운 변화와 운동의 상징이었던 "우타고에"[87]가 〈음악지우〉에서는 좌담회나 특집으로 크게 기사화된 적이 없는 것은 진정한 새로움에 대해서 '진정한' 관심이 없음을 보여준다. 1953년에는 우타고에 운동의 음악적 핵심이 되는 〈청년가집〉이 200만 부의 판매 기록을 보이며 "숨어있는 베스트셀러"로 〈선데이 매일〉, 〈일동신문〉, 〈국제신문〉 등에서 소개되었지만,[88] 이 사실은 〈음악지우〉에 흔적을 남기지 않는다.

뿐만 아니라, 〈표 3〉에서 보듯이, 현대음악에 대한 기사가 꽤 있긴 했지만, 〈음악지우〉는 진정으로 새로운 음악적 시도에 대해서는 소극적인 태도를 보인다.[89] 1951년 다케미츠 도루(武満徹), 유아사 죠지(湯

---

85) http://www.filmportal.de/df/b8/Artikel, EE6B8456F4BAA92AE03053D50B374784, html 참고.
86) 필자는 上野一郎이다.『音樂之友』1955년 4월호, 208쪽.
87) 이지선,「일본의 우타고에운동과 사회주의권 동아시아」, 남기정(엮음),『전후 일본, 그리고 낯선 동아시아』서울대학교 일본연구소 현대생활세계 총서 1, 박문사 2011, 151~196쪽.
88) 日本戰後音楽史研究会(佐野光司 外), 日本戰後音楽史(上), 192쪽.
89) 清水 脩,「現代日本の音楽」,『音樂之友』1951년 8월호, 43~45쪽.

浅讓二)와 같이 전후 일본의 대표적 현대음악가들이 전쟁 시기의 구세대에 거리를 두고 "실험공방"이라는 모임을 만들어 당대의 서구 아방가르드 음악을 자기화하려는 시도를 하였다. 1956년에는 구체음악(Musique concrète) 및 전자음악의 실험 연주회를 개최하였는데, 〈음악지우〉는 이러한 새롭고 신선한 시도에 대해서는 그리 관심을 보이지 않는다. 오히려 「일본은 유럽의 고아인가(日本はヨーロッパの孤児か)」라는 자조 섞인 좌담회가 1956년 10월호에서 눈길을 끈다.

끝으로 여섯째, 전쟁기 제국주의에 복무했던 잡지들이 통합되어 탄생한 〈음악지식〉의 후신인 〈음악지우〉의 변신이 얼마나 표피적이었는가는 전후 10년간 〈음악지우〉에서 가장 자주 다루어진 일본 음악가를 눈여겨 보면 알 수 있다. 이들은 전후 10년간 일본 음악계의 대부로서 명성을 누렸는데, 전쟁기 '국민 음악'을 대표했던 야마다 고사쿠(山田耕筰)와 성악가 후지와라 요시에(藤原義江)이다.[90] 1956년 분야별 일본의 음악가 대부를 소개하는 특집이 있는데, 여기서도 이 두 명은 빠지지 않고 중심축을 이루고 있다.[91] 특히 현재도 초등학교 교과서에 등장하는 야마다 고사쿠에 관한 기사나 인터뷰 그리고 그의 음악은 거의 매년 빠지지 않고 다루어진다. 특히 1952년 4월호에서는 특집으로 「야마다 고사쿠 소전」, 「야마다 고사쿠와 친구」, 「야마다 고사쿠는 무엇을 했는가」 등 그의 생애와 음악 활동 및 업적을 소개하며, 일본의 음악 대부로서 그의 위상을 과시해준다.

---

90) 이들 다음으로 고노에 히데마로에 대해 많은 보도가 있다. 그는 1920년대 신교향악단(NHK교향악단의 전신)을 만들고, 야마다와 경쟁할 정도로 일본 음악계의 중심인물이었고, 전쟁 중 독일에서 일본의 음악 외교관으로 활약했지만, 귀국 후 1급 전범으로 지목된 형 후미마로의 자살로 인한 충격의 후유증으로 전후 음악계에서는 적극적인 활동을 하지 않게 된다. 近衛秀麿, 「兄　文麿の死の陰に」, 『文芸春秋』20/4, (1952. 3), 84쪽.
91) 피아니스트로서 이구치 모토나리도 들어있다. 『음악지우』, 1956/10, 80~84쪽.

이마이 다다시　　　미우라 다마키　　　야마다 고사쿠(작곡가)

〈표6〉〈음악지우〉의 야마다 고사쿠 기사

	통권호	연도	기사제목
山田 耕筰 관련 기사	5권/4	1947. 7.	〈작가과 작품〉 야마다 고사쿠 (山田耕筰) 〈게재악보〉 독창곡: 돌아가 돌아가요(かへろかへろと-山田耕筰 作曲)
	7권/5	1949. 5.	〈음악이야기〉 가극 향비(歌劇　香妃)
	7권/11	1949.11.	〈노래하는 법 지도〉 고모리우타(子守唄—山田耕筰 作曲)
	8권/2	1950. 2.	〈가창지도〉 종이 울립니다(鐘が鳴ります—山田耕筰 作曲)
	8권/7	1950. 7.	〈희망방문기〉 야마다 고사쿠 씨와의 한 시간(山田耕筰氏との一時間)
	8권/8	1950. 8.	야마다 고사쿠 전:악단 생활 50년 기념에 즈음하여(山田耕筰傳: 楽壇生活五十年記念に際し)
	9권/4	1951. 4.	〈좌담회〉 야마다 고사쿠 씨 댁 살롱에서 청춘의 날을 말하다(山田耕筰氏宅サロンにて青春の日を語る—山田耕筰、堀内敬三外)
	9권/5	1951. 5.	야마다 씨와 나(山田耕筰氏と私)
	10권/4	1952. 4.	〈음악가 야마다 고사쿠 특집〉 - 야마다 고사쿠 소전(山田耕筰小伝) - 야마다 고사쿠와 친구(山田耕筰とゆう人) - 야마다 고사쿠는 무엇을 했는가(山田耕筰は何をしたか—堀内敬三) - 사업가로서의 야마다 고사쿠(事業化としての山田耕筰) - 악단의 대가(楽壇の大御所)
	11권/1	1953. 1.	신년 일인일제: 야마다 고사쿠(新年一人一題: 山田耕筰)
	12권/1	1954. 1.	우리들의 노래를 만들기 위해-야마다 고사쿠(われ等の歌をつくるために 山田耕筰)
	12권/8	1954. 8.	〈금월의 음악화제〉 창작오페라와 나-야마다 고사쿠(創作オペラと私—山田耕筰)
	12권/9	1954. 9.	하기와라와 나-야마다 고사쿠(萩原と私—山田耕筰)
	13권/1	1955. 1.	-〈권두언〉 신춘의 이야기-야마다 고사쿠(新年の言葉—山田耕筰)

		- 야마다 고사쿠 음악편력(山田耕筰　音楽編歷)
13권/5	1955. 5.	오페라와 나-야마다 고사쿠(オペラと私-山田耕筰)
13권/10	1955.10.	악단대가 신예대담: 야마다 고사쿠(楽壇大家新鋭対談-山田耕筰)

　〈음악지우〉에 비중이 큰 전쟁기와 전후의 음악 권력 야마다 고사쿠의 존재는 달라진 잡지의 내용, 구성의 변화에도 불구하고 전후 10년간 일본 음악계의 새로움이 외적인 측면에 국한되었음을 재확인해준다. 전쟁 시기 성인으로 음악 활동을 하지 않았던 세대의 등장이 있을 때, 비로소 일본 음악계의 새로움은 다른 차원이 될 수 있을 것이다. 1950년대 초반에 등장하는 이 젊은 세대들은 제국주의 시대에 이데올로기적인 편견 때문에 혹은 정치적 통제로 인해 차단되고 소외되었던 것에 대한 목마름이 매우 컸다 할 수 있다. 1951년부터 새로 결성되는 젊은 음악가 그룹 〈자유작곡가협회〉, 〈실험공방〉, 〈3인의 회〉, 〈산양의 회〉, 〈심신회〉 등의 갈증은 주로 서구 아방가르드 음악(전위음악)에 대한 것이었다. 이런 갈증을 해소하면서 이루어지는 이들의 창의적인 활동은 1950년대 중반 이후 윤곽을 드러내기 시작한다. 이에 대해서는 다른 기회에 서술하고자 한다.

4. 전후 일본 음악 문화의 변화와 연속성

지금까지 음악 잡지 〈음악지우〉 1946년 1월호부터 10년여간 자료를 통해 전후 일본 음악계의 변화를 살펴보았다. 전전의 잡지를 계승한 전문 음악 잡지 〈음악예술〉이 20세기 작곡 기법이나 음악 사조를 특집으로 다루며 서구 전위음악을 적극적으로 홍보하는 역할을 했다면, 〈음악지우)는 보다 넓은 층의 독자를 확보하기 위한 교양 음악 잡지의 역할을 지향하였다. 또한 (앞에서 언급되지는 않았지만) 1950년에 창간된 진정한 의미의 '전후' 잡지인 〈예술신조(藝術新潮)〉가 여러 예술 문화 영역을 함께 다루며 음악에 국한되지 않고 예술 전반에 대한 비판 정신을 추구했다면,[92] 〈음악지우〉는 비판 정신보다는 시장의 논리에 충실하면서 클래식 음악의 대중적 취향과 욕구에 민감하게 반응해 나갔다고 할 수 있다.

따라서 전후 10년간 그 어느 잡지보다 일본의 클래식 음악 문화에 대중적 영향력을 행사했던 〈음악지우〉는 전후 대중의 음악 문화 교양이 형성되는 데 중요한 역할을 했다고 사료된다. 〈음악지우〉가 표방하는 음악 문화 교양의 내용을 분석해 보면, 전쟁 시기와의 관계에서 변화와 연속성을 다양하게 포착할 수 있다.

먼저, 연속성의 측면에서 보면, 전후에 나타난 〈음악지우〉가 실제로는 전쟁 시기의 마지막 음악 잡지 〈음악지식〉이었으며, 잡지명을 개칭한 이유도 과거 적극적인 전쟁 프로파간다를 행했던 것에 대한 자기반성이 결여된 채, 외형의 탈바꿈에 지나지 않는다는 점이다. 다시 말해, 전쟁기 〈음악지식〉의 편집 방침이 '계몽주의적'인 것이었다면, 전후의 새 잡지 〈음악지우〉의 편집 방침은 '폭넓은 음악 교양에 집중'하는 것으로, 표현의 차이는 있지만 전쟁 시기와 단절되었다고 볼 수 없다. 특히 〈음악지식〉의 편집장과 〈음악지우〉의 편집장이 동일 인물 호리우치 게이조였다는 것은 새로운 전후 잡지로서의 한계를 드러낸다. 잡지의 편집장은 여느 작곡가나 연주가 및 교육자에 못지않은 영향력을 가졌지만, 그는 전쟁 책임에 대한 어떠한 비난도 받지 않았다. 특히 1943년과

---

[92] 高久曉, 「戰後世代の台頭 (1951-1957)」, 174쪽.

44년 반유대적인 발언을 잡지에 발표했던 호리우치의 정치적 성향은 전쟁이 끝난 후 과거에 대한 침묵으로 나타났다고 해도 과언이 아니다. 전쟁에 복무했던 프로파간다 단체 일본 음악문화협회가 겨우 2주일 만에 이름만 바뀐 채 새로운 단체로 재조직되었듯이, 〈음악지우〉에서 가장 비중 있게 다루어지는 음악가도 전쟁기의 '음악 권력'이라 할 수 있었던 야마다 고사쿠였던 것이다.

한편, 전후 일본 음악계의 변화된 측면은 10년간 〈음악지우〉의 주제와 내용을 분석해 볼 때, 뚜렷하게 드러난다. 분석 결과, 〈음악지우〉에는 음악과 정치적 이데올로기의 관계는 말끔히 지워졌고, 그 대신 음악을 음악 자체로만 보려는 의지가 뚜렷하게 나타났으며, 대중 소비 문화의 흐름에 민감하게 반응하고 있음을 엿볼 수 있었다. 이를 요약해보면, 첫째, 전쟁 시기에 금기시되었던 현대음악 기사 및 재즈 음악 기사가 등장하였고, 둘째, 유럽 음악계 소식은 독일보다는 프랑스에서, 그리고 프랑스 샹송 음악의 인기가 두드러져 프랑스의 영향이 감지되었고, 셋째, 1950년 초부터 거의 매호 연재되는 영화음악 및 음악영화의 기사에서 영화 장르의 인기가 얼마나 컸는지 알 수 있었다. 다시 말해, 1940년대 말부터 1950년 초 다시 활발해지는 전후 일본 영화의 사회적 영향력을 반영한 현상이었다.

전쟁기 국가권력과 전승의 논리에 복종했던 〈음악지우〉가 이제 대중적 취향과 대중적 욕구에 발맞추어 가며, 자본주의 시장의 논리에 적응했음을 여실히 드러내주고 있다. 대중을 심각하게 만들거나 부담이 되는 주제보다는 적당하게 교양을 과시할 수 있고, 즐길 수 있도록, 잡다한 주제를 다루었던 〈음악지우〉는 진취적이고 좌파적이었으나 진정 새로운 것은 피하였다는 결론이다.

이런 맥락에서, 1950년대에 활발했던 생활 속의 진보적 음악 운동 '우타고에'에 관해서는 거의 언급을 회피하고 있는 것도 이해될 수 있다. 대중매체에서 다루고, 유명한 작곡가, 음악가들이 참여해 사회적 관심을 받았던 우타고에 운동이지만, 정치적으로 공산당과 밀접한 관계에 있었던 음악 운동이었으므로, '중도적', 비정치적 음악 문화를 표방한 〈음악지우〉에게는 관심 밖의 일이었으리라 사료된다.

이전 식민지였던 한국과 타이완에서도 일본어를 이해하는 독자층[93]을 가졌던 〈음악지우〉는 전후 동아시아의 클래식 음악 문화에도 영향을 미쳤으리라 추측되는데, 이에 대해서는 차후 연구 과제로 남긴다.

---

93) 高久曉, 「戰後世代の台頭(1951-1957)」, 174쪽.

전후 일본의 지식 풍경

제2부

해방/평등의 아이러니

현대일본생활세계총서 **4**

전후 일본의 지식 풍경

04 전후 일본 '여성해방'의 현실과 이상*
점령기 〈부인공론〉의 여성참정권과 가사 해방의 담론

이은경

점령기 분위기를
보여주는
〈부인공론〉의 표지
(1946년 5월호)

---

* 이 글은 중앙대학교 일본연구센터 편, 『일본연구』 제33집(2012)에 실린 초고를 수정·보완한 것이다.

1. 일본 '여성해방'의 여정과 역설

다소라도 근대 일본의 여성 문제에 관심이 있는 사람이라면, "원시, 여성은 태양이었다."라는 한 구절로 상징되는 문학적 감수성의 소유자이자 모성보호의 주창자인 히라쓰카 라이초(平塚らいてう)의 이름이 낯설지 않을 것이다. 라이초의 '모성보호' 주장에 대해 '여권'의 신장을 주장하며 논쟁을 벌이고, 한편으로 엄청난 작품을 양산했던 여류 문학가이자 평론가 요사노 아키코(与謝野晶子), 라이초와 함께 여성의 지위 향상을 위한 단체 '신부인협회(新婦人協会)'를 설립했으며 1920~30년대 여성참정권 운동과 전후 여성해방운동을 이끌었던 이치카와 후사에(市川房枝)의 이름도 빼놓을 수 없다. 더 나아가 이들의 주장과 활동에 대해 프티부르주아 여성운동의 한계라고 공격하면서도 한편으로는 여권 신장을 위해 협력의 끈을 놓지 않았던 사회주의 여성운동가 야마카와 기쿠에(山川菊栄)의 이름까지 기억한다면, 1910년대에 시작된 근대 일본 여성운동의 개략은 이해하고 있다고 보아도 좋을 것이다. 그 외에 19세기 말에 출범한 일본 최초의 여성 사회단체 '일본그리스도교부인교풍회(日本キリスト教婦人矯風会)'와 같이 기독교적 배경을 가진 사회개량적 여성운동이 또 하나의 흐름을 이루고 있었던 점도 근대 일본 여성계의 지형을 설명하기 위해서는 덧붙여둘 필요가 있다.

1911년 라이초가 주도한 〈세이토(青鞜)〉의 창간은 '자각'하기 시작한 여성들, 이른바 '신여성'의 등장을 알리는 서곡이었다. 이들의 등장은 당시 잡지를 중심으로 한 저널리즘의 융성 가운데 상당한 관심을 끌었고, 남녀 지식인 양측으로부터 비난과 찬사를 동시에 받았다. 흥미로운 것은 이들 주요 운동가들이 조직적이고 실제적인 '운동'뿐 아니라 주로 잡지 지면을 통한 '논쟁'을 통해, 좀 더 정확히는 비판과 갈등을 적극 드러내는 방식으로 활동의 지평을 넓혔다는 점이다. 이들은 때로 서로에게 상당히 감정적이고 인신공격적인 언사도 서슴지 않았지만, 그러한 논쟁과 갈등은 각자의 노선을 더욱 명확히 함으로써 연대의 지점을 찾기 위한 과정이기도 했다. 심지어는 문제에 대한 세간의 관심을 끌기 위해 혹은 자신의 이름을 알리기 위해 의도적으로 논쟁의 불을 지폈던 것으로 보이기도 하는데, 아직 무명이었던 야마카와 기쿠에가 당대 여성계의 양대 거목이었던 요사노 아키코와 히라쓰카 라이초의 '모성보호논쟁'(1918~1919)[1])에 뛰어들어 이름을 알렸던 것이 그 대표적인 사례이다.

전전, 구체적으로는 일본이 만주 침공을 신호탄으로 본격적인 침략 전쟁으로 돌입하는 1931년 이전까지, 여성운동의 주된 흐름은 여권의 신장이었으며 그 구체적인 목표는 여성의 참정권 획득이었다. 각 계파와 노선에 따라 다양한 바람과 주장을 가지고 있었지만 여성이 정치에 참여할 수 없는 현실보다 더 심각하고 근본적인 문제는 없었다. 여성들이 의회에 진입하여 의사 결정에 참여할 수만 있다면, 서로 다른 각자의 주장은 의회에서의 논의를 통해 점진적으로 관철할 수 있을 것이기 때문이다. 따라서 계파와 노선을 넘어 여성의 참정권 획득이 일차적인 목표라는 데 큰 이견이 없었으며, 다만 여성참정권 실현에 적절한 시기를 두고 시기상조론과 즉각적인 용인을 요구하는 의견이 갈리는 형편이었다.

1919년 '신부인협회'의 설립을 시작으로 여성들의 정치 참여에 대한 욕구가 조직화되기 시작했으며,[2] 의회에서 이를 관철시키기 위한 운동

---

1) 이은경, 「다이쇼기 여성해방의 사상과 논쟁」, 『일본사의 변혁기를 본다』, 지식산업사, 2011.
2) 이은경, 「다이쇼기 일본 여성운동의 조직화와 노선 갈등 : 『女性同盟』을 통해 보는 〈新婦人協会〉(1919~1922)의 역사와 의의」, 『동양사학연구』 116, 2011.9. 공식적인 창립 행사는 1920년의 일이지만 라이초와 후사에를 중심으로 한 활동

이 10년 이상 지속되었다. 하지만 당시 남성 중심의 기득권층은 '여성의 정치 참여'라는 전대미문의 상황을 좀처럼 긍정적으로 상상하지 못했다. 여성운동가들의 주장이 이른바 '국체(國體)'를 손상시킬 정도로 과격한 것이 아니라 오히려 천황을 중심으로 하는 이른바 가족국가적 국체의 승인을 전제하는 것이었음에도,3) 그들의 염원은 남성 정치가들에게 쉽게 받아들여지지 않았다. 여성의 참정권 획득을 위한 수년의 노력 끝에 이를 승인하는 내용의 법안이 가까스로 중의원에서 가결된 후에도, 보수적인 귀족원의 반대로 각하되는 좌절을 겪은 것은 만주사변이 있던 1931년의 일이었다. 그리고 이때는 일본 여성들이 참정권 획득이라는 오랜 목표의 달성에 가장 가까이 다가갔던 때이기도 했다.

만주사변 발발 후 약 15년에 이르는 전시 상황에서, 여성운동은 사실상 공백에 가까운 것이었다. 개인의 이익과 생활을 희생해가며 여성들의 권익 향상을 위해 헌신하던 이들은 이제 국가의 비상시국에 즈음하여 헌신의 대상을 바꾸어야 했다. 그리고 바로 그러한 노력을 통해 여성들은 일본의 국민으로서 정당한 시민권을 획득하고자, 혹은 참정권 운동의 진정성을 인정받고자 했다. 여성들의 적극적인 지지와 노력이 일본 정부의 전쟁 수행에 얼마나 큰 도움이 되는지를 증명함으로써, 마치 제1차세계대전 후 서구의 여성들이 그러했듯이 참정권을 획득하려 했던 것이다. "[여성들이] 더러워진 집에 들어가 청소를 하고 싶고 요리도 하고 또 아이들을 위해 따뜻한 침상을 준비해주고 싶은데, 그에 필요한 출입구 열쇠가 필요하다. 쪽문을 통해 정원으로 들어갈 정도의 열쇠

은 1919년 후반기부터 이미 시작되었기 때문에, 실제적 활동의 시작과 공식적 창립 선언 중에 어느 쪽을 〈신부인협회〉의 시작으로 볼 것인가는 의견이 갈릴 수 있다.
3) 鈴木裕子,『女と〈戰後50年〉女性史を拓く』, 未来社, 79쪽.

(제한공민권안)로는 부족하다, 대문으로 집에 들어갈 수 있는 열쇠(여성참정권)가 필요하다."[4]는 주장의 정당성을 입증하기 위해, [아시아태평양전쟁이라는] 대청소 기간에 자신들의 '청소 능력'을 유감없이 발휘하려 했던 것이다.

그러나 '대문의 열쇠'는 예기치 않게 주어졌다. 현관 열쇠를 얻고자 공을 들였던 옛 주인 [일본 남성]은 쪽방으로 내몰리고, 훨씬 인심 좋은 새로운 주인이 나타나 대문 열쇠를 쥐어준 것이었다. 일본 여성들에게 남녀평등과 참정권 실현은 그렇게 주어졌다. 일본의 패전이라는 슬픔과 점령 정치의 굴욕을 제대로 실감하기도 전에, 혹은 전시기 동안 자신들이 행한 행위에 대해 냉정히 평가하고 반성할 겨를도 없이, 일본 여성들에게는 '여성해방' 혹은 '남녀평등'이라는 예기치 못한 큰 선물이 주어졌던 것이다. 그것은 수십 년 전부터 염원되었지만 결코 손에 넣지 못했던 것이었다.

하지만 패전의 충격과 이후의 생활에 대한 걱정과 공포가 지배하던 시기, 참정권 획득을 위한 운동의 기억마저 아득한 상황에서, 일체의 논의나 적응기를 생략한 갑작스런 '남녀평등'의 실현에 대해 당시 일본인들이 어떠한 반응을 보였을지 의문을 가져볼 필요가 있다. 점령기 GHQ에 의해 주도된 정책들에 대해 일본 국민들이 반대는커녕 대부분 열렬히 환영했던 것으로 보이지만, 유사 이래 아주 오랜 시간 계속되어 왔던 남존여비의 정책이 폐지될 때에도 역시 그러했을까? 그러한 주장에 귀를 기울이거나 제대로 이해하려 한 적이 없었던, 당연히 이를 허락한 적도 없었던 남성들의 당황스러움은 짐작하기 어렵지 않다. 그렇다면 여성들은 어땠을까? 모든 여성들은, 하다못해 이를 위한 운동을 전개

---

4) 市川房枝, 『市川房枝自伝 戦前編』, 新宿書房, 1974, 259쪽. [ ] 안은 필자, ( ) 안은 원문대로임.

요사노 아키코　　히라쓰카 라이초　　이치카와 후사에

해 왔던 여성들만이라도 패전과 함께 실시된 여성해방 정책을 전적으로 환영할 수 있었을까? 점령기 여성들에게 당장 남녀가 평등한 생활이라는 것이 어떤 의미로 다가왔을까?

　　이상과 같은 의문에 답하기 위해, 본고에서는 일본의 대표적인 여성잡지 중의 하나인 〈부인공론(婦人公論)〉의 기사를 살펴보려 한다. 이를 위해서는 먼저 근현대 일본의 여성과 여성운동사에 있어서 〈부인공론〉이 갖는 의미를 소개해 둘 필요가 있을 듯하다.

2. 〈부인공론〉의 역사와 위상

주지하듯 일본의 대표적인 '부인잡지'(여성잡지)라는 명성을 가진 〈부인공론〉은 여성참정권 획득이 주된 목표가 되었던 전전 일본 여성운동의 궤적을 드러낼 뿐 아니라,[5] 전후에도 한동안은 변함없이 여성에 관

---

5) 〈부인공론〉은 〈세이토〉의 폐간(1916.5)을 전후하여 창간되었던 관계로, 세이토샤(靑鞜社)를 중심으로 활동하던 일단의 '신여성(新しい女)'들을 필자로 흡

한 주요 논쟁이 벌어지는 무대가 되었다. 사상과 이념에 대한 탄압과 함께 물자의 통제 또한 극에 달했던 1944년 강제로 폐간을 당한 것이나, 패전 이듬해인 1946년 4월 신속하게 '재생호(再生号)'를 발행했던 것은 평소 〈부인공론〉의 지향이 어떠한 것이었는지를 짐작하게 한다. 〈부인공론〉은 항상 민감한 시사 문제에 대해 당대 오피니언 리더들이 의견을 내놓는 공론의 장이었으며, 이는 주로 자유주의 입장에서 여권 확장을 주장하는 내용이 많았다. 가사의 노하우나 생활 정보와 같은 실용적 혹은 흥미 위주의 기사를 싣던 여타의 여성잡지와는 방향을 달리하는, '화장기 없는 여성잡지' 또는 '여성잡지답지 않은 여성잡지'로서의 위상을 명확히 했던 것이다.[6]

1) 전전 〈부인공론〉의 위상과 역할

〈부인공론〉은 〈중앙공론〉의 「부인문제 특집호」가 호평을 받은 것을 계기로 1916년 중앙공론사에 의해 창간되었다. 당시 여성참정권, 여성과 직업, 여성과 교육, 여성과 가정 등 여성 관련 문제들이 주목을 끌던 분위기를 반영하여 〈중앙공론〉은 1912년 1월호에서 「규수15명가일인일제(閨秀十五名家一人一題)」라는 특집을 기획했으며, 다시 '하기(夏期) 임시증간호' 형식으로 「부인문제 특집호」를 편성하여 주목을 끌었던 것이 〈부인공론〉의 창간으로 이어졌다. 이후 〈부인공론〉은 자유주의의 입장에서 '여권 확장'을 주장하는 내용을 담았고, 대개 진보적인 독자들

수하게 되었다. 덕택에 『부인공론』의 지면은 히라쓰카 라이초, 요사노 아키코, 야마카와 기쿠에, 이치카와 후사에와 같은 일본의 대표적 여성해방운동가 물론, 미야모토 유리코(宮本百合子), 노가미 야에코(野上弥生子), 히라바야시 다이코(平林たい子) 같은 대표적인 여류 문학가들이 활동하는 무대가 되었다.
6) 中央公論社, 『中央公論社の八十年』, 中央公論社, 1965, 157쪽.

을 중심으로 보급되었다는 점은 앞서도 언급한 바와 같다.[7]

〈부인공론〉의 창간을 주도한 것은 시마나카 유사쿠(嶋中雄作)였다. 1902년 와세다대학 철학과 졸업과 동시에 중앙공론사에 입사한 그는 〈부인문제 특집호〉와 같은 기획으로 사내 간부들을 개안케 했다는 평가를 받는다. '지성적 잡지를 여성들을 위해 기획'[8]하는 이러한 참신한 시도는, 여성에 대한 중등교육 보급이라는 사회적 변화뿐 아니라 〈세이토〉의 창간(1911), 『인형의 집』[9] 공연(1911) 등을 통해 여성의 자각이 높아지고 있던 시세를 파악하는 민첩함과, 과감한 행동가로서의 그의 성품이 발휘된 결과였다. 날카로운 시대감각의 소유자이기도 했던 그는 〈부인공론〉을 통해 여성을 위한 계몽, 즉 '여성은 어떻게 살아야 할 것인가'라는 문제에 대한 지침을 제공하고자 매달렸다. 이러한 이유에서 〈부인공론〉의 역사는 [최소한 1960년대 중반까지는] 그 자체가 '일본 여성 해방의 역사'이며 시마나카는 여성해방의 '은인'이라고 일컬

---

7) 中尾香, 『戦後『婦人公論』のエスノグラフィー〈進步的主婦〉を生きる』, 作品社, 2009, 34쪽.
8) 野上弥生子, 「『婦人公論』の使命―四十周年記念号によせて」, 『婦人公論』40:10, 1955.10.
9) 『인형의 집』은 1879년 출판된 노르웨이의 극작가 헨릭 입센(Henrik Ibsen)의 대표작이다. 주인공 노라(Nora)의 삶의 방식은 당시 사회에 충격을 주어, 희곡은 폭발적으로 팔렸고 유럽과 미국에서 잇달아 상연되었다. 남편에게 인형처럼 취급되던 여주인공 노라가 한 사건을 계기로 자신은 아내·어머니이기 이전에 우선 인간이라는 것을 자각, 진정한 자신을 알기 위해 세 명의 아들을 두고 '가출'하는 내용을 담고 있다. 기성의 사회도덕을 무너뜨리고 결혼생활의 기반을 흔드는 결단을 한 노라의 선택은 많은 여성에게 문제를 제기하였다. 일본에서는 1910년 쓰보우치 쇼요(坪内逍遥)가 강연에서 노라를 '신여성'의 1인으로 칭했다. 1911년 시마무라 호게쓰(島村抱月)의 문예협회가 이를 초연하여 사회적으로 큰 반향을 일으켰다. 같은 해에 히라쓰카 라이초 등이 〈세이토〉를 발행하여 입센의 연극을 논하였기 때문에 세이토샤의 사원들은 '일제(和製) 노라집단'이라 불리기도 했다(『日本女性史大辞典』, 吉川弘文館, 2008).

어질 정도다.10)

물론 〈부인공론〉에 대한 긍정적인 평가에 모두가 동의하는 것은 아니다. 〈부인공론〉은 기본적으로 '시민적 여성'의 "근대적 자아의 확립에 좋은 길동무가 되기 위해 태어났다."11)라는 지적처럼, 이른바 중간층 여성 혹은 교양있는 지식인층 여성들의 입장을 대변한다는 비판을 받았던 것도 사실이다. 이러한 계층적인 한계로 인해 "프롤레타리아 여성의 계급적 각성을……결국은 자기 자신의 문제로 다루는 데는 이르지 못했다".12) 한편으로 여성의 해방과 그 교양을 제고하는 것이 〈부인공론〉의 일관된 테마였을 뿐 아니라, '이미 가정에 들어간 여성이 해방된 좋은 아내라는 바람도 또 하나의 테마였다'13)는 점도 비판의 대상이 될 수 있었다. 가정을 중시하는 자세는 〈부인공론〉 편집에 있어서 기저를 이루는 것으로, '가정에 있는 아내의 해방'이 사상의 주된 축이었다는 것이다.14) 특히 다이쇼 말기의 〈부인공론〉에 관한 다음과 같은 진술은 전전 〈부인공론〉이 지향하는 '해방'의 의미를 비교적 잘 정리해서 보여준다.

> 이 시기의 〈부인공론〉은 바른 가정의 존재 방식, 그에 수반하여 가정교육에 관해서도 강한 관심과 의욕을 보여주게 되었다. 즉, 여성이 자기의 독립에 의해 완전한 직업인, 사회인으로서의 독자성을 가지고 자기를 확립함과 동시에 한편으로는 가정에 있는 아내도 역시 해방된 하나의 인격으로서 좋은 어머니, 총명한 아내로 살아가기 위한 단서를 보여주려 했던 〈부인공론〉의 노력의 흔적을 곳곳에서 찾을 수 있다.15)

---

10) 松田ふみ子, 『婦人公論の五十年』, 中央公論社, 1965, 9-10쪽.
11) 帯刀貞代, 「『婦人公論』の四〇年」, 『中央公論社七〇年史』, 中央公論社, 1955, 377쪽.
12) 帯刀貞代, 「『婦人公論』の四〇年」, 『中央公論社七〇年史』, 378쪽.
13) 松田ふみ子, 『婦人公論の五十年』, 中央公論社, 1965, 13쪽.
14) 中尾香, 『戦後『婦人公論』のエスノグラフィー 〈進歩的主婦〉を生きる』, 38쪽.

〈부인공론〉에서는 여성의 '사적' 영역에 속한다고 여겨지던 출산과 육아를 '공적' 영역의 문제로 논의에 끌어들였다. 이는 훗날 '개인적인 것이 정치적인 것'이라고 하는 '제2의 물결 페미니즘'과 상통하는 것이기도 하지만,16) 근대 일본에서는 스스로의 함정에 빠지기 쉬웠다. "여성의 지위나 권리를 제고하려는 사조, 그리고 개인으로서의 여성의 자아를 확립하려 하는 근대적 여성해방 사상이 사회에서 여성의 지위를 가정 안의 아내·어머니로 고정화하는 새로운 젠더의 규범을 창출하였고, 섹슈얼리티를 고정하여 여성 자신이 소외되어 가는 역설"17)이 나타난 것이다. 따라서 〈부인공론〉은 근대 일본의 여성을 지배하던 보수적 담론인 양처현모 사상에서 벗어나기보다는 오히려 이를 긍정하는 역할을 수행했다는 비판에서 자유롭지 못한 셈이다.18)

그럼에도 불구하고 당대의 여타 여성잡지들에 비해 〈부인공론〉이 상대적으로 자유주의적인 노선이었다는 점에는 변함이 없다. 무엇보다 일본이 본격적인 침략 전쟁과 군국주의로 돌입했던 시기, 〈부인공론〉이 개인주의적인 자유를 주장하는 것 자체가 저항으로서의 커다란 의미를 갖는 것이었다. 중일전쟁 발발 즈음부터 지면에 전쟁의 분위기가 짙어지고 미일 개전 이후에는 지면 전체가 전시 협력의 기사로 채워져

---

15) 松田ふみ子,『婦人公論の五十年』, 中央公論社, 1965, 29쪽.
16) 中尾香,『戦後『婦人公論』のエスノグラフィー 〈進步的主婦〉を生きる』, 40쪽.
17) 牟田和恵,『戦略としての家族―近代日本の国民国家と女性』, 新曜社, 1996, 144쪽.
18) 한편으로『부인공론』은 그 자체가 '상품'으로서, 양처현모 사상과의 '단절=새로움'을 팔았다는 비판을 받고 있기도 하다. 〈세이토〉와 '신여성'들이 온몸을 던져 뿌린 씨앗을 오히려 남성들이 주도하던 〈부인공론〉이 수확했다, 혹은 남성들이 제멋대로 여성에 관해 논하는 장으로 활용했다는 비판을 받고 있는 것이다(中尾香,『戦後『婦人公論』のエスノグラフィー 〈進步的主婦〉を生きる』, 43-45쪽).

가기는 했지만, 전시하의 압도적인 군국주의 경향을 생각하면 이에 종순했던 것을 〈부인공론〉의 성향이라고 특정하여 비판하기는 어렵다.[19] 오히려 '출판사업령'에 의해 〈중앙공론〉에 흡수되는 형식으로 강제 폐간될 당시,[20] 편집진이 자체적으로 최후의 〈종간호〉를 기획하여 인쇄공정에 들어갔으나 내각정보국으로부터 "그렇게 화려한 최후는 있을 수 없다."라는 엄명을 받아 일거에 물거품이 되었다는 일화[21]는, 전시 중 〈부인공론〉의 권력과의 관계가 어떠한 것이었는지를 상징적으로 보여주는 것이기 때문이다.

2) 전후 〈부인공론〉의 복간과 지향

일본의 패배로 전쟁이 끝난 후 시마나카는 신속하게 움직였다. 그는 8월 15일 이른바 '옥음방송(玉音放送)'에 앞서 일본 패전의 소문을 듣고 소개지로부터 상경을 준비했다. 상경 도중에 필자 섭외 작업을 할 정도로, 그는 잡지의 재건에 확고한 의지를 보였다. 여기에는 또 다른 배경이 있었다.

> GHQ는 〈중앙공론〉과 〈개조〉의 재건에 호의적이었으며, 이 두 잡지는 국가가 망가뜨렸기 때문에 그 재흥을 위해 일본 정부가 힘을 써야 할 것이라는 의향을 비공식적으로 전해 왔다. 그러나 실제로 재건 준비를

---

19) 1931년 10월부터 1938년까지만 보아도, 발매 및 배포 금지 3회, 게재문의 전문 혹은 일부 삭제 5회의 처분을 받은 바 있다(三鬼浩子,「占領と婦人雜誌」,『占領下の婦人雜誌』, ドメス出版, 2010, 42쪽).
20) 『중앙공론』 역시 1944년 7월호를 마지막으로 폐간되었다. 사원들은 흩어졌으며, 건강을 잃은 시마나카 사장은 이듬해 3월 강제 소개(疎開)에 의해 나라(奈良)로 이주해야 했다.
21) 松田ふみ子,『婦人公論の五十年』, 中央公論社, 1965, 172쪽.

시작하자 여러 가지 곤란이 닥쳐왔다. 첫째는 종이의 문제였다. 중앙공론사는 해산 당시 가지고 있던 종이와 용지 할당 실적을 아사히신문에 팔아서 그 돈을 사원 퇴직금에 충당했기에, 종이는 한 장도 남아있지 않았다. 자금도 인력도 부족했다. 그러나 인력 문제는 시간이 지나자 두 사람, 세 사람 옛 사원들이 다시 모여들었다. 군대에서 복귀한 자, 요코하마 구치소를 나온 자, 소개지에서 돌아온 자, 재건 소문을 듣고 해산 후 일하던 직장을 그만두고 온 자 등으로, 하루가 다르게 활기를 띠었다.[22]

이상에서 보듯, 중앙공론사의 출판물에 대한 GHQ의 호의적인 태도가 물자와 인력의 부족에도 불구하고 시마나카가 잡지의 재건을 용단하는 배경이 되었다. GHQ가 일본 정부에게 중앙공론사의 재건을 종용했다는 사실보다 더 든든한 아군이 있을 수는 없었을 것이다. 1945년 11월 〈부인공론〉 재건을 위한 첫 편집회의가 열렸고,[23] 46년 4월 〈재생 제1호〉가 발행되었다. 전후의 심각한 혼란과 자금난에도 불구하고 〈부인공론〉 5만 부 발행이 결정되었는데, 시마나카는 그에 임하는 결의를 다음과 같이 표현했다.

〈부인공론〉의 창간은 다이쇼 4년(1915)이다. 약 25년간 이 나라의 지식 부인과 함께 다잡(多雜)한 길을 걸어 왔다. 그러한 길동무를 장사지낸

---

22) 中央公論社, 『中央公論社の八十年』, 306쪽.
23) 재건 즈음의 중앙공론사는 출판사라기보다는 다양한 군상의 집합과 같은 곳이 되었는데, 전전부터의 인연을 바탕으로 시마나카 사장은 전후 다음과 같은 진용을 갖추었다. 『중앙공론』 주간 로야마 마사미치(蝋山政道), 『부인공론』 주간 다니카와 데쓰조(谷川徹三), 출판국장 하야시 다쓰오(林達夫), 『중앙공론』 편집장 하타케나카 시게오(畑中繁雄), 『부인공론』 편집장 야기오카 히데하루(八木岡英治) 등(三枝佐枝子, 『女性編集者 三枝佐枝子』, 筑摩書房, 1967, 9쪽).

부인은 도대체 어디로 가버린 것일까……저주와 증오의 태풍 가운데서 너무도 가슴 아픈 침묵을 계속해 온 것 아닐까. 이 참화의 원인은 대개 그 점에 배태되어 있었다. 무의미한 전쟁 때문에 귀한 모든 것을 잃은 이 나라의 부인이 돌연 자신의 무력함을 자각했을 때, 앞으로 부인이 무엇을 해야 할 것인지는 자명하다……중요한 것은 수영과 마찬가지로 흐름을 타는 것이지 흐름에 휩쓸리는 것이 아니다. 포학의 사슬을 끊은 대중은 이제 거센 흐름(奔流)에 몸을 던져 시대의 조류를 타려 하고 있다. 그들을 물속에서 허우적대도록 두어서는 안 된다. 부인의 예지가 더욱 필요하며 민주주의 일본의 건설에 더욱 중요한 역할을 하지 않으면 안 된다고 생각하는 것은 바로 이 때문이다. 전국 지식계급 부인의 여망에 부응하여, 이 기회에 부활한 본지는 단지 재생의 기쁨에만 젖어 있어서는 안 되는 것이다.[24]

복간 후의 〈부인공론〉은 패전 후 일본이라는 전대미문의 상황 속에서 '지식부인'의 역할이 매우 중요하다는 점을 의식하였으며, 그러한 시대적 인식 가운데 스스로의 역할을 찾고자 했다. 그러한 결과, "패전에 의해 지침을 잃었던 여성들은 〈부인공론〉의 복간에 의해 비로소 나아가야 할 길을 발견했다". 그리고 "독자들은 오랜 옛 친구와 재회한 기쁨을 가지고 이를 환영했다".[25] '패전에 의해 지침을 잃었던 여성'들을 향해 〈부인공론〉은 정치에 대한 자각, 해방의 의의 등 여성을 위한 정치교육에 주안점을 두었고,[26] 한편으로는 식량 수급의 전망 등 실제적인 정보에 대해서도 다루었다. 나아가 급격히 변동하는 일본의 법률에 관해, 그리고 그러한 변화에 의해 가정은 어떻게 변할 것인가, 여성은 어떻

---

24) 嶋中雄作, 「再生の辞」, 『婦人公論』, 1946.4.
25) 松田ふみ子, 『婦人公論の五十年』, 175쪽.
26) 로야마 마사미치가 연재했던 「부인의 정치교실」 코너가 대표적인 사례라고 할 수 있다.

게 생활해야 하는가 등과 관련해 여성들을 계몽하고자 했다. 새로운 풍조로 대두한 민주주의의 해석뿐 아니라 사회주의와 공산주의 및 세계정세에 대한 내용도 빠지지 않았다. 마지막에는 새로이 출발하는 일본의 국민으로서 바람직한 여성의 역할과 여성이 알아야 하는 법률, 즉 노동기준법, 아동복지법, 가사심판법 등에 관한 해석도 더해졌다.27)

> [가볍고 가정적인 내용으로 채워지는 서구의 여성잡지와 달리 〈부인공론〉은 정치는 물론이고 경제, 외교, 사회문제 여러 가지를 끊임없이 신속하게 다룰 뿐 아니라, 누군가의 결혼, 연애, 또 그 불행한 이혼이나 파탄에 대해서도 단지 흥미 본위의 보도에 그치지 않고, 이를 매개로 하여 독자와 함께 항상 인생의 중대한 주제와 대결하려 하는 방식을 잃지 않으려 했다.28)

전후의 〈부인공론〉은 이처럼 내용적인 충실함뿐 아니라, 이념적인 면에서의 균형 감각에 대해서도 다음과 같은 평가를 받았다.

> 전후 성급한 여성해방의 움직임은 때로 여성을 극단적인 방향으로 내몰았고 사상적으로도 혼란을 야기했지만, 〈부인공론〉은 이러한 현상을 민감하게 다루면서도, 좌우 쌍방의 밸런스를 유지하면서 모색하는 가운데 바른 노선을 찾고자 노력했다. 혼란 가운데서도 '일본 여성은 어떻게 살아갈 것인가'라는 커다란 문제를 해결하려는 진지한 태도가 편집 속에도 엿보인다.29)

특히 강화조약 이전의 점령기 〈부인공론〉의 편집은 비교적 온건

---
27) 松田ふみ子, 『婦人公論の五十年』, 176-183쪽.
28) 野上弥生子, 「『婦人公論』の使命―四十周年記念号によせて」, 『婦人公論』 1955.10.
29) 松田ふみ子, 『婦人公論の五十年』, 192쪽.

하고 모색적인 자세를 버리지 않았다는 평가를 받는다. 나아가 "〈부인공론〉은 항상 하나의 문제를 설정하면, 그것을 현실의 장에서 분석하고 깊이 탐색한 후 그를 바탕으로 적극적 자세에 의한 해결을 도모하며, 건설적 의견이나 전진적 해결 방법을 독자 자신이 찾을 수 있도록 노력한다. 본지의 이러한 태도는 항상 독자, 특히 지성이 높은 계급의 여성들에게 '〈부인공론〉은 여성과 함께 한다'는 든든한 마음을 주기에 충분했다."[30]

다소 지나치게 긍정적으로 평가되는 경향이 있지만, 최소한 패전 후의 '점령기'에 한해서라면 이러한 평가를 내려도 크게 틀리지 않을 듯하다. 이하에서는 점령기 여성 정책의 내용과 〈부인공론〉의 지면에 실린 그에 대한 일본 지식인들의 반응을 살피려 하는데, 이를 위해서는 이상에서 살핀 〈부인공론〉이 갖는 특징과 그 위상을 기억할 필요가 있다. 종래부터 여성해방에 대해 긍정적이었을 뿐 아니라 다수의 여성운동가들이 활동하는 무대를 제공했던 대표적인 잡지였던 만큼, 그에 실리는 반응들은 여성에 관해 매우 영향력 있고 또 선도적인 내용이었다고 간주할 수 있기 때문이다.

3. 점령기 '여성해방'의 실현과 우려

1) GHQ의 여성해방 정책

패전 후의 일본은 이른바 '평화헌법'과 '미일 동맹'이라는 두 가지 제도로 상징되는 새로운 공간이었다. 비록 패전의 결과로서 외부의 힘으로 강

---

30) 松田ふみ子, 『婦人公論の五十年』, 205-206쪽.

제된 것이기는 했지만, 일본인들은 이를 바탕으로 이루어지는 상징천황제와 민주주의라는 새로운 정치제체를 거부하지 않았다. 특히 패전 직후 약 6년여에 걸쳐 이루어진 점령 정치는 일본인에게 새로운 경험이었다. 맥아더가 이끄는 GHQ에 의한 점령정치는 단지 전전의 체제를 극복하거나 패전을 수습하는 수동적인 역할에 머무르지 않고, 전후 일본이 나아갈 방향을 설정하고 형성하려는 적극적이고 생산적인 시간이 되었다. GHQ가 물러나 권력이 일본인에게 이양된 후에도 점령기에 형성된 정치와 지식의 시스템은 수십 년 이상 지속되면서, 때로는 나아갈 방향을 알려주는 지침으로서, 때로는 비판과 극복의 대상으로서 일본인의 정치와 생활에 커다란 영향을 미치게 되었다.

1945년 10월 11일 맥아더는 선거권 부여에 의한 여성해방, 노동조합의 육성, 학교교육의 민주화, 비밀 심문 제도 철폐, 경제기구 민주화라는 전후 5대 개혁의 지령을 발표했다. 전후 일본 민주화의 기본 방침을 담은 이 5가지 목표 가운데 '여성해방'이 가장 먼저 제시되고 있다는 점은 의미심장했다. 여성해방에 대한 GHQ의 강한 의지에 압도된 일본 의회는 1945년 12월 17일 그토록 오랫동안 거절해왔던 여성의 참정권 부여에 합의했다. 이제 여성도 남자와 마찬가지로 만 20세 이상은 선거권을, 25세 이상은 피선거권을 획득하여 정치적 권리를 행사할 수 있게 되었다. 역사적인 여성의 첫 투표권 행사가 이루어진 것은 1946년 4월 10일 전후 첫 총선거에서였으며, 그러한 획기적인 변화를 가져온 것에 대해 맥아더는 다음과 같이 만족을 표했다.

> 부인이 가정에서의 지위를 희생하지 않고 급속하게 사회문제에 영향력을 발휘하기 시작한 것은 일본사를 통해 그야말로 커다란 사건이다. 일찍이 법에 의해 개성을 거의 인정받지 못하고 단지 전통적인 가정에서

의 일에만 얽매여 있던 일본의 부인은, 이제 정치의 동향에 대한 주권자로서의 책임을 남자와 평등하게 지고 있다. 이 정도로 고원(高遠)하고 극적인 변화는 달리 예를 찾을 수 없을 정도다.[31]

참정권 부여에 이어 기타 양성평등을 향한 법적 정비가 1946~48년에 걸쳐 급속하게 진행되었다. "혼인은 양성의 합의에 의해서만 성립하며 부부가 동등한 권리를 갖는 것을 기본으로 하고, 상호 협력에 의해 유지되지 않으면 안 된다. 배우자의 선택……및 혼인 및 가족에 관한 기타 사항에 관해서는, 법률은 개인의 존엄과 양성의 본질적 평등에 입각하여 제정되지 않으면 안 된다."라는 일본국헌법 제24조의 규정에 기초하여 민법도 대폭 수정되었다. '이에(家)'제도가 폐지되었고, 호주권, 가족 내에서의 남성 지배, 남편의 아내에 대한 권력 등이 폐지되었다. 역사상 처음으로 부부가 법적으로 동등한 권리와 의무를 갖게 된 것이다. 구체적으로는 부부의 자녀에 대한 친권의 평등한 행사, 아들딸 구분 없는 재산의 균등 분배 등이 규정되었다.

아내들은 더 이상 '무능력자' 취급을 받지 않게 되었고, 독립된 인격자로서 자신의 재산 처분도 가능해졌다. 정조 의무에 관해서도 부부 평등 원칙이 적용되어, 부정(不貞) 행위에 대해서는 남녀를 불문하고 이혼의 이유로 인정되었다. 이러한 민법 개정(1947.11.)에 이어 그동안 아내에게만 간통죄를 적용하던 형법도 폐지됨으로써, 여성들은 민법전 논쟁(1890) 이후 50년 이상 지속되어 온 억압에서 벗어나게 되었다.[32] 이에 더하여, 성별에 관계없이 '교육 기회균등'과 '남녀공학'을 내건 교육

---

[31] 『マッカーサー回想録』(加納実紀代, 『戦後史とジェンダー』, インパクト出版社, 2005, 77쪽에서 재인용).
[32] 田中寿美子, 『女性解放の思想と行動―戦後編』, 21-22쪽.

기본법, 성별을 이유로 임금을 차별해서는 안 된다는 내용과 '여자 및 연소자' 보호 조항을 담은 노동기준법(1947.4.)이 제정되었다. 특히 노동성이 야마카와 기쿠에를 초대 국장으로 하는 '부인소년국'을 설치(1947. 9.)한 것은 이상과 같은 법률적 정비의 결과이자, 이를 더욱 보완·촉진하기 위한 제도적 보장책이었다. 점령 정치하에서 여성해방이라는 기조 위에 일련의 정책들이 일사천리로 추진되는 가운데, 일본의 여성들도 한동안 중단했던 여권 신장을 위한 움직임을 재개하기 시작했다.[33]

2) 여성의 참정권 획득과 선거의 결과

점령기 〈부인공론〉의 페이지를 넘기노라면, 여성과 관련하여 남녀평등, [여성에게 있어서의] 패전과 평화, '미망인', 미국과 미국 여성(혹은 가정)의 네 가지 정도가 두드러져 보인다. 특히 여성의 참정권 부여로 상징되는 이른바 남녀평등 혹은 여성해방은 가장 뜨거운 관심의 대상이었다. 그리고 당시 여성들이 바로 그러한 시대의 변화를 실감할 수 있

---

33) 당시 개혁 정책에 관한 여성들의 긍정적인 반응의 내용에 관해서는 「戦後改革と女性 アンケート六四四人の声から」(加納実紀代, 『戦後史とジェンダー』)를 참조할 것.
― 패전 후 여성의 지위 향상을 예견한 일본의 여성운동가들은 1945년 8월 25일 재빨리 '전후대책부인위원회'를 조직하고, 여성참정권 부여 및 기타 여성의 정치적 권리에 관한 5항목을 정부와 GHQ에 제출했다. GHQ 역시 일본 여성 지도자들을 환대하였으며, 그들의 의견을 구하기도 했다. GHQ에서 여성 문제를 담당했던 에셀 위드(Ethel Weed)가 주로 의견을 구했던 상대는 가토 시즈에(加藤静枝), 하니 세쓰코(羽仁説子), 미야모토 유리코, 사타 이네코(佐多稲子), 야마모토 스기(山本杉), 아카마쓰 쓰네코(赤松常子), 마쓰오카 요코(松岡洋子) 등이었다. 이들이 발기인이 되어 새로운 여성 단체 〈부인민주클럽(婦人民主クラブ)〉이 결성(1946.3.16.)되었으며, 마쓰오카 요코가 초대 회장이 되었다. 그 외에 〈대일본부인회〉의 전국 지부가 새로이 조직되었고, 전시 중에 활동이 중지되어 있던 〈YWCA〉 및 〈그리스도교부인교풍회〉 등도 부활했다.

었던 대표적 사건은, 아마 앞서도 소개했던 1946년 4월 10일 실시된 총선거였을 것이다. 패전과 점령 정치라는 충격 후 7개월여 만에 치러진 전후 최초의 선거였다.

그런데 여성참정권 부여라는 여성해방의 상징적 사건을 목전에 두고 여성계가 보인 반응 가운데 쉽게 넘기기 어려운 구절이 있다. 바로 사회주의의 입장에서 참정권뿐 아니라 여성해방을 위해 오랫동안 힘을 기울여 왔던 야마카와 기쿠에의 발언이다.

> 부인참정권은 결코 우연히 주운 것이 아니다. 우리의 남편과 아들이 멀리 이역에서 흘린 피가 그 안에 담겨 있다. 그들이 흘린 피에 의해 독재 군벌은 절로 상처를 입고 쓰러졌다. 그 결과로서의 일본 민주주의와 그 일익(一翼)으로서의 참정권이다.[34]

기쿠에는 전후 일본 여성의 참정권 획득이 미국과 GHQ의 덕택이라 하지 않았다. 심지어 일본 여성들의 노력의 결과라는 표현도 생략되었다. 오히려 일본의 남성들이 흘린 희생의 대가로 표현한다. 그러나 모두가 알고 있듯이 당시 일본의 남성들이 독재 군벌에 대항하여 싸운 것은 아니었다. 그들이 독재 군벌의 침략 전쟁에 자발적으로 동조했던 것인지, 아니면 그들 역시 파시즘과 군국주의의 희생자였는지에 대해서는 의견이 엇갈릴 수 있다. 하지만 그들이 민주주의와 여성참정권 실현을 위해서 싸웠던 것이 아니었음은 명백하다. 그들은 전쟁이 벌어지기 전부터 결코 여성들의 정치 참여를 달가워하지 않았고 오히려 이를 저지했었기 때문이다. 그럼에도 불구하고 기쿠에가 여성참정권 획득이라는 역사적 사건에 대해 일본 남성들의 희생에 의한 것이라는 취지의 발

---

[34] 山川菊栄, 「解放の黎明に立ちて」, 『婦人公論』, 1946.4.

언을 하고 있다. 이것은 미국이 일본 남성들을 굴복시키고서야 여성참정권이 주어졌다는 현실을 그대로 받아들이기 어려웠던 당시 일본 여성들의 심정을 대변하는 것일지도 모르겠다.

여성의 참정권 획득이 결정되어 막상 첫 선거를 앞두게 되자, 여성참정권 획득을 주장해 왔던 여성운동가들조차도 불안감을 감추지는 못했다. 그들을 불안하게 만드는 가장 큰 이유는 일본 여성들에게 정치교육이 결여되어 있다는 점이었다.[35] 사실 이러한 염려가 여성에게만 해당되는 것은 아니었다. 일본의 남성들로서도 진정한 '자유의사에 의한 선거권 행사'는 사실상 처음이었기 때문이었다.[36] 그 때문에 첫 민주 선거에 대한 기대는 높지 않았다. 여성들의 정치의식이 낮은 것은 당연하며 그 결과에 실망할 필요는 없다, 오히려 진보적 결과가 나오는 것이 기적이라며 쉽지 않은 현실을 환기시켰다. 투표의 결과는 여성들의 현실을 보여주는 바로미터가 될 것이라는, 역사적 선거에 대한 다른 종류의 기대도 드러냈다.[37]

그러나 막상 투표가 끝나고 보니, 그 결과는 운동을 주도했었던 이들에게도 놀라운 것이었다. 여성 유권자 2,150만 중 67%가 투표에 참여한 것은 남성의 78%에 비해 특별하다고 할 수 없었다.[38] 그러나 여성 입후보자 83인 중 45%를 넘는, 자그마치 39명이 당선된 것은 남성뿐 아니라 여성 자신들에게도 충격적인 일이었다. 여성 자신들조차 이러한 상

---

35) 野上弥生子,「政治への開眼」,『婦人公論』1946.4.
36) 山川菊栄,「解放の黎明に立ちて」.
37) 山川菊栄,「解放の黎明に立ちて」.
38) 그러나 1947년의 총선거에서는 여성 중의원 후보 81인 중 15인, 참의원 후보 16인 중 10인이 당선되는 데 그쳤다(『日本婦人問題資料集成 第十巻 婦人問題年表』, 238쪽, 田中寿美子,『女性解放の思想と行動―戦後編―』, 6-8쪽). 지방의원을 선출하거나 혹은 선출될 수 있는 여성 공민권은 1946년 9월에 실현, 1947년 4월 첫 통일지방선거가 실시되었다.

　　　야마카와 기쿠에　　　미야모토 유리코

황을 기뻐한 것만은 아니라는 점을 주목할 필요가 있다.

　예를 들어 미야모토 유리코[39]는, 여성 39인이 당선된 것을 기뻐하기보다는 유권자의 정치적 수준이 여전히 낮다는 것을 반성해야 한다는 이치카와 후사에의 반응을 소개하면서, 서양에서의 결과와 현저히 다른 일본의 선거 결과에 놀라움을 표했다. 1918년 처음 여성의 참정권이 인정된 영국에서 동년 여성 17명이 입후보해서 당선자를 내지 못했다가 1923년에 8명, 1924년에 6명, 1931년에 15인의 의원을 배출한 것이나, 미국 와이오밍 주에서 참정권 획득 후 40년이 지난 1930년에야 상원 1명, 하원 6명의 당선자를 냈던 점을 상기시키며, 일본에서의 비정상적인 선거 결과에 대해 우려를 표했던 것이다.[40]

---

[39] 1899~1951. 소설가. 미국과 소련 체류의 경험이 있으며 1931년 일본공산당 입당. 미야모토 겐지(顕治)와 결혼. 1933년 검거된 후 겐지는 패전까지 투옥 상태였고, 유리코도 투옥과 집필 금지 처분 등을 받았으나 비전향을 지속했다. 전후에는 민주주의 문학의 창조를 주창했으며, 일본공산당의 재건, 신일본문학회와 부인민주클럽 창립을 위해 진력했다(『岩波女性学事典』, 岩波書店, 2002).

[40] 宮本百合子, 「一票の教訓」, 『婦人公論』, 1946.6. 예상 밖의 결과를 가져온 원인은 하나로 단정하기 어려웠지만, 여성 돌풍이 일어난 원인의 하나로서 일종의 중선거제인 '제한연기제(制限連記制)'의 부적당함이 언론에 의해 제기되었다. 동시에 3명을 선택하면서, 성향이나 주장을 제대로 파악하지 못한 채 그 안에

그에 더하여 유리코는 전후 생활 경제의 어려움 때문, 즉 이대로는 살기 어렵다는 절박감을 가진 여성들이 지푸라기라도 잡는 심정으로 '정치와 부엌의 직결', 혹은 '여성의 문제는 여성 손으로'와 같이 현실을 반영한 구호를 내건 여성 후보를 지지한 것이라 추측하기도 했다. "즉 여자라면 여자의 문제를 해결할지도 모른다는 막연한 여성들의 기대는, 시기상조임에도 강행된 선거 준비 중에 결코 신중하게 정당의 진의를 이해하는 데까지 고양되지 못했다."41) 그 결과 정당 당수들은 "여성에게 득표를 빼앗겼다."(婦人に得票をくわれた)라고 인식했고, 각 정당은 자당의 여성 의원에 대해 책임을 느끼지 않았으며 다만 '선전을 위한 장식물'에 불과한 것으로 여기고 있다고 탄식했다.42)

3) 여성의 정치 참여에 대한 실망과 우려

여성 의원들이 국회에 입성하자마자 우려는 현실이 되었다. 주목을 받은 것은 여성 의원들의 복장이나 도시락, 혹은 교통수단과 같은 부수적인 것들이었다. 여성 의원의 의회 연설은 남성 의원들과 언론의 야유를 받았고, '여성의 참가로 [의회와 정계에] 부드러운 분위기를 만들어낼 것이라고 자부하던 여성 의원들은 완전히 아연실색'43)할 정도였다. 의회의 분위기는 여성들에게 결코 호의적이지 않았고, 여성 의원들은 여성 문제를 해결한다는 구실로 스스로를 '여성 의원'이라는 틀 안에 가두며 블록을 형성하려 한다는 우려를 샀다. 준비되지 않은 여성 의원들이 대거 등원한 결과가 결코 긍정적인 것만은 아니었던 것이다.

여성 후보 하나를 끼워 넣는 방식으로 투표한 결과라는 것이었다.
41) 宮本百合子, 「一票の教訓」.
42) 宮本百合子, 「一票の教訓」.
43) 加藤シヅエ, 「議会から」, 『婦人公論』 1946.8-1946.9. 괄호 안은 필자.

여성들의 갑작스러운 정치 참여에 대해 우려를 표한 것은 〈부인공론〉의 필자로 나선 이른바 '진보적인' 남성 지식인들도 마찬가지였다. 중앙공론사 주변에서 활동하던 남성 필자들은 일반 대중이나 보수적인 남성들에 비해 당시의 정치·사회적 상황이나 여성 문제에 대해 이해가 깊은 편이었을 것이다. 더구나 〈부인공론〉이 여성해방을 주된 논조로 하는 진보적 잡지였던 만큼 이에 대해 기본적인 이해와 동의가 있었으리라고도 생각된다. 하지만 이들 역시도 돌연한 여성해방 정책의 실시에 대해서 환영보다는 상당한 우려를 표하고 있었다.

조선총독부와 육군성 근무 경력이 있는 법제사학자 후지타 쓰구오(藤田嗣雄)의 경우, 신헌법 제정에 따른 여성해방의 의미를 긍정하면서도 이것이 "[일본] 부인의 노력에 의해서 얻어진 것이 아니라 인류의 다년에 걸친 자유 획득의 노력의 성과"라는 점을 강조했다. 따라서 일본의 여성해방에는 '취약성이 내포'되어 있음을 간과해서는 안 된다는 것이다.[44]

이러한 견해는 〈중앙공론〉의 편집 주간과 부사장을 지낸 바 있고 〈부인공론〉에 여성들을 위한 정치 관련 코너를 게재하기도 했던 정치

---

[44] 藤田嗣雄,「婦人の新しい地位と将来」,『婦人公論』1947.8. 괄호와 강조는 필자. 그는 앞으로도 당분간은 여성의 지위 향상에 적지 않은 장애가 있을 것이라며, 예측되는 문제와 그 해결 방식에 대해 다음과 같은 전망을 내놓기도 했다. 첫째, 정신적 반대로서 옛 호주, 조부모, 부모, 또는 남편의 보수적 사상, 친족이나 본가·분가에 관련된 옛 관습 등이 부인의 새로운 지위 수립에 큰 방해가 될 것이다. 둘째, 가독상속 제도 및 지주 제도 등에 의한 방해가 예상되지만, 이는 법률적 조치에 의해 어느 정도 해결될 것이다. 셋째, 점차 줄어들고 있기는 하지만, 여성이 결혼을 자신의 생활 수단으로 삼아 남성에게 의존하는 한 여성의 종속적 지위는 지양되지 않을 것이며, 이러한 문제는 무산계급 여성보다 유산계급 여성에게 더욱 해당된다. 넷째, 의식주의 극도의 궁핍이 여성의 지위 향상을 방해하고 있으나 이것은 시간과 함께 점차 해소될 것이다. 이와 같은 것 등이었다.

학자 로야마 마사미치(蠟山政道)도 마찬가지였다. 그는 일본 여성의 선거권을 '달을 채우지 못한 분만(月足らずの分娩)', 혹은 '미숙한 채 떨어진 과실(未熟のまま落ちた果実)' 등에 비유했다.45) 만일 선거권이 여성 자신들의 손에 의해 획득된 것이었더라면 여성의 정치적 관심을 크게 환기시켰을 것이나, 일방적인 방식으로 너무 간단히 주어져버린 것이 문제라는 것이다. 여성의 투표율이 예상보다 높은 것에 대해서도 부정적이었다. 정치적 관심이 높아서가 아니라 오히려 권위와 전통에 충실한 일본 여성이 종순(從順)한 결과라고 보았으며, 여성들이 얼마나 남편의 영향을 벗어난 자주적인 투표를 하고 있는지에 대해서도 의구심을 품었다.46)

후지타와 로야마가 여성의 정치 참여에 대한 우려를 학자다운 점잖은 방식으로 드러낸 데 비해, 정치 풍자 만화가 곤도 히데조(近藤日出造)의 야유는 풋내기 여성 정치인에 대한 당시 여론의 실상을 좀 더 실감나게 전해준다. 자신이 가상의 여성 정치인의 입장이 되어 1인칭 독백의 형식을 취한 문장에서, 곤도는 스스로를 '정치적 견해, 역량'은 전혀 없는 '무위무능한 백치'라고 자인하면서, 가정에서 주부들이 학대받는 현상이 국회 안에서도 반복되고 있다고 한탄했다.47) 의회 안에서 존재감

---

45) 蠟山政道, 「女性の政治的関心を阻むもの」, 『婦人公論』 1950.2.
46) 로야마는 남성은 본능적으로 권력욕, 명예욕, 투쟁의식, 이해타산 등이 강한 반면, 여성은 정치문제에 대해서 무관심하고 소극적이라고 보았다. 그 원인에 대해 첫째는 사회적으로 해석할 수 있는바, 일본에서 정치의 단위는 가족이지 개인이 아니며, 정치문제는 외부의 일로 간주하여 가족을 대표하는 '주인(主人)'이 담당하는 것으로 간주되기 때문이라고 보았다. 둘째는 여성에 대한 정치교육이 부재한 때문인데, 특히 가사에 쫓기는 여성에게 시간적 여유가 없기 때문이라는 것이다. 그는 여성의 정치적 무관심의 원인은 경제적인 것과 무관하며, 가족제도와 교육부재라는 정신적·심리적 구속에 의한 것이라고 보았다(蠟山政道, 「女性の政治的関心を阻むもの」).
47) 近藤日出造, 「われもし婦人代議士なりせば」, 『婦人公論』 1950.11.

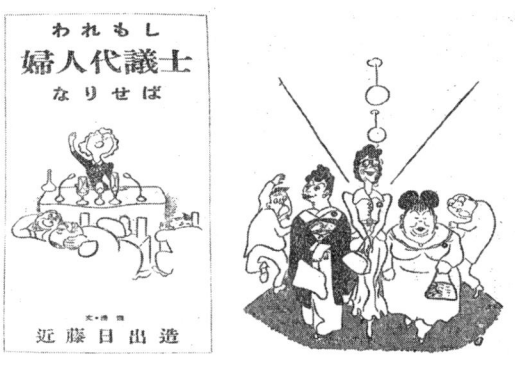

곤도 히데조의 글에 실린 삽화들

이 없는 여성 의원들은 화장을 진하게 하고 원 내를 어슬렁거림으로써 남성 의원들의 뇌리에 존재감을 남기자는 그의 제안은,[48] 당시 여성 의원들이 얼마나 무능하고 존재감 없는 상태였는지를 냉소하기 위한 것이었다.

돌연하게 주어진 여성참정권에 대한 불안과 염려는 보편적인 여론이었던 듯하지만, 실망에 빠져있을 수만은 없었다. 특히 당사자인 여성들은 더더욱 그러할 터였다. 현재의 상황을 인정하고 이를 극복하기 위한 방법을 생각해 내야 했다. 여성 의원들이 각자가 속한 정당 안에서 자신들이 내건 공약을 실천할 수 있도록 당내의 지지를 이끌어내는 것, 정당 조직 내에 적극 개입하여 '여성들의 공약'을 '정당의 공약'으로 만들 수 있는가가 관건이 될 것이라고 지적한 것은 그 하나의 사례였다.[49]

남녀평등을 위한 외부적 조건이 어느 정도 갖추어졌으니 이제 여성들이 그에 부응해야 할 차례였다. 기쿠에는 '부인소년국' 초대 국장 취임에 즈음하여 여성들의 반성과 자각을 촉구했다. 여성은 자기중심적

---

48) 近藤日出造,「われもし婦人代議士なりせば」.
49) 宮本百合子,「一票の教訓」,『婦人公論』1946.6.

이고 감정적이며 자기 연민에 빠져 이성적으로 문제를 해결하려는 태도를 결여하고 있다고,50) 이제까지와는 사뭇 달리 여성들의 현상에 대해 자기비판을 가했다. 나아가 경제적・정신적 독립심을 결여하고 의지하려는 경향이 강한 여성들이 변하지 않는 한 부인소년국의 설치가 모든 문제를 해결해 주지는 않을 것이라고 단언했다. 정치의 밖에서 여권의 강화를 위한 요구 조건을 내놓던 시절과는 사뭇 다른, 정책 담당자로서의 입장을 반영한 셈이었다. 참정권을 요구하던 여성에서, 이미 정치에 참여하는 여성이라는 현실의 변화와 조응하는 것이기도 했다.

한걸음 더 나아가 미국식의 이른바 '레이디 퍼스트(lady first)'의 의례가, '여성은 남자보다 약하다, 그러니까 배려하지 않으면 안 된다'는 식으로 '여성을 열등시한다는 점'을 들어 반대하는 주장도 제기되었다. 여성에 대한 배려가 도리어 평등을 넘어 여성을 버릇없게 만든다는 것이다. 21세기에도 온전하게 실현되지 않은 여성에 대한 배려가 점령기 일본에서 과도하게 달성되었으리라고는 생각하기 어렵다. 그럼에도 남녀평등이 법률화되자마자 이에 대한 과도한 경도를 경계하는 발언이 나오고 있는 것이다. 프랑스인 남편을 따라 오랜 해외 거주 경험을 가진 여성의 입을 통해 '여성・아동 전용차'를 거부해야 한다51)는 등의 주장이 제기되고 있는 것은, 그토록 오랜 시간 동안 남녀평등과 여권 존중을 주장해 왔으면서도 막상 그것이 실현될 가능성이 보이기 시작하자 지레 어색해하는 당시 일본 여성들의 일면을 상징적으로 보여주는 것이었다. 이는 전후 여성에 관해 급격하게 진행된 변화를 받아들이는 과정에서 보이는 일본 여성들의 과도기적 반응이라 해석할 수 있을 것이다.

---

50) 山川菊栄,「女性の解放」,『婦人公論』1947.11.
51) 村松嘉津,「女を甘やかすな」,『婦人公論』1948.2.

4. 가사노동으로부터의 해방과 미국

1) 편리한 가전제품과 가사노동 해방

전후 여성해방과 관련하여 참정권만큼이나, 어쩌면 그 이상으로 여성들의 피부에 와 닿는 문제는 아마도 '가사노동'에 대한 부담이었을 것이다. 법률적인 남녀평등의 선언에도 불구하고 여전히 실생활에서 여성의 지위 향상을 실감할 수 없는 것은, 바로 가사노동의 부담에서 자유롭지 못하기 때문이라는 해석이 당시에도 힘을 얻었다. 21세기에도 풀리지 않는 가사와 직업의 병행이라는 문제는 여성의 가사와 육아에 대한 사회적 지원이 거의 전무한 점령기 일본에서는 더욱 심각할 수밖에 없었다.

그런데 이러한 가사노동의 부담은 패전 후 일본인에게 거의 무조건적인 동경과 모방의 대상이었던 미국인의 생활과 대조하는 방식을 통해 더욱 노골적으로 드러났다. 그들의 눈에 일본 여성은 가사노동의 부담에 쫓겨 시간의 여유가 없는 반면, 미국 여성들은 그와 대조적으로 독서나 파티, 사교와 오락의 시간이 많아 보였다.[52] 그리고 바로 그 차이가 미국 여성과 일본 여성의 지위의 차이, 생활의 차이를 낳는 원인으로 보였다. 즉, 가사로부터의 해방 여부가 여성해방과 직결되는 것으로 여겨졌던 것이다. 따라서 그러한 차이를 가져온 것이 무엇인지가 당장의 관심이 되는 것은 당연했다. 아마도 이러한 맥락 속에서, 편리한 '가전제품'이 여성해방을 위한 답으로 제기되었던 것으로 보인다.

미국인의 가정생활에 대한 동경은 남녀를 가리지 않는 것이었지만, 특히 가전제품에 대해서는 일본의 남성들이 더 강한 인상을 받았던

---

52)「アメリカ娘座談会」,『婦人公論』1950.7.

듯하다. 1920년대 10여 년간 미국에 유학한 경험을 가진 화가 데라다 다케오(寺田竹雄)는 '남편'들로 구성된 좌담회 중 여성해방과 가사의 관계를 다음과 같이 표현했다.

> 여성의 해방은 뭐니 뭐니 해도 의식주로부터다. 예를 들면 미국에서는 합리화된 생활을 하고 있어서 버튼 하나만 누르면 뭐든 다 될 정도로 발전했기 때문에, 여자가 남자보다도 책을 많이 읽고 있다. 또한 일본에서는 [여성이] 자기 방을 갖지 못한 것이 여성이 해방되지 않는 근본적 이유의 하나라 생각한다.[53]

반세기가 지난 지금도 가사노동은 여전히 해결되지 않는 문제로, '버튼 하나만 누르면 뭐든 다 될 정도'의 세상이 실현되는 길은 요원하다. 이는 미국도 다르지 않으며, 50여 년 전이라면 더더욱 그러할 터였다. 심지어 가전제품의 발달이 도리어 가사노동에 대한 기대치를 높여, 여성의 가사노동 시간이 줄기는커녕 오히려 늘어나는 경향이 있다는 것은 더 이상 새로운 주장이 아니다. 그럼에도 불구하고 데라다는 미국 여성들은 가사노동으로부터 해방되어 있다고 단언하고 있는 것이다. 여성이 자기 방을 갖는 것이 여성해방과 밀접한 관계를 갖고 있다고 보는 것도 흥미롭다. 그는 '의식주' 문제가 여성해방과 직결된다고, 무엇보다 손가락 하나로 가사노동이 해결되면 독서 시간이 증가하여 여성의 지위 향상으로 이어진다는 식의 지극히 단순한 인식을 가졌다.

빙설(氷雪) 연구의 권위자인 물리학자 나카야 우키치로(中谷宇吉郎)도 미국을 방문한 후 〈부인공론〉에 비슷한 내용의 글을 투고했다. 그는 미국 주부들이 가사노동으로부터 해방되어 얼마나 안락한 생활을

---

53) 「座談会 妻の自由と幸福のために」, 『婦人公論』 1948.8. 강조는 필자.

하고 있는지를 다음과 같이 표현했다.

> 가정부를 쓰지 않고 자신도 밖으로 일하러 나가기에 미국 주부의 생활은 매우 바쁘다. 대신 집안의 설비는 어디든 놀랄 만큼 완비되어 있다. 특히 부엌은 아주 잘 되어 있어서, 예를 들면 전기냉장고와 세탁기가 없는 가정은 절대 생각할 수 없을 정도다. 오븐[天火]이나 조리대[料理台]도 물론 완비되어 있다.54)

이상과 같이 '놀랄 만큼 완비되어' 있는 부엌 설비의 소개에 이어, 냉장고의 보급에 따라 직업여성들이 간편하게 이용할 수 있는 냉동 음식이 매우 발달하는 등, 식생활에 큰 변화가 생긴다는 점도 다음과 같이 소개했다.

> 직장에서 돌아와 저녁에는 자동차로 부근의 식료품점에 가서 4-5일분의 식량을 사 온다. 야채도, 고기도 요즘은 냉동품이 급속히 많아져서, 캔의 시대는 그야말로 과거의 이야기가 되고 있다……직접 요리한 따듯한 음식은 일반적으로 저녁에만 먹는다. 아침으로는 커피와 빵에 식은 고기(冷肉), 기껏해야 계란을 부치는 정도다……저녁식사만 자동 조리기로 요리한 따듯한 음식을 일가족이 모여서 함께 먹는다.55)

그가 말하는 '자동 조리기'란 시계 장치[時計仕掛]가 달린 오븐을 지칭하는 것이었다. 그의 소개에 따르면, 간단히 조리한 음식을 오븐 안에 넣고 시간을 지정해 두면 불이 자동적으로 꺼지기 때문에 주부가 '부엌에 있을 필요가 없다'. 더구나 이는 '극히 보통의 샐러리맨 가정'에서도

---

54) 中谷宇吉郎, 「アメリカの婦人生活」, 『婦人公論』 1950.1. 강조는 필자.
55) 中谷宇吉郎, 「アメリカの婦人生活」. 생략은 필자.

나카야 우키치로 　　　가나모리 도쿠지로

대략 구비할 수 있는 정도이다. 그렇지 않다면 '맞벌이를 하면서 건강한 생활을 할 수는 없었을 것'이었다.

하지만 그가 시계 장치보다 일본 여성이 더 부러워하리라 생각한 것은 미국 가정의 '부엌' 그 자체였다.

> 부엌은 어느 집이나 아주 청결하고 또 능률적으로 만들어져 있다. 새하얀 자기 개수대와 검은 색의 가스대(가스레인지)가 아름다운 대조를 이루며 한 쪽에 정렬되어 있다. 가스대는 보통 4개 정도의 냄비를 올릴 수 있으며, 각각의 가스 손잡이가 앞쪽에 늘어서 있다. 각 손잡이를 돌리면 그에 이어진 곤로가 자동적으로 점화된다. 성냥도 필요가 없다……매우 편리하다.[56]

그는 매우 청결한 부엌, 특히 개수대, 조리대, 가스대, 전기냉장고, 식기대가 일종의 장식이 되어 있으며, 부엌과 욕실은 물론이고 각 방에 있는 세면대에서도 항상 온수가 나온다고 소개하면서, 미국 가정의 부엌을 이상적인 것으로 그려냈다. 그러고서는 이처럼 편리한 생활 시스

---

56) 中谷宇吉郎, 「アメリカの婦人生活」. 생략은 필자.

템을 "매우 적극적인 생활"이라는 말로 표현했다.

> 열심히 일해서 돈을 벌고 그 돈으로 가정의 설비를 개선하고 이렇게 생활의 능률을 높임으로써 생겨난 시간을 밖에서 일에 사용, 다시 돈을 번다. 이러한 방식으로 적극적으로 가계를 풍성하게 하고, 동시에 국가 전체의 생산을 높이고 있는 것이다.[57]

이러한 적극적인 생활을 통해 미국의 여성은 가사노동에서 완전히 해방되었으며, 이러한 의미에서 미국에는 '부인 생활'이 아니라 완전한 남녀동권이 이루어진 '미국인의 생활'만이 있을 뿐이라는 것이 그의 평가였다.[58] 미국에서의 남녀평등을 사실상 여성들의 가사노동 해방과 동의어로 인식하고 있었던 것이다.

헌법학자로서 요시다(吉田茂) 내각에서 국무대신을 역임하기도 했던 가나모리 도쿠지로(金森徳次郎) 역시 미국 방문 당시 미국인의 가정을 방문했을 때의 경험을, 단순한 가사 해방을 넘어 가정의 식탁 분위기와 연결시켜 소개했다. 사실 그는 미국에 가기 전부터 지인들에게 미국은 '부인 존중의 나라'이니 행동거지에 주의하라는 조언을 들었던 참이었다. 이는 거짓이 아니었다. 실제 미국에 가서 일반 공공장소에서 이루어지는 여성에 대한 예우를 보노라니, '이런 식으로라면 가정에서 남편이라는 존재가 과연 양성평등의 최저 기준을 채울 수나 있겠는가 걱

---

57) 中谷宇吉郎,「アメリカの婦人生活」.
58) 中谷宇吉郎,「アメリカの婦人生活」. 미국의 가정에 대한 과장된 환상을 경계해서인지, 〈부인공론〉에서는 미국인 여성들의 대화를 담은 「アメリカ娘座談会」(1950.7.)를 게재하기도 했다. 그들의 입을 통해서, 미국 여성들이 시간이 많아 보이는 이유는 편리한 설비의 사용뿐 아니라, 상부상조와 사회단체의 도움, 남편의 협조를 얻어 미리 일정을 조절하는 등의 다른 이유들이 있다는 사실을 제시하고 있다.

정'될 지경이었다. 즉, 미국에서의 여성의 지위가 남녀평등 수준을 넘어 여존남비에 가까워 보였던 것이다. 하지만 미국인의 가정을 방문해보니 실상은 또 다른 것이었다.

> 가정을 방문해서 저녁을 대접받아 보니, 이럴 수가, 여존남비의 모습은 거의 없고 양자는 거의 보기 좋게 평등한 지위에서 유쾌하게 접대해 준다. 그렇다고 남존여비는 아니지만 그 반대도 아니다. 가정마다의 모습은 가풍의 차이는 있지만 적당한 분업이다……[일본과 달리 미국에서는 대개 요리의 종류가 적기 때문에 처음에 한 번 식탁 위에 차려두면 주부가 자리를 떠날 필요가 없고, 주부가 담소의 중심이 되는 경우가 많다. 요리의 부족을 주부의 말솜씨로 보충하는 경우도 많다……다소의 분업은 있지만 완전히 평등한 듯하다.[59]

실제로 목격한 미국 가정에서 여성의 가사 해방을 돕는 것은 가전제품만이 아니었다. 미국식의 접대 문화 자체가 일본과는 달리 남녀평등을 구현하기에 적절한 것이었다. 즉, 주부가 끊임없이 부엌을 오가며 음식을 접대하느라 손님과의 대화에서 소외되기 쉬운 일본과 달리, 요리의 종류가 적고 또 식사 중 자주 부엌을 드나들 필요가 없는 미국의 음식 문화가 실생활에서 여성의 해방을 한걸음 가깝게 하는 것으로 보였다. 이러한 식생활 문화가 있기에 비로소 부부가 대등하게 손님을 접대할 수 있고 남녀평등을 실현할 수 있는 것이라 여겨졌다.

점령기 〈부인공론〉에 나타난 '미국'과 '미국 여성'에 관한 기사들을 살펴보노라면, 가사노동으로부터의 해방, 특히 가전제품의 편리함에 대해 집중적으로 소개하고 있는 것은 [가전제품을 주로 사용하게 될]

---

[59] 金森徳次郎,「あめりか婦人の多様性格」,『婦人公論』1950.5. 괄호와 생략은 필자.

여성 당사자보다 남성들이 다수라는 점이 두드러진다. 이상과 같은 남성 지식인들의 미국 가정 찬미 혹은 동경은, 오히려 여성들의 문제 혹은 생활의 실제에 대한 관심과 이해가 그다지 깊지 않음을 반영하는 것이 아니었을까.

2) 미국의 가정생활에 대한 인식

그러나 점령기 〈부인공론〉의 필자들이 당시 미국 여성들의 생활에 대해, 오로지 가전제품의 편리함과 접대 문화의 차이만을 강조하는 식의 피상적인 이해로 일관했던 것은 아니다. 관료 출신 사회학자 아카사카 시즈야(赤坂静也)는 이러한 식생활 문화를 가능하게 하는 힘, 일본 여성과 미국 여성의 차이를 만드는 보이지 않는 원인에 대해 다음과 같이 설명했다.

일단 그는 '여성이 가정 밖에서 일하기 위해서는 일상생활의 합리화가 촉진되어야' 한다는 사실을 전제로 삼는다. 그리고 이것이 '일본에서도 결코 새로운 문제는 아니지만 실질적인 문제로서 거의 해결되어 있지 않다'는 점을 지적하면서, 미국을 그와 대조적인 위치에 둔다. 그는 미국에서 '산업혁명 문제가 오늘날 다시 중요시되고 있는' 중요한 이유로서, 미국인들에게는 '산업혁명의 효과를 인간 전체의 행복 증진까지 확대하려 하는 정신'이 있기 때문으로 보았다. 그리고 이러한 인식의 연장선상에서 미국에서의 가사노동 문제를 짚어낸다.

> 미국의 취사나 세탁, 청소 등의 가정용구 개선은 현재 우리들이 부러워하는 것이지만, 그러나 그보다도 여성을 위해 모든 방안을 강구하여 의식주 전반에 걸쳐 대대적인 생활개선을 행하는 사람들이 있는 것이 가장 선망되어야 할 것이다……[주택을 건설해서 판매하는 제공자 측에

서 생활개선의 의사가 없다면 언제까지고 생활의 향상을 기대할 수 없다……생활개선이 미국에서처럼 일본에서 이루어지고 있지 않은 것은 것은 빈곤 때문이라고 여겨지고 있다. 그러나 나는 그렇게 생각하지 않는다. 미국에서는 하나하나의 문제를 해결하고 실행하지만, 일본은 해결하려 하지 않고 실행하려 하지 않는다. 빈곤은 그 원인이 아니라 결과이다.60)

그에 따르면 여성을 위한 가사노동 경감에 있어 미국과 일본의 차이를 만들어내는 것은 가전제품과 같이 손에 잡히는 도구가 아니라 "생활개선의 의사(意思)"였다. 하나하나의 문제를 해결하고자 하는 노력, 실행하려는 적극성이 결여되어 있다는 점은 미국과 일본의 생활 문제, 여성의 가사 해방이라는 문제에 있어서 일본이 안고 있는 약점이었다. 문제는 이러한 일본인의 성향만이 아니라, 제도적인 차이와도 관련되어 있었다.

일하는 여성의 가정을 보육하기 위해 가족 각각의 책임과 협력 관계를 정하는 것은 각 가정에서 해결하지 않으면 안 되지만, 이를 원호하기 위한 제도나 공공시설, 사회사업이 미국에서 어떻게 행해지고 있는가 하는 문제는 연구해볼 필요가 있다……전체적으로 보고 느껴지는 것은 필요한 다방면에 걸쳐 구석구석 손길이 미치고 있다는 것이고, 그에 의해 문화가 지켜지고 문화의 진보가 보장되고 한편으로 비극[悲慘事]으로부터 인간을 구해내고 있는 것이다. 이는 분명 미국의 문화적 수준을 제고하는 데 기여하고 있다……생활의 합리화는 생활을 긴축하는 것이 아니라, 문화의 진보로서 계획되지 않으면 안 된다.61)

---

60) 赤坂静也, 「働く女性と家庭の問題」, 『婦人公論』 1950.8. 괄호와 생략은 필자.
61) 赤坂静也, 「働く女性と家庭の問題」. 생략은 필자.

이처럼 미국 가정의 가전제품에 대해 강한 관심을 보이는 한편, 결코 그것만으로 여성의 시간이 확보되는 것은 아니라는 점이 함께 지적되었다. 무엇보다 이를 개선하기 위한 노력의 유무에서 미국과 일본의 차이를 찾고 있었던 점은, 눈앞에 있는 신기한 가전제품에 시선을 빼앗기는 일차적인 수준을 넘어서는 것이었다. 그는 편리한 설비의 소개에 더하여 여성의 시간 확보를 위한 다양한 노력, 예를 들면 효율적인 가사 처리를 위해 이웃과 상부상조하거나 유사시 남편과 미리부터 시간 조율을 하는 등의 개별적 노력뿐 아니라, 탁아소와 같은 사회사업 단체의 도움을 받고 있는 조직적인 움직임도 함께 소개하였다.[62]

미국인 여성이자 '디트로이트 뉴스'의 특파원이었던 듀(G. Dew)가 소개하는 당시 미국 여성들의 생활에 대한 내용은, 일본 필자들의 글과 비교해서 읽어볼 때 더욱 흥미롭다. 그는 먼저 미국의 여성들은 남성과 마찬가지로 5세 때부터 학교에 다니면서 남학생과 같은 내용의 교육을 받으며, 장래의 인생과 결혼 생활에 자각한다고 설명했다.[63] 하지만 미국 여성의 생활에 대한 일본인들의 과도할 만큼 긍정적인 상상에 대해서는 선을 그었다.

> 다른 나라의 사람들은 영화만으로 미국인을 판단하는 경향이 있지만, 그래서는 미국인의 생활에 대해 완전히 잘못된 관념을 갖게 됩니다. 영화에서 보는 듯한 화려한 생활을 하는 사람은 정말 소수의 사람들입니다. 보통 미국인의 생활은 6실(室)에서 8실(室) 정도의 작은 집에 살며, 일가에 3명 정도의 아이가 있는 것이 보통입니다. 매일 주부는 조식을 준비하고 아이에게 학교에 갈 준비를 시키며, 남편 출근을 배웅합니다.

---

62)「アメリカ娘座談会」,『婦人公論』1950.7.
63) グウェン・デュウ,「女性よ！共に手をつないで」,『婦人公論』1947.7.

그러고서는 청소를 하거나 세탁을 하고 특별한 과자나 파이를 굽기도 합니다. 그리고 가정을 가능한 바람직한 모습으로 건설해 갑니다. 일본에 보급되어 있지 않은 다양한 편리한 도구, 예를 들어 토스트기[パン焼器], 커피 메이커[電気のコーヒーわかし], 진공청소기[床を掃除する電気吸塵器], 음식물을 신선하게 보관하기 위한 전기냉장고, 전기 오븐 등, 전기에 의해 가사가 능률적으로 처리됩니다.[64]

미국의 부인들은 일본 부인들이 하는 것과 같은 것을 전부 합니다. 다만 우리들은 좀 더 빠르게, 쉽게 할 수 있도록 근대적 설비의 도움을 받을 뿐입니다. 이 때문에 우리들은 책을 읽거나 운동에 참가할 수 있고, 밤에 남편이 오기 전에 휴식을 취하거나 준비를 할 여유가 주어집니다……학부형회에 입회할 시간도 생깁니다. 또 클럽에 가입해서 역사나 문학, 예술이나 국제 문제를 연구합니다.[65]

미국 여성 자신이, 그것도 언론인이 소개하는 이상의 내용이 당시 미국 여성들의 생활의 실상에 대해 아마도 가장 근접한 것이라 추측해도 무리는 없을 것이다. 그 역시도 가전제품의 편리함을 부인하지 않았지만, 결코 '버튼 하나만 누르면 다 될' 정도가 아니라는 점을 강조하는 것도 빠뜨리지 않았다. 미국의 여성들도 '일본 부인들이 하는 것과 같은 것을 전부' 한다는 것이다. 다만 다양한 설비를 이용하여 가사에 들어가는 시간을 줄임으로써 확보한 시간을 어떻게 사용할 것인가를 더욱 힘주어 설명했다.

이외에 〈부인공론〉에 실린 일본 여성들의 기사에서는 일본 남성들이 그랬던 것과 같은, 미국 여성의 생활에 대한 과도한 미화나 이상화

---

64) グウェン・デュウ, 「女性よ!共に手をつないで」. 강조는 필자.
65) グウェン・デュウ, 「女性よ!共に手をつないで」. 강조와 생략은 필자.

된 기술을 찾기 힘들다. 대부분의 기사는 주로 미국 여성들의 적극적인 정치 참여에 관한 내용이 많았고, 가사노동에 관한 기술을 하는 경우에도 긍정적으로만 표현하는 것은 아니었다. 그보다는 일본에 비해 어느 정도 가사노동에서 벗어났음에도 불구하고 여성의 사회적 활동이 쉽지 않은 현실에 착목하여, '가정과 직업을 어떻게 병행할 수 있을 것인가'라는 다소 현실적인 고민을 하는 경향이 강했다. 즉, 일본에 비해 사회 진출을 위한 여건이 다소 호전되었다고는 해도 여전히 가정과 직업, 사회 활동을 병행하는 것이 결코 쉽지 않다는 점을 빠뜨리지 않았다.[66]

그럼에도 불구하고 미국인들이 사용하는 편리한 가전제품을 동경하고 가사노동의 해방이 곧 여성해방으로 이어진다는 식으로 주장하는 경향은, 점령 정치가 끝난 이후에도 완전히 사라진 것은 아니었던 듯하다. 18년 동안 두 자리 경제성장률을 기록했던 고도성장기(1956~1973), 일본 국민들이 가장 열광했던 대표적인 상품 가운데 냉장고·세탁기·텔레비전(혹은 청소기) 등 가전제품이 다수 포함되어 있었던 것은 결코 우연이 아니었다. 이는 점령기 여성잡지에 '가사 해방에 대한 열망'이 얼마나 강렬하게 나타났는지를 확인함으로써 비로소 이해할 수 있다.

5. '여성해방'을 둘러싼 인식의 교차

일본의 패전 후 모든 질서와 생활이 새롭게 구축되는 시기였던 점령기, 일본인들이 당시까지 옳다고 믿었던 사실과 가치관이 대부분 붕괴되었다. 자신들의 손으로 결코 달성할 수 없었던 여성해방이 선언되었으며,

---

[66] 谷野せつ,「アメリカ視察婦人団 アメリカの婦人たち」,『婦人公論』1950.8.

미국은 새로운 규범이자 동경의 대상으로 등장했다. 이 모든 것들은 사실 일본인들이 의도한 것은 아니었지만, 거부할 수 있는 것도 아니었다. 남은 과제는 이를 어떻게 인식하고 이해하고, 또 적응하는가였다. 이러한 과정 속에서 나름의 논리와 해석이 필요했고, 시행착오를 겪으면서도 이를 어떻게 전향적으로 수용할 것인가가 중요했다.

〈부인공론〉은 바로 그를 위한 무대가 되었다. 무엇보다 여성 문제에 대한 진지한 관심에서 출발하여 오랜 역사를 거쳤고, GHQ와 비교적 우호적인 관계를 유지하거나 또는 그 정책을 잘 이해하는 인물들이 잡지 재건의 주축이 되었다. 〈부인공론〉은 바로 점령기 여성 정책에 대한 일본 지식인들의 반응이 비교적 잘 드러나는 매체가 되었고, 단순히 감정적인 불편함이나 맹목적인 환영이 아니라 각자가 가진 지식과 논리를 곁들여가며 여성 정책에 대해 논의를 전개할 수 있는 공간이었다.

본고에서는 이를 '여성참정권'과 '가사노동'이라는 두 가지 항목으로 제한하여, 〈부인공론〉에 실린 기사를 중심으로 살펴보았다. 둘 다 이른바 '여성해방'을 논할 때 빠지지 않는 것이다. 전자는 전전부터 여성운동에서 가장 중요시되었던 무게감 있는 주제라면, 후자는 여성들의 실생활에 가장 밀접한 문제였다. 특히 후자는 전후 일본인에게 특별한 존재가 되었던 '미국'의 표상과도 관련되어 있다는 점에서 특히 흥미로운 소재이기도 하다.

본문에서 이미 살펴보았던 것처럼, 준비 과정 없이 주어진 여성참정권은 여성의 정치 참여에 대한 우려와 그로 인한 곤혹으로, 왜곡과 과장을 통해 전해지는 미국 가사노동 해방의 소식은 가사노동 해방에 대한 과도한 기대와 미국에 대한 막연한 동경으로 이어지기 쉬웠다. 그러나 결국은 이를 극복하면서 여성 자신들의 자각과 반성, 미국인의 가전제품에 대한 막연한 동경을 그 배후의 제도와 가치관에 대한 관심으로 전환해 가는 모습을 엿볼 수 있기도 하다.

점령기의 논의가 주로 주어진 변화에 대한 반응과 해석, 이를 수용해 가는 과정이었다면, 일본 여성들 스스로의 존재와 생활에 대한 본격적인 물음은 바로 점령 정치의 종결과 맞물리는 1950년대 초반부터 시작된다. 이른바 '주부논쟁'이라고 불리는 것인데, 이 또한 〈부인공론〉의 지면을 중심으로 벌어진다는 것도 우연은 아닐 것이다. 그러한 점에서 본고에 이은 후속 연구가 필요하다고 하겠다.

현대일본생활세계총서 **4**
전후 일본의 지식 풍경

전후 일본의 지식 풍경

05 전후 재일조선인의 해방운동과 지식의 정치성*
〈민주조선〉, 〈진달래〉의 시대와 기억의 정치

조관자

〈진달래〉 표지 모음

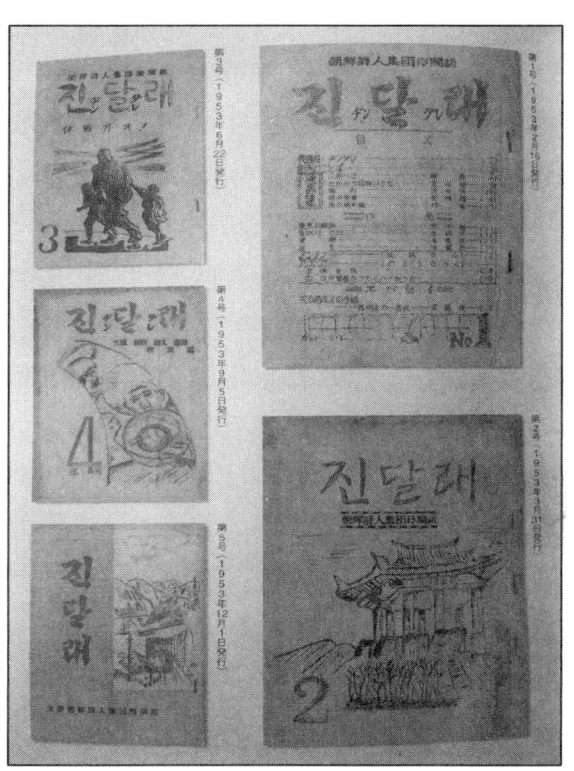

* 이 글은 한국일본사상사학회 편, 『일본사상』 제22호(2012)에 실린 초고를 수정·보완한 것이다.

1. 재일조선인의 지식 형성과 정치성

전후 재일조선인운동 속에서 배태된 재일조선인 담론의 가장 핵심적인 사상(事象)은 민족성과 정치성에 있다. 일본의 민족 차별에 맞섰던 민족 정체성의 논리는 한국의 민족주의를 보완하며 한국인의 민족 감정과 공감되었다. 하지만 재일조선인이 권력을 행사하는 주체로서 갖는 정치성 및 정치 담론의 층위에 대한 관심은 깊지 않았다. 재일과 한국 사회의 당파성에 대한 불관용이 재일조선인 담론의 정치성에 대한 논의 자체를 위축시킨 측면도 있다. 물론 재일조선인의 저항적 정치성은 일본과 한국에 잘 알려져 있다. '조국 밖에서 조국으로부터 버림받은 채, 일본의 동화 권력과 싸우면서 통일국가 건설을 추구한' 재일조선인이란 표상은 전혀 낯설지 않다.[1]

그러나 기민(棄民)의 서러운 기억과 표상은 일본과 조국의 정치 전선을 넘나들며 재일조선인이 권력 운동의 주체로서 활동했던 역사를 구체적으로 드러내지 않는다. 희생자 이미지와 저항 논리만으로 재일조선인의 생활세계 및 운동사의 역동성을 포착할 수 없다. 특히 전후 혼란기의 '예외 상태'에서는 어떤 정치 세력도 생활의 불리한 상황을 타파하고 제도적 권한을 선점하기 위해 권력을 조직하고 동원해야 하는 절박함이 있었다. 그 시기부터 재일조선인은 정치적 자치 조직과 학교교육을 연결시켜, 민족의식을 고취하고 조직적 동원력을 갖추면서 자체

---

1) 1980년대 이전에는 반공 논리의 인식이 강했지만 1980년대에 친일파 비판과 저항적 민족주의가 확대되면서 재일조선인의 저항적 민족성 및 정치성이 활발히 전파, 수용되었다. 김석범의 소설 『화산도』는 1988년 실천문학사에서 번역되었고, 1990년대부터 재일조선인 지식인들의 저서를 번역, 출판하는 작업이 활발해졌다.

인구를 관리해 왔다. 각 조직 단위에서 운동회, 문화 공연, 언론 출판 활동 등을 펼치며 일상의 삶과 조직 운동을 연계시켰다.2) 그 과정에서 정치 운동 및 지식이 사상 의식과 신체적 감성을 조율하는 생체권력(Bio-Power)으로 작동했을 가능성도 배제할 수 없다.

생체권력(Bio-Power), 생명정치(Bio-Politics)의 개념은 보건·위생·체육·인구정책 등에서 보듯이 국민국가가 일상의 삶(생명)을 관리하고 통치하는 현상을 포착한 데서 나왔다.3) 그렇다면 근대의 규율권력을 분석한 푸코의 개념을 재일조선인 사회에 적용하는 것은 타당할까? 지식-권력의 쌍방향적 관계를 중시한 푸코의 관점은 지배 권력의 차별화 기제만이 아니라, 모든 주체화의 기제에 작동하는 지식과 권력의 역동성을 고찰하는 데 유효하다. 푸코 이후의 인문·사회과학에서 권력은 본질적으로 억압적인 것이 아니다. 권력은 신체와 내면 의식을 관통하여 인간의 삶을 관리하고 통치하는 모든 장·매체에서 발견되며, 기억을 재구성한다. 들뢰즈는 푸코의 권력론에서 자발성과 수용성, 작용과 반작용을 비롯한 모든 힘들의 영향 관계, 즉 언제 어디서든지 복수의 힘과 힘들이 영향을 주고받는 가운데 일어나는 모든 개연적인 권력관계를 강조한다.4)

지식은 권력에 내재되어 있으며, 기억의 재구성을 유도하면서 지식 자체도 재조직되는 것이다. 지식은 권력을 구성하는 다른 복수의 힘들 사이에서 교섭하고, 그 사이에서 다른 힘을 전복·해체시키거나 반

---

2) 조선대학교 교수였던 오규상의 조련에 관한 연구서(吳圭祥, 『ドキュメント在日本朝鮮人連盟 1945-1949』, 岩波書店, 2009)에는 재일조선인들의 활발했던 조직 운동과 언론 출판 활동은 물론, 스포츠 행사에 관한 사진 자료(301-303쪽)까지 상세히 게재되었다.
3) 미셸 푸코, 이규현 옮김, 『성의 역사』, 나남, 2004, 155쪽.
4) 질 들뢰즈, 허경 옮김, 『푸코』, 동문선, 114-119쪽.

복·전유하는 등의 방법으로 끊임없이 움직인다. 실제로 전후 재일조선인의 지식 담론은 재일조선인의 정치적 운동 과정에서 형성되었으며, 운동의 안과 바깥에 걸쳐 있는 복수의 힘들과 역동적 권력관계에 놓여 있었다. 그 불안정하게 움직이는 권력은 여전히 현재진행형이며, 새로운 정세 변화 속에서 재일조선인운동사 담론과 기억은 지금도 재구성 중에 있다.

이 글은 재일조선인 지식의 형성-변화의 구체적 사례로서, 일본의 패전으로 혁명 충동이 고양되었던 역사적 시기에 주목한다. 이 연구의 목적은 스스로를 '해방 인민'으로 호칭했던 재일조선인의 조직 운동과 담론·기억 형성의 역동적 관계를 고찰하고, 재일조선인의 지식 형성에서 특징적인 정치성을 검토하는 데 있다. 먼저 본문의 1절에서는 재일조선인이란 호명의 정치학을 검토하고, 이 글에서의 용법을 정의한다. 다음 2절과 3절에서는 1945년부터 1955년까지의 정치적 혼란기에 전개된 재일조선인의 조직 운동과 담론 형성의 역사적 전개를 추적한다.

2. '조선'이라는 호칭과 정체성 정치

전후 일본에서 '조선'이라고 호칭하는 것은 정체성 정치(Identity Politics)를 구현하는 방법의 하나였다. '조선' 또는 '재일조선인'이란 이름은 '재일본, 남조선, 북조선, 대한민국, 공화국, 조련, 민단, 조선총련'과 같은 복수의 언표가 정치적으로 쟁투하는 가운데 역사적 의미를 획득했다. 누가 부르고 누구에게 불리느냐에 따라서 과거에 공유되었던 이름의 정치적 의미가 부정되기도 한다. 과거에 북한과 연계되었던 총련계 재일조선인이 지금은 '남도 북도 아닌 재일조선인'의 독자성을 주장하기도 한다. 그렇다면 이 글에서 말하는 재일조선인은 누가 누구를 가리키는 이름인가?

해방 후 한국인들에게 '조선'은 왕조 500년사를 포괄하는 역사적 이름일 뿐이다. 조선을 승계한 이름은 대한제국이지만, 이 왕조의 지속이라는 측면에서 그 역사적 변별점은 문제되지 않는다. 하지만 일본이 대한제국의 국호를 소거했을 때에는 봉건 체제인 조선을 합병하여 문명화한다는 호명의 정치학이 작용했다. 일본인의 '조센진' 호칭을 옛 조선총독부 건물처럼 허물고 싶은 사람들도 있다. 한국이나 일본 국적을 취득하고 재일조선인 호칭을 거부한 사람들까지 재일조선인으로 부를 까닭은 없다. 따라서 이 글에서 재일조선인은 스스로가 스스로를 호칭하는 이름을 가리킨다. 재일조선인운동에 자각적으로 참여하고 재일조선인 담론을 재구성해 내는 사람들의 '자기 표상'의 하나가 '재일조선인'이라는 언표이다.

스스로 재일조선인이라 호칭하는 입장에서 볼 때 '재일한국인'은 식민지의 기억을 소거시킨다. 반면에 '재일조선인'은 전후 일본에서 GHQ의 권력과 대치하던 재일조선인의 반미 운동까지 환기시킨다. 1947년 5월에 GHQ는 외국인 등록령을 실시하여 재일조선인을 관리했다. 조선인은 해방된 국민(liberated people)이었지만, 한반도가 국가 수립 이전이었으므로 국적이 아닌 '조선적(籍)'으로 외국인 등록을 마쳤다.5) 귀국을 포기한 재일조선인에게 치외법권은 허용되지 않았다. 때

---

5) 카이로회담에 따라 연합국 최고사령관에게 내려진 '일본 점령 및 관리를 위한 항복 후 초기의 기본 지령'(1945년 11월 1일)에서는 군사상의 안전이 허용하는 한 대만인 및 조선인을 해방 국민(liberated people)으로 처우할 것을 지령

문에 재일조선인 조직의 간부와 밀항자, 범법자들에게는 늘 국외추방령의 위험이 따랐다.

그렇다고 재일조선인을 주권 권력(sovereign power)의 바깥에 버려진 난민이라 말할 수 없다.[6] 1947년 당시 일본은 피점령국 상태였으며, 해방 인민을 자처한 재일조선인은 조국과 일본의 국경을 넘나들며 스스로 '인민공화국' 창건을 추구하였다. 일본이 주권을 회복한 1951년에도 재일조선인 조직은 일본공산당과 함께 민족통일전선을 형성하고 민족해방 투쟁에 나섰다. 그들은 통일 조국에 돌아간다는 신념하에 미군의 '조국 통일 전쟁'에 대한 개입을 저지하고 3반 투쟁(반미, 반이승만, 반요시다)을 지속했다. 재일조선인은 생활권과 주권을 획득하는 권력의 주체로서 스스로를 호칭했고 미국과 일본의 주권 권력에 귀속되는 것을 스스로 거부해 왔다. 특히 조선적은 현재까지 일본 국가의 보호 및 규율 장치에서 상대적으로 벗어나 있다.

조선적은 북한 국적을 의미하지 않지만, 그 다수는 오랫동안 북한의 주권 권력을 대행하는 조선총련(재일본조선인총연합회)에 귀속해 있었다. 1955년에 발족한 조선총련은 군대와 경찰을 제외한 정치·행정(여권 발행)·경제(금융과 고용 창출)·교육·언론·문화의 모든 기구와 기능을 갖춘 자치적 조직체를 일본 안의 섬처럼 구축하였다. 이 정치

했다. 그러나 일본의 신민이므로 필요한 경우에는 적국인으로 처우해도 좋다는 단서도 부가되었다(外務省政務局特別資料課, 在日朝鮮人管理重要文書集, 湖北社, 1978, 10쪽). GHQ와 일본 정부의 재일조선인에 대한 법적 지위 및 처우에 관한 문제는 최영호 「재일조선인·한국인 사회의 '본국' 로컬리티」, 『로컬리티 인문학』 창간호(2009, 4), 267-269쪽.

6) 푸코의 권력 개념을 발전시킨 아감벤은 『호모사케르』라는 저서에서 생명을 관리하는 국민국가가 주권 장치를 통해 포섭과 배제의 차별 구조를 합법화하는 문제를 '주권 권력'과 '헐벗은 삶'의 문제로 제시한다. 조르조 아감벤, 박진우 옮김, 『호모 사케르: 주권 권력과 벌거벗은 생명』, 새물결, 2008.

조직은 재일의 자치적 생활공동체(광범한 민족통일전선체)와 북한의 재외 공민(조선노동당의 세포적 기능)이라는 이중구조의 의미를 띠고 있다. 1965년 한일회담 결과, 일본 정부는 한국을 유일한 합법정부로 인정하였으며, 한국 국적 취득자에게는 '협정 영주' 자격을 부여하여 '조선적'보다 유리한 특별영주권을 보장하였다.[7] 그러나 "차별에 대한 분노를 힘의 원천으로 삼을 수 있다면 불편을 즐기면서 살자는 생각"은 총련계 재일조선인의 생활 노선이었고,[8] 조선적에서 한국 국적으로 변경하는 것은 정치적 배신으로 간주되었다. 냉전 구도하에서 북일 수교는 성립하지 못했지만, 조선총련의 합법적 활동은 여전히 보장되었다. 늦었지만 1991년부터는 조선적에게도 특별영주권이 부여되었다.

    조선총련은 일본 정부와 지자체의 배려 안에서 독자적 영역을 구축했다. '조선' 호칭을 상용해 온 일본의 지식계에서도 한국이 아닌 조선이 민족성을 대표했다. 특히 진보 담론을 형성한 출판업계에서 '남조선'은 '미제의 식민지'로 선전되고 '북조선'은 민족 주권 국가로 인식되는 경향이 있었다. 그러나 민주화와 서울올림픽 개최로 한국의 지위 및 이미지가 호전되었고, 김일성 사후에 조선적을 이탈하는 사람들이 급증했다. 한국어 강좌가 늘어나고, 김대중 정권하에서 남북연합 및 총련-민단의 화합 분위기가 조성되면서 재일코리안이란 호칭도 확대되었다.[9]

---

7) 1991년 일본은 출입국관리국특례법을 개정하여 한국 국적과 조선적, 대만적에게 모두 특별영주권을 허가하고, 강제 퇴거 조건을 완화하였다.
'日本国との平和条約に基づき日本の国籍を離脱した者等の出入国管理に関する特例法' http://law.e-gov.go.jp/htmldata/H03/H03HO071.html
8) 정태헌, 「총련계 재일동포들의 21세기 자기인식」, 『역사비평』 78호, 2007년 2월호, 219쪽.
9) 코리안은 '한국인'이라는 호칭만큼 '조선인' 호칭과 정치적으로 대립하는 것은 아니다. '고려연방제'에 찬동한 재일조선인운동에서도 김대중 정권 시절 남북연합의 분위기에서 고려의 영어식 표기인 '코리아'를 수용하였다.

2000년대에는 북한의 일본인 납치 사건이 공표되어 일본인의 대북 감정 악화로 조선적에 대한 위협적인 시선도 늘어났다. 그 결과 조선적과 북한 정권과의 연계성을 적극 부인하거나, 조선적이라는 사실을 감추는 상황도 전개되고 있다.

이런 흐름 속에서 서경식은 국적에 관계없이 일본의 식민 지배 결과로 전후에 일본에 체류하게 된 조선인의 후예를 모두 재일조선인이란 민족명으로 불러야 한다고 주장한다. 한국 국적을 소유한 그는 '조선인'이 세계로 흩어진 모든 동족의 민족명이자 '통일 표상'이라고 여긴다.[10] 이는 '조선'이라는 호칭으로 정체성 정치를 구사하는 지식인의 모습이다. 조선은 식민지의 기억을 저장한 역사적 지층이며 저항 주체를 불러오는 역사적 코드가 된다. 일본어 권역에서 재일조선인의 저항 이미지를 구축한 지식인들은 식민지 기억과 관련한 운동사 담론의 지층이 허물어지기를 원하지 않는다.

그러나 '조선' 호칭은 실제적으로 북조선・공화국(조선민주주의인민공화국)과 조선총련에 포섭된 이름이기도 했다. 때문에 오늘날 북한의 영향력이 쇠퇴하면서 후속 세대의 유연한 정체성 의식과 어울리지 못하고 있는 것도 사실이다. 현재 '조선인'은 한국인, 코리안, 재일, 디아스포라와 같은 명칭들과의 힘겨루기에서 밀려나고 있다. 이는 비록 역사적 지층을 형성한 언표와 의미 체계일지라도 변화무쌍한 생활세계의 지각변동에 늘 노출되어 있음을 의미한다. 따라서 이 글에서 '재일조선

---

10) 서경식, 「재일조선인이 나아갈 길; '에스닉 마이너리티'인가 '네이션'인가」, 『창작과 비평』, 1998년 겨울호, 353쪽. 徐京植, 『ディアスポラ紀行』, 岩波書店, 2005의 서문. '재일조선인'이란 호칭 및 국적 이동의 사회적 변화 추이, 그리고 90년대 이후의 상황 변화에 대해서는 조관자, 「'민족주체'를 호출하는 '재일조선인'」, 『日本學』 제32집, 2011.5. 참조.

인'은 재일조선인운동사 담론에서 유력한 의미를 지닌 역사적 실체이면서도, 호명의 정치학에서 점점 경쟁력을 잃어가는 이름을 말한다.

3. '해방 인민'의 조직 운동과 〈민주조선〉

우리에게 익숙한 재일조선인의 이미지는 일본 사회의 차별과 멸시 속에 던져진 사회적 약자이다. 그러나 재일조선인운동사를 어둡고 침울한 피해자의 풍경으로만 묘사할 수 없다. 전후 일본의 '예외 상태'에서 '인민주권'을 얻고자 활동했던 해방 인민의 조직 운동과 이후의 엇갈린 행보에도 조명을 비추어 '재일조선인운동사'에 층층이 굴곡진 명암의 연속선상을 그려낼 필요가 있다.

　　1945년 8월 15일 직후, 210만 명의 재일본 조선인들은 생명과 재산을 보호하고, 실업 및 귀국 대책을 세우기 위해 일본 전국에서 다수의 자치단체를 신속히 결성하였다.[11] 일찍이 전국 조직의 필요성이 제기되었고 10월 15일에는 '재일조선인연맹'(조련)이 출범하였다. 그러나 다음 날 전체 대회에서 좌파가 조직의 실세를 장악하면서 조직적 분열이 일어나고 1946년 10월에는 우파가 따로 '재일본대한민국거류민단'(민단)을 결성했다.[12] 당시 조련은 국제 공산주의 일국일당의 원칙하에 일본

---

11) 해방 직후 재일조선인 인구는 210만에서 240만까지 거론되나, 1946년 3월 GHQ의 조사 결과, 647,006명으로 집계되었다. 150만 명 이상이 귀국한 상태였다. 吳圭祥, 『ドキュメント在日本朝鮮人連盟 1945-1949』, 2쪽.
12) 좌파 청년들이 과거 협화회(協和会) 및 흥생회(興生会)의 간부를 친일파, 민족 반역자로 고발하는 전단지를 뿌리고, 조련 준비위의 간부였던 권혁주, 강경옥, 이능상 등을 감금하고 쫓아내는 사태가 발생하였다. 吳圭祥, 『ドキュメント在日本朝鮮人連盟, 1945-1949』, 13쪽; 坪井豊吉, 『在日同胞の動き=在日韓国

공산당(일공)에 소속되어 있었다.

　패전 후의 실업률 증가와 물가 폭등의 상황에서 조련은 천황제 타도와 인민공화국 수립을 목적으로 삼는 일공과 함께 투쟁했다. 일공의 제4회 당대회(1945.12.1)에서 채택된 행동 강령은 노동자의 생활권 확보를 강조한 것으로, 재일조선인의 생활상의 요구를 포섭한 내용이었다. 일공으로서도 조선인의 민족적 불만과 '제3국인'의 입장을 이용하여 공동 투쟁의 강화 및 세력 확대를 도모했다.13) 1946년 4월 7일 히비야공원 '시데하라(幣原) 반동내각 타도 인민대회'에 모인 7만여 명 중에 2만 명이 재일조선인으로 전해진다.14) 1946년에는 암시장에서 재일조선인과 중국인 및 일본인이 연행되거나, 이를 구출하려는 조련의 청년 자치대원이 경찰을 습격하는 사건이 잇달아 일어났다.15) 1949년까지 늘어난 일공 당원이 30만 명으로 전해지는 속에서 조선인의 집단 입당도 늘어났기 때문에, 이 시기 조선인 당원은 2-3만 명으로 추산된다.16)

　1946년 7월의 국회에서 오무라(大村) 내무대신은 재일조선인은

　人(朝鮮)関係資料=』, 自由生活社, 1977, 83-86쪽.
13) 1945년 9월부터 10월에 걸쳐 노동환경이 열악했던 광산에서 중국인과 조선인 노동자를 중심으로 식료품과 의류품 지급, 자유 외출, 귀국 촉진을 요구하는 폭동이 일어났고 이는 일공의 노동운동을 자극했다. 田川和夫, 『戦後日本革命運動史1』, 現代思潮社, 1971, 24-28쪽. 조련은 일공의 재정 확보, 조직 동원에서 비중 있는 역할을 수행했다. 일본공산당이 조련의 투쟁력에 의지한 사실은 坪井豊吉, 『在日同胞の動き=在日韓国人(朝鮮)関係資料=』, 66쪽.
14) 大森実, 『戦後秘史4 赤旗とGHQ-』, 講談社, 1975, 196-197쪽. 조련 2만 명 이외에 일본인은 노조 단위로 국철 5천 명, 도시바 5천 명 등으로 서술.
15) 長崎警察署襲撃事件(1946.5.13.), 富山駅前派出所襲撃事件(1946.8.5.), 坂町事件(1946.9.22.)
16) 1948년 2월, 일공은 '민주 인민전선' 노선을 대신하여 '민주민족전선'을 제창하고, '인민혁명 정권'이 아닌 '민족통일전선 정부' 수립을 시도한다. 이에 따라 집단 입당이 이루어지고 공산당의 대중적 외곽이 확장되었다. 坪井豊吉 『在日同胞の動き=在日韓国人(朝鮮)関係資料=』, 63-64쪽.

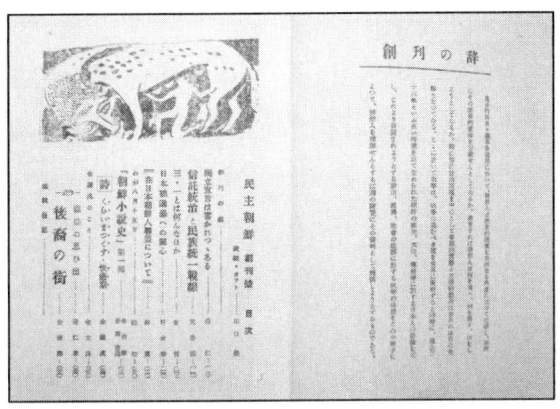

〈민주조선〉 창간사와 목차

"마치 승전국민인 것처럼 우월감을 품고서, 불법 요구, 집단 폭행, 각종 범죄 감행, 경제통제 교란, 무임승차 등의 불법행위를 무리지어 행하고, 사회 민심을 불안에 빠지게 한 것은 아시는 바"라고 진술했다. 8월 17일 임시국회에서 진보당의 시구마 사부로(椎熊三郎) 대의원은 "조선인은 모든 암시장 활동의 핵심을 이루어, 그들의 불법 행동은 오늘 일본의 모든 상행위와 사회생활에 영향을 미치고 있다. 그들은 경찰을 꺼리지 않으며, 수출입 금지품의 취급을 과시하고, 또한 세금도 내지 않는다. 새로 유통되는 엔화의 삼분의 일이 그 수중에 있다는 소문이 있다."며, '방약무인한 행동에 대한 조치'를 질문했다.17)

이와 같은 발언에 대해 조련 제3회 전체 대회(1946, 10, 14)에서는 '조선 인민에 대한 선전포고'로 응수했다. 민단에서도 조선인을 폭도로 몰기 전에 일본인의 식민 지배와 전쟁 침략을 돌아보라고 비판했다. 그러나 재일조선인에 대한 '불법'과 '폭도'의 이미지는 일본 정부와 언론,

---

17) 일본 정치인의 발언은 坪井豊吉, 『在日同胞の動き=在日韓国人(朝鮮)関係資料=』, 114, 118쪽.

국민들에게 공유되어 갔다.[18] 오구마 에이지는 패전의 궁핍과 혼란 속에서 암시장을 형성한 일본인에 대한 도덕적 비난 여론이 비등했던 사실을 언급한다.[19] 당시 일본인들에 대한 비난은 고스란히 암시장에서 활약한 조선인과 대만인에 대한 비난이기도 했다. 한편 GHQ는 일공이 공들여 준비한 1947년 2·1총파업을 중지시키고 국가공무원의 파업을 불허하였다. 좌익계가 민주화의 역코스로 부르는 공산주의 활동 규제가 시작된 것이다.

조련은 1948년 9월 북한 정권의 수립 이후에는 북한기를 게양하고 '공화국에 직결하자'는 정치 노선을 확립하였다. 1949년 신년사에서 조련의장 윤근은 "남조선 반동분자들의 폭력적 권력기관을 전 인민의 단결과 애국적 투쟁으로 타도하고 조선민주주의인민공화국의 깃발 아래 전 민족의 통일을 완수시키는 엄숙한 역사적 과업"을 자각하자고 촉구했다.[20] 조련과 민단의 폭력적 충돌도 일어났다. 1949년 7월 일본 경찰은 조선인 범죄가 종전 이후 급증하여 "일본인의 약 9배의 범죄율"이라고 보고했다.[21] 그리고 2개월 뒤인 9월에 GHQ는 조련과 민청(재일본조선민주청년동맹)의 전 조직 및 민단 계열의 일부 지방 조직을 반민주주의 폭력 단체로 규정하였다. 해방 인민의 치외법권적 지위를 부정하며 조직 해산과 간부의 공직 추방 및 재산 몰수 명령을 내린 것이다.

당시 재일조선인 담론은 위와 같은 재일조선인 조직 운동과의 연

---

18) 小沢有作, 『在日朝鮮人教育論 歷史篇』, 亜紀書房, 1973, 224-225쪽.
19) 小熊英二, 『〈民主〉と〈愛国〉──戦後日本ナショナリズムと公共性』, 新曜社, 2002, 91-95쪽. 이 시기에 외국인의 위치를 이용한 불법적 시장 거래를 지적하면서 나온 삼국인(三国人) 용어는 이후, 재일조선인(한국인)과 대만인(중국인)을 멸시하는 민족차별적 용어가 되었다.
20) 朴慶植, 『解放後在日朝鮮人運動史』, 三一書房, 1989, 240쪽.
21) 小沢有作, 『在日朝鮮人教育論 歷史篇』, 224쪽.

계 속에서 생성되었다. 조련은 민단에 비해 상대적으로 용지 확보에 어려움을 겪었지만 조직의 선전 선동 활동을 위해 인쇄 매체의 발행에 적극적이었다. 조련 중앙의 기관지 〈조련중앙시보〉와 〈민중신문〉, 지방 조직의 기관지 및 직능과 부문 조직의 신문 등이 따로 발행될 정도였다. 비록 2호로 폐간했지만 조련중앙총본부 문화부 잡지 〈조련문화〉도 발간했다. 재일조선인은 전국지와 지방지를 포함해 100종 이상의 신문을 발행한 것으로 확인된다.[22] 일본 정부가 공식적으로 인정한 〈조선국제타임스〉와 〈오사카조선신문〉은 민단계에서, 그리고 〈조선민중신문〉은 조련계에서 발행했다.

패전으로 모든 생활 자원이 부족한 가운데, 용지는 GHQ의 지도를 받는 '신문 및 출판 용지 할당위원회'를 통해 배당되었다. 화교와 재일조선인은 전승국의 일원으로서 GHQ가 배급하는 종이를 다량 확보할 수 있는 유리한 위치에 있었고, 생활권 확보를 통한 세력 확대도 이루어졌다.[23] 문맹률이 높은 상태에서 조련은 영상 뉴스를 통한 계몽 선전 활동에도 적극적이었다. 1945년 11월에 조련 문화부는 영화과를 설치하고 〈조련뉴스〉, 〈일본뉴스〉, 〈신세계뉴스〉를 제작하고 지방을 순행하였다.[24]

재일조선인 1세 지식인들의 활동 양상을 종합적으로 볼 수 있는 대표적인 매체는 허남기와 김달수가 헌신적으로 만든 〈민주조선〉이다.

---

22) 小林聰明는 민단과 총련을 포함하여, 단발적인 것까지 모두 130종이 발행되었다고 한다. 小林聰明, 「GHQ占領期における在日朝鮮人団体機関紙の書誌的研究」, (20世紀メディア研究所刊, 『Intelligence』12, 2012.3); 『在日朝鮮人のメディア空間 : GHQ占領期における新聞発行とそのダイナミズム』, 風響社, 2007; 呉圭祥, 『ドキュメント在日本朝鮮人連盟 1945-1949』, 232-260쪽 참조.
23) 요코하마의 차이나타운도 전후에 형성되었다. 손안석, 「대두하는 중국과 재일중국인 커뮤니티의 변화」, 『일본비평』 6호, 2012.2, 83쪽.
24) 呉圭祥, 『ドキュメント在日本朝鮮人連盟 1945-1949』, 263-265쪽.

일본어 종합지 〈민주조선〉은 조련의 대중적 정치투쟁이 본격화된 1946년 4월에 창간하여, 조련이 폭력 단체로 해체된 후에도 1950년 5월호와 7월호를 발간했다. 창간호에는 식민지기에 왜곡된 조선의 역사・문화・전통에 대한 일본인의 인식을 바로잡고, 향후의 정치・경제・사회의 건설에 대한 구상을 알린다는 취지의 창간사가 실렸다. 전체 분량에서 문예란과 문화론이 많았지만, 정치 평론과 경제 평론, 중국의 혁명운동에 관한 기사, 좌담회 등이 종합적으로 배치되어 조련의 정론지로서도 손색이 없었다. 본국의 문예 작품을 다수 번역하였고, 민족문학론, 3・1 운동론 등 민족 담론도 활발히 게재했다.[25] 좌담회를 포함한 전체 필진은 재일조선인, 본국인, 일본인으로 구성되었으며, 중국인과 소련인도 등장했다. 일본인들은 일본공산당과 '신일본문학회'의 지식인들이 주로 참여했다.[26]

특집의 주제는 혁명 정세 및 재일조선인운동의 현안을 반영했다. '조선임시헌법초안'을 부록에 제시한 「조선의 현상세(現狀勢)와 그 전망」(1948년 5월호), 중국 혁명의 진전을 알리는 「중국문제 특집호」(1949년 5월호), 「남선(南鮮)정부 일주년 특집호」(1949년 8월호), 「대일강화문제・재일조선인문제 특집」(1950년 7월호) 등이 보인다.[27] 필진과 특

---

25) 이 잡지의 서지 연구는 복간판의 별권의 논문들을 참조할 수 있다. 필진에 대한 사항은 朴鐘鳴, 「[解說1]『民主朝鮮』槪觀」, 復刻『民主朝鮮』(GHQ時代の在日朝鮮人誌, 別卷:解說), 明石書店, 1993, 11-38쪽에 자세하다.
26) 일공의 당원이면서 신일본문학회 회원이었던 김달수는 필명을 손인장, 김문수, 박영태, 백인으로 바꾸면서 왕성하게 집필했고, 남로당계로 보이는 정치 평론가 원용덕도 김철, 임훈이란 필명을 구사하며 활약했다. 朴鐘鳴, 「[解說1]『民主朝鮮』槪觀」, 9쪽, 30-38쪽.
27) 한신(阪神)교육투쟁 직후에 나온 재일조선인 교육 문제 특집호(1948년 6월)는 발매금지 처분을 받았고, 1950년 5월호는 조련 및 민청의 해산에 항의하는 특집호였다.

집 등을 종합해 보면, 조련과 〈민주조선〉은 재일조선인 문제 이외에도 본국과 일본, 중국의 혁명을 모두 중시하고, 민족통일전선과 국제 연대의 중심에서 활동했음을 알 수 있다. 정치 평론과 북한 관련 기사를 종합해 보면, 〈민주조선〉은 소련의 지원과 북한의 사회주의 건설을 소개하면서 중국과 한반도 및 일본을 잇는 동아시아 혁명을 추구한 것도 확인된다.

1946년 4월 〈민주조선〉 창간호의 표지 뒷면에는 "민주전선의 즉시 결성을 요망한다"는 정치 구호가 크게 실렸다. 그해 2월에 남한에서 각 정당과 사회단체가 모여 '남조선민주주의민족전선'(민주전선)을 결성한 상태였고, 7월에 '북조선민주주의민족전선'이 결성된다. 이 시기 조련의 국가 구상 및 통일전선운동도 인민공화국의 수립에 있었다.[28] 그러나 이승만 정부의 수립 이후 민주전선이 불법 단체로 규정되자, 1949년 6월 25일 평양에서 남북연합의 '조국통일민주주의전선'(조국전선)을 결성한다. 이후에 조국전선은 남북한 총선거를 실시하자는 평화공세를 펼쳤다.

〈민주조선〉에는 조국전선이 추구하는 국가 노선과 투쟁 방침에 대한 정확한 이해를 촉구하는, 조련의장 한덕수의 인터뷰 기사가 연재되었다. 후일 조선총련 의장이 된 한덕수는 총선거 후의 국가는 "인민공화국으로 통일되는 것이 실로 명백"하며, 북한 정부와 다른 '제3공화국'을 상정할 수 없다고 주장한다.[29] 또한 선거 실시를 위한 "일상 투쟁의 중요성"을 강조하고, '평화적' 방법은 '실력 투쟁'을 배제하지 않으며 이

---

[28] 1946년 12월호에 실린 원용덕(元容德)의 「민주주의민족전선」과 일본인 법학자 가자하야 야소지(風早八十二)의 「일본민주혁명과 조선」 등의 글도 그와 같은 정치적 지향성을 드러낸다.
[29] 韓德銖, 編集部, 「祖国統一民主戦線をめぐって」, 『民主朝鮮』1949年8月号, 4쪽.

승만에 저항하는 남한의 '인민항쟁'이 지속되고 있음을 환기시킨다.30)

정치·경제·문화의 종합교양지였던 〈민주조선〉은 1950년 7월호를 끝으로 종간된다. 한국전쟁이 발발한 것이다. 이에 따라 재일조선인 조직도 전시체제를 위한 비합법 활동을 강화하고, 전투성과 기동성을 띤 비합법 출판물이 보급되며 대중조직화를 위한 서클 동인지가 다양하게 발행된다.

4. 조국방위대의 반미 항쟁과 〈진달래〉

1949년 10월 1일 중화인민공화국의 수립 이후, 조선·중국·일본(조중일)을 연결하는 동아시아 혁명운동의 다음 과제는 한반도의 공산화 통일이었다. 남로당의 '인민항쟁' 및 조국전선의 총선거 평화공세가 진행되는 가운데 1950년 6월 25일, 드디어 본격적인 '조국해방전쟁'의 총공세가 펼쳐졌다.31) 한국전쟁의 발발로 중국에서는 '항미원조전쟁' 그리고 일본에서는 '조국방위대' 및 '산촌공작대'의 '실력 투쟁'이 동시에 전개된 셈이다.

조련의 해산 이후에도 재일조선인은 일공의 민족대책부 산하에서 일본인과 연대했다. 일공은 1950년 1월의 코민포름 지침에 따라 미군 점령하의 평화혁명론을 비판하고, 1951년 강령에서는 중국 혁명의 게릴라전을 모방하여 산촌공작대 등을 조직하고 반미 무장투쟁을 결의했다. 한국전쟁 직후인 1950년 6월 28일 '재일조선인 조국방위 중앙위원

---

30) 韓德銖, 編集部, 「祖国統一民主戦線をめぐって」, 6-8쪽.
31) 인민항쟁, 조국해방전쟁, 실력 투쟁 등은 당시 『民主朝鮮』 등에서 볼 수 있는 용어들이다.

회'(조방위)가 결성되어 비합법 무장투쟁 조직인 '조국방위대'를 조직했고, 1951년 1월 일공 산하에 '재일본조선통일민주전선'(민전)이 조직되었다.32)

재일조선인운동의 혁명 기지는 일본이 아니라 조선민주주의인민공화국에 있었다. 1949년 평양에서 간행된 『조선 민족해방 투쟁사』가 1952년 일본어로 출판되었다. 조련과 일공의 간부로서 1948년에 북한으로 이주한 김두용도 집필에 참여했다.33) 번역자인 박경식은 후기의 첫 구절에서 김일성의 방송 연설을 인용한다. "조선민주주의인민공화국은 전 세계의 식민지, 종속국 중에서 최초로, 제국주의 종주국의 노예로부터 해방된 인민 자신이 스스로 수립한 공화국"이다. 이는 해방 인민인 재일조선인 자신들의 주권 의식을 대변한다. 그들에게 남은 과제는 남한을 해방시켜 통일 조국으로 돌아가는 것이었다. 재일조선인 1세대 작가들은 조선 통일을 위한 반미 항쟁을 알리고 일본과 조선의 연대 전선을 강화하는 전쟁문학서를 활발하게 출판하였다.34)

---

32) 일공과 민전의 집단적 불법행위에 대한 전국적 통계(篠崎平治,『在日朝鮮人運動』, 令文社, 1955)에 따르면, 1952년 1년간 폭행, 상해, 화염병 투입, 투석, 인분 투입, 방화, 폭약 사용 등 총 396건에 검거인 수 1,605명이다. 李瑜煥, 『在日韓國人60万-民團朝總聯の分裂と動向』, 洋洋社, 1971, 30쪽.

33) 朝鮮歷史編纂委員會編, 朝鮮歷史研究會訳,『朝鮮民族解放鬪爭史』, 三一書房, 1952. 김두용은 1926년 동경제대 미학과에 입학. 일공의 고바야시 다키치 등과 교류하며 문예운동에 참여했다. 조선인이 노동자보다 실업자와 상공인이 많아서 민족적 이해를 앞세우고 돌출 행동을 하는 편향성을 극복하고 일공과 일체가 되도록 촉구하는 등의 논문을 『前衛』(1호,14호,16호)에 발표했다. 坪井豊吉는 김두용에 대한 기록에서 당시 일공과 재일조선인 조직의 갈등 및, 김천해와 김두용의 갈등을 포착하고 있다. 坪井豊吉,『在日同胞の動き=在日韓国人(朝鮮)関係資料=』, 37-45쪽, 75-77쪽.

34) 허남기의 시집『화류총의 노래』(火縄銃の歌,青木書店,1951. 한국어 번역판은 1988년 동광출판사에서 나옴)『조선은 지금 전쟁 중이다』(朝鮮はいま戦いのさ中にある, 三一書房,1952), 조기천의 번역 장편서사시『백두산』(ハト書房,

그렇지만 1960년대 이후 1세대의 행보는 엇갈렸다. 조선총련 부의장을 역임한 허남기는 일본어 활동에서 멀어졌고, 조선총련과 불화한 김달수는 일본어 권역에서 재일조선인 1세대 작가를 대표하게 되었다. 민전의 행동대였던 2세대 작가들은 혁명에 좌절하고 고도성장기를 보낸 일본 사회에서 자신들의 체험과 정치적 의지를 표상해 왔다. 2000년 이후에는 과거의 조직 운동 경험을 술회하는 사례도 늘었다.

제주4·3을 경험하지 않았지만 4·3문학의 대표 주자로 활동한 김석범과 제주4·3 당시 남로당 조직원으로 활동했지만 4·3에 대해 침묵했던 김시종의 대화집은 1950년대의 활동을 상세히 회고하고 있다.[35] 1925년 오사카의 제주도 출신 가정에서 태어난 김석범은 1950년에 일본공산당에 입당한다. 이후 그가 발족시킨 '오사카조선인문화협회'의 첫 행사는 한국전쟁에서 "미제(미 제국주의)의 만행을 폭로"하는 사진전이었다. 당시 해설을 맡은 그는 "역시 시인이야."라는 모두의 칭찬을 들으며 각 대학의 집회에 불려 다녔다고 회상한다.[36] 이들의 회고담에서 당시 사진전에 대한 구체적 언급은 없다.

그런데 GHQ가 수집한 신문 〈조선뉴스〉의 2면에서도 '미제의 만행을 폭로'하는 사진 5장이 발견된다. 사진은 "보라! 짐승보다 더한 침략자 무리와 그 주구 이승만 도당의 손에 의해 피투성이가 된 인민 학살의 이 만행을!!"이라는 기사와 함께 실렸다. 잘린 머리만 보이는 사진 밑에는 불굴의 투혼을 맹세하는 짧막한 시 「어떤 목에 맹세한다」가 보인다.[37] 시

1952), 김달수의 소설 『반란군』(叛乱軍, 冬芽書房, 1950), 『후지가 보이는 마을에서』(富士のみえる村で, 東方社, 1952) 등.
35) 金石範·金時鐘 共著, 文京洙編, 『なぜ書きつづけてきたか なぜ沈黙してきたか 済州島四・三事件の記憶と文学』, 平凡社, 2001, 90-92쪽, 94-114쪽.
36) 金石範·金時鐘, 『なぜ書きつづけてきたか なぜ沈黙してきたか 済州島四・三事件の記憶と文学』, 130쪽.

인의 이름이 표기되지 않았기 때문에 김석범의 시라고 단언할 수 없다. 1면에는 "전쟁의 주도권은 우리들의 손에 있다/침략자 무리를 격멸하고 복수하라!"는 '김일성 수상의 신년사'와 함께 국제연합의 소련 대표와 중국 대표가 미국을 침략자로 공격하는 글도 실렸다. 한국에서 북한의 침략 전쟁에 분노하며 반공의식을 키우는 동안, 재일조선인 사회에서는 미제의 침략 전쟁을 저주하며 반미와 반한 의식을 키웠다.

한편, 1949년에 일본으로 밀항한 김시종은 제주도에서 남로당원으로 활동한 이력을 인정받고 곧바로 일본공산당 민족대책부에 입당했다.38) 당시 북한의 승리를 지원한 일공과 조국방위대는 일본에서 생산한 군수물자가 동포를 살상하는 문제를 제기하면서 군수물자 운반 저지 투쟁과 미군 기지 반대 투쟁을 전개했다. 김시종은 조련의 해산으로 폐쇄된 민족학교(中西朝鮮小學校)를 재개시키는 임무를 맡고서, 조방위의 비합법 기관지 〈새조선〉(별칭 '마루새') 편집도 돕고 문화서클도 조직했다. 1952년 6월에는 스이타사건(吹田事件)에도 참가했다.39) 그가 속한 나카니시 지구(中西地區)는 오사카에서도 가장 강력한 부대였기 때

---

37) 「ある首に誓う」『朝鮮ニュース』 2쪽. 발행 연월일 미상의 신문. 폴더 타이틀은 CHOSEN NEWS(Korean News). GHQ/SCAP Records, Government Section (RG331), Box no.2275 HH, Folder number(48), Central Files Branch, Decimal File, 1945-52. GHQ의 민정국(Government Section) 문서함에는 그 밖에 〈조선학생신문〉 등, 조방위의 각종 신문이 수집되어 있다.
38) 김시종(金時鐘 1929-)은 광주사범을 나온 후 남로당에 가입한다. 金石範・金時鐘, 『なぜ書きつづけてきたか なぜ沈黙してきたか 済州島四・三事件の記憶と文学』, 129쪽.
39) 스이타사건이란 1952년 6월 24, 25일에 일본인 대학생과 재일조선인 약 1,000여 명이 미군 주둔지 주변에서 반미반전 데모를 벌인 것을 말한다. 金時鐘, 『わが生と詩』, 岩波書店, 2004, 119-141쪽. 김시종은 군수품 공장에서 생활비를 버는 조선인의 고뇌를 시로 쓰는 등, 그의 체험을 시 작품에 재현하였다. 浅見洋子, 「金時鐘『長篇詩集 新潟』注釈 試み」, 『論潮』 創刊号, 2008, 133-135쪽.

문에 밀입국자인 김시종도 추방령의 위험을 무릅쓰고 함께 행동했다.

한국전쟁 시기에 재일조선인운동은 무장투쟁과 문화 운동을 결합시켰다. 1951년에 간사이대학(関西大学)을 중심으로 '조선문화 연구회'를 만든 김시종은 시 잡지 〈진달래〉(1953-1958)를 발행했다. "이름이 굉장해! '오사카조선시인집단'이라고. 소비에트가 내건 사회주의 사실주의를 표방하고, 공화국의 존재를 더욱 친근하게 느끼도록 의식 개혁을 일으키는 장으로 하자는, 그냥 대시대적인 일을 시켰지. 거기에 양석일을 부른 거야."[40] 그는 당의 명령에 따라 오사카에 재일조선인 젊은이들의 거점인 조선 시인 집단을 만들고 기관지도 발행한 것이다.

조선의 꽃을 상징하는 이름 〈진달래〉는 일본어로 발행된 필사체의 인쇄물이었으나 15호(1956.5.)부터 20호(1958.10.)까지 활자체로 발행되었다.[41] 1953년 2월 7일에 발행된 창간호는 조선인민군 창설(1948.2.8.)을 기념하는 건군절 특집으로 「투쟁하는 조선의 노래」 등 5편의 시와 "총을 잡고 민족 독립 항쟁 혹은 정치 활동에 참가"하는 혁명 시인의 본분을 설파한 평론으로 구성되었다. 〈진달래〉의 시 작품은 재일조선인의 생활과 운동을 생생히 보여주는 측면에서 기록문학적 성격을 띤다.

특히 〈진달래〉 1호와 2호는 재일조선인이 벌인 '조국 방위 투쟁'의 생활을 재현하고 있다. 2호(1952.3.)에는 스탈린 예찬의 「스탈린의 이름에서」, 미군에 짓밟힌 조국을 상상하는 「아메리카 병사의 구두」, '미일한회담 분쇄 항의단을 보내다'라는 부제를 단 「오사카 역의 이별」

---

40) 金石範・金時鐘, 『なぜ書きつづけてきたか なぜ沈黙してきたか 済州島四・三事件の記憶と文学』, 134쪽. 양석일은 梁正雄으로 활동했다.
41) 복각판 大阪朝鮮詩人集団機関誌, 『ヂンダレ・カリオン』, 不二出版, 2008. 한편, ヂンダレ研究会編, 『「在日」と50年代文化運動』, 人文書院, 2010은 복각판의 간행을 주도한 宇野田尚哉 등의 해설과 김시종, 정인 등의 회고담을 게재했다.

등의 시가 실렸다. 「엄마」라는 시를 보면, 구치소에 수감된 아들에게 면회 온 엄마가 '이승만이 와서 또 나쁜 상담을 하고 갔다'든가, '이 동무가 형무소에 갔다'는 소식을 전한다.42) 홍종근의 시 「I지구에서 동지들이 떠나다」는 당의 명령에 따라 비밀스런 투쟁 임무를 띠고 출정하는 동지의 각오에 찬 모습을 그린다. 그 일부를 번역하면 다음과 같다.

너희는/ 그 뜨거운 마음으로/ 미국 제국주의자와/
일본 은행 주인들의/ 끝없는 야망에 찬/ 총검 앞에/
단호하게 서 있다

빛나는 미래를 향하여/ 스스로 횃불이 되어/
생명을 태우고/ 거리를 비추어/ 새카만 …… 바람 속을/
당과 인민에게/ 명령받은 대로/
어떤 공백지대에도/ 혁명의 횃불을/
실어 나르는 그대들

일상에서 대중의식화를 선도하는 문화 활동도 활발했다. 〈진달래〉 3호(1953.6.)에 '일조친선 문화인 간담회' 광고가 실렸는데, 이는 〈조선평론〉의 편집부가 기획한 〈조선 신민주주의 혁명사〉의 간행을 기념하는 모임이다.43) 〈조선평론〉은 1951년에 조직한 '오사카 조선인 문화협회'의 기관지이다. 김종명을 편집 주간으로 세운 편집부에는 김석범, 강재언, 한학수, 고승효 등 오사카 지역의 대학에서 사회과학을 전공한 지식층들이 모였다. 44)

---

42) 金鐘植, 「母」, 『ヂンダレ』 2호, 1952.3, 15-16쪽.
43) 金種鳴, 『朝鮮新民主主義革命史』, 五月書房, 1953. 그리고 『ヂンダレ』 3호, 15쪽.

5. 정치적 책임의 소멸과 기억의 정치

일본 전역에서 벌인 반미 무장투쟁의 결과, 일본공산당은 대중으로부터 고립되었고, 1952년 총선거에서부터 고전을 면치 못했다. 의회주의로 일관한 사회당이 약진하자, 일공은 1955년 7월 제6회 전국협의회에서 그동안의 급진적 군사노선을 비판하고 의회투쟁으로 노선 전환을 꾀하였다.[45] 그보다 앞선 5월 25일, 민전 내에서는 북한의 정치적 지도를 관철시키는 '재일본 조선인 총연합회'(조선총련)가 조직되었다.

민전의 발전적 해체와 조선총련의 결성을 주도했던 한덕수는 「재일조선인운동의 전환에 대하여」(1955.3.11.)에서 민전의 전위당적 모험주의를 비판하고 대중적 지반을 확장하는 통일전선 조직의 재건을 촉구하였다.[46] 그러나 지방에서는 총련과 일공 중앙의 결정이 전달되지 않아 무장투쟁이 지속되거나, 중앙의 일방적 결정에 납득하기 어려운 조건에서 강제 탈당이 이루어지기도 했다.[47] 김시종은 일공 당적을 이

---

44) 金石範・金時鐘, 『なぜ書きつづけてきたか なぜ沈黙してきたか 済州島四・三事件の記憶と文学』, 131쪽. 북으로 간 한학수를 제외한 사람들은 70년대 이후 일본어로 활발한 저술 활동을 전개했다. 高昇孝『現代朝鮮経済入門』(新泉社, 1989)은 한국에 번역 출판되었다(『현대북한경제 입문』대동, 1993). 반면, 한학수는 숙청된 것으로 알려졌다. 北朝鮮帰国者の生命と人権を守る会, 「韓鶴洙(ハンナクス)は拷問で殺された!!」『『光射せ!』―北朝鮮収容所国家からの開放を目指す理論誌』第7号, 2011.6.6.
45) 日本共産党, 『日本共産党の六十五年(一)』, 新日本出版社, 1989, 224-232쪽.
46) 朴慶植, 『解放後在日朝鮮人運動史』, 353쪽.
47) [한겨레21, 2005.08.09 제571회]의 기사에는 '민전'에서 '화염병조'로 활동했던 재일조선인의 강제 탈당에 대한 회고가 실렸다. 〈조선인이냐, 공산당이냐 ; 1955년 봄 수천 명의 조선인 일본공산당원들이 탈당을 감행하기까지 놀라운 대중동원력과 투쟁력 보여줬지만 내면의 상처 수습하지 못해〉 (2012년 2월 10일 검색)
http://h21.hani.co.kr/arti/special/special_general/14523.html

탈하라는 권고, 그리고 미군 기지 반대 투쟁을 극좌모험주의로 청산하는 논리에 반발하여 1960년까지 일공의 당적을 유지했다고 한다.48)

박경식은 일공이 '51년 강령'의 무장투쟁 방침을 좌익 모험주의로 비난하고 당의 공식 방침이 아니었던 것처럼 책임 회피하는 것을 비판했다.49) 일공의 노선 전환에 따라 재일조선인의 반미 운동은 한갓 '폭도'로 전락하고 공산당의 공식 역사에서 제거되었다는 것이다. 50) 그러나 이유환은 북한이 민전을 통해 직접 무장투쟁을 지령한 사실을 은폐하고 책임을 회피해 온 문제를 지적했다.51) 조선노동당과 조선총련은 소위 '조국해방전쟁'의 전후 책임 문제를 남로당에 대한 숙청으로 처리한 것과 같은 방식으로 민전을 배제했다. 재일조선인의 운동사 담론에서 한국전쟁은 여전히 반제 민족해방운동의 논리로 재구성되고 있을 뿐이다.

일공과 재일조선인이 조직적으로 분리하여 합법주의로 전환한 것은 한국전쟁의 휴전협정 체결과 일본의 전후 부흥 및 혁명 충동의 쇠퇴로 일어난 자연스런 결과이다. 일공도, 민전도 조직 내 권력투쟁을 거치면서 노선을 전환했고 '혁명적 폭력'이란 정치적 목적·수단에 대한 성찰과 책임을 조직 개편으로 해소시켰다. 고도성장 사회로 변모한 일본에서 조련과 민전, 일공의 공동 투쟁은 역사적 성찰의 대상에 오르지 못한 채, 운동권의 술자리에서 회자되거나 문학작품의 에피소드로 재구

---

48) 金石範・金時鐘, 『なぜ書きつづけてきたか なぜ沈黙してきたか 済州島四・三事件の記憶と文学』, 135-136쪽.
49) 朴慶植, 『解放後在日朝鮮人運動史』, 354쪽.
50) '조선인=폭도'론을 형성시킨 일본공산당의 무책임성을 비판하는 이야기들은 한국에도 전해졌다. 남기정 「그들은 왜 '폭도'가 되었나; 일공이 한국전쟁 시기 군사노선을 '극좌 모험주의'로 비판하면서…」 [한겨레21, 2005.08.09 제571호]
51) 李瑜煥 『在日韓国人60万 : 民団・朝総連の分裂史と動向』 洋々社, 1971, 28쪽.

성되었다. 혁명 폭력은 그 역사적 실체를 드러내지 않고, 평화에 대한 대중적 염원 속으로 녹아들었을 뿐이다.

해방 인민의 혁명운동에 대한 기억의 퇴색, 그리고 조직 운동에 대한 피해 의식의 서사화는 재일조선인운동사에 어린 회한의 감정을 보여준다. 여기에서 집단적 기억과 서사의 구조를 만드는 유력한 사람들은 규율 권력의 집행자가 아닌, 표상을 만들고 역사에 의미를 부여하는 작가·지식인들이다. 그들은 담론 생성을 통해 제도권 안팎의 권력 운동에 참여한다. 자신의 체험을 표상해내고 그 의미 체계를 재구성하여 자신들의 정치적 지향성에 새로운 힘을 불어넣는다. 그들은 스스로의 정치적 삶을 '해방 인민'과 '민족 주체화'의 이념으로 재구성하는 '자기 통치'의 어법을 대중 속에 전파하고 확장시킨다.

국제적인 데탕트 분위기 속에서 일본이 고도 소비사회로 이행한 1970년 무렵, 중년에 접어든 재일조선인 2세대 지식인들은 일본어 글쓰기로 인지도를 높이기 시작했다. 그때까지 조선총련은 조선어 창작과 일본어 번역을 원칙으로 삼았기 때문에 일본어 글쓰기가 제한되었다. 한일회담과 귀국(북송)사업을 둘러싼 남북한의 체제 경쟁이 일본에서 가열되고, 1960년 안보투쟁의 좌절과 신좌익 학생운동이 고조되는 상황에서, 재일조선인의 존립 문제를 부각시킬 분위기도 아니었다. 그러나 1970년대에 재일조선인의 일본 정주가 확실시되면서 작가와 지식인들의 표현력을 억누르는 일본어 배제론도 설득력을 상실했다.

역사가인 강재언은 1957년에 박경식과의 공저 『조선의 역사』를 저술한 이후, 1970년에 내재적 발전론에 입각한 『조선근대사연구』로 재등장한다. 총련의 조선신보사에 근무했던 이회성도 1969년부터 소설을 발표하여 1972년에 아쿠타가와상을 수상한다. 김석범은 1957년에 단편을 발표하고 1967년에 재등장하여 작가로서 활약한다. 김시종은 1957

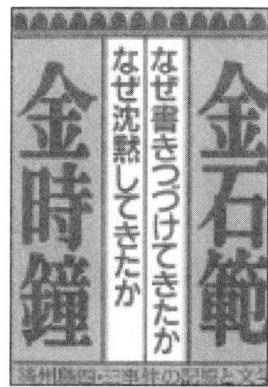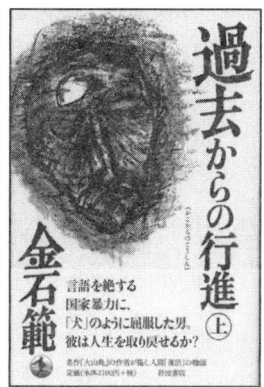

김시종과 김석범의 대화집(책 표지)과 각각의 책 표지

년에 시집 『일본풍토기』를 발표한 이후 1970년에 장편서사시 『니가타』를 출판한다. 1965년에 『조선인 강제연행의 기록』을 출판한 박경식도 1970년 3월에 조선대학교 교수직을 사퇴하고 재일조선인운동사 연구를 시도한다.

　　민전의 유력한 시 잡지 〈진달래〉를 발행했던 김시종은 일본어 창작을 배제하려는 총련의 주류파와 충돌하여 정치적 비판의 대상이 되었다. 논쟁의 발단은 조선작가동맹 위원장인 한설야의 김일성 예찬 소설 『역사』를 비판했기 때문이라고 한다. 소년 김일성이 반딧불을 찾아 헤매다가 반딧불이 곧 조국임을 깨닫는다는 에피소드에서 김시종은 어린 시절에 읽었던 나폴레옹의 영웅담을 떠올렸다.[52] 우상화를 위한 모방의 글쓰기와 교조적 정치주의를 비판한 김시종은 양석일 등과 함께 1959년 6월에 새롭게 동인지 〈가리온(カリオン)〉을 창간한다. 그 창간사

---

[52] 김시종은 『김일성선집』 권두에 실린 백마 탄 장군의 그림이 그가 소년기에 본 소화천황 히로히토의 영웅적 포즈와 같은 구도와 각도라는 사실도 지적했다고 한다. 金石範・金時鐘, 『なぜ書きつづけてきたか なぜ沈黙してきたか 済州島四・三事件の記憶と文学』, 143-144쪽.

의 마지막 구절은 "사회주의국가 건설에 박진하고 있는 조국, 조선민주주의인민공화국의 혁명적 제(諸) 사업의 일체 성공"을 염원하고 있다.53) 일본어 작가인 김시종의 작품을 '반조국적 언동'으로 비판하는 조선총련의 주류파에 대항하여, 조국의 대리인(조선총련)이 아닌 권위의 실체(공화국)를 불러들인 셈이다.

한편, 김석범은 자신의 창작 동기가 조직 운동 체험에서 비롯하였음을 고백한다.54) 김석범은 1952년에 일공을 탈당하고 비밀리에 센다이(仙台)의 북한과 연계된 비밀 조직으로 옮겼다. 그는 신문사의 광고 영업으로 북에 자금을 조달해야 했지만 노이로제 상태에서 도쿄로 향하고 말았다. 그런데 그를 대신했던 조직원이 다이너마이트로 자살을 감행했다. 조직 운동에서 니힐리즘에 빠진 그에게 소설 쓰기는 현실을 긍정하게 만드는 치유제와 같았다.55) 소설을 쓰며 포장마차를 끌던 김석범은 1960년에 다시 조선학교 교사로 부임했다. 그에 따르면, 당시 조직 활동은 애국자의 증표, 즉 '정치생명'이었기 때문에 조직에 대한 절망보다 조직을 떠난 자신에 대한 절망감을 극복하기 어려웠다고 한다.56) 그러자 김시종은 당시 "북조선·공화국은 절대적인 정의"였고 "사회주

---

53) 『ガリオン』 1호, 1959.6, 1쪽.
54) 金石範·金時鐘, 『なぜ書きつづけてきたか なぜ沈黙してきたか 済州島四·三事件の記憶と文学』, 138-141쪽. 제주4·3을 다룬 소설 「까마귀의 죽음」(1957)의 주인공은 미 군정청의 통역자이면서 게릴라 조직과 연결된 스파이였다.
55) 金石範·金時鐘, 『なぜ書きつづけてきたか なぜ沈黙してきたか 済州島四·三事件の記憶と文学』, 90쪽.
56) 센다이의 체험을 그린 김석범 「작렬하는 어둠」(炸裂する闇『地の影』集英社, 1996)에서 주인공의 진술 참조. 그는 당의 분열과 오류로 혼란한 상황에서도 탈당은 혁명으로부터 도망, 배신, 혁명적 정치생명을 끊는 것이었지만, 일공을 탈당하여 조국의 당에 직결함으로써 혁명 전선에 연결된다는 자부심, 일종의 영웅주의조차 느낄 수 있었다고 말한다. 金石範·金時鐘, 『なぜ書きつづけてきたか なぜ沈黙してきたか 済州島四·三事件の記憶と文学』, 139쪽.

의는 미래를 향한 정의"였다고 응답한다. 재일조선인 조직은 '정치생명'을 부여하고 '정의로운 삶'을 통치하는 '절대 권력'으로 작동했던 것을 알 수 있다.

그러나 혁명 또는 정의가 시대의 흐름에 따라 피동적으로 주어진 유토피아는 아니었다. 재일조선인 지식인들은 조직 생활의 갈등 속에서도 스스로 민족운동 담론을 생산하고 정체성 정치를 구사했다. 김시종과 김석범은 정형화되고 우상화된 권력의 행태와 불화했다. 하지만 북한과 총련의 규율 권력에 저항한 것은 아니며, 스스로의 정치적 삶에서 역사적 정의를 재구성해냈다. 김석범의 경우, 제주4·3과 분단 조국에 얽힌 '정치생명'을 주조하고, 김달수의 한국 방문 및 이회성의 한국 국적 취득을 비판하면서 스스로 '정의로운 삶'을 통치했다.[57] 그는 제주 4·3 현장에 없었던 책임감을 소설적 상상력으로 채웠고, 제주4·3의 기념사업에 관여하면서 양민 학살의 집단적 기억을 정치적 저항으로 이끌고자 했다.

그런데 김석범과의 회고담에서 김시종은 4·3 체험에 대한 자신의 불편한 기억을 내비친다. 4·3사건은 제주도에 남한 혁명의 기지를 세우려 했던 남로당 제주도당위원회 군사위원회(신탁통치 반대파)가 중심이 되어 일으켰다. 김시종은 촌민들이 적과 내통했다는 이유로 빨치산과 진압군 모두에게 살해당한 사실을 목격했다. 49년 말부터 남로당 조직은 지리멸렬한 상태에서 궁지에 몰리면 서로 의심하거나 적에게 팔고, 심지어 친족을 죽이고 오라고 명령하는 지경에 이르렀다고 한다. 말단에서

---

[57] "조선총련계의 작가들이 한국에 왔다는 사실만으로도 이용 가치가 있다."(「「在日」の虛構」, 『朝日新聞』夕刊, 1977.8.10.)라고 경계한 김석범은 1981년 김달수의 한국 방문을 독재 정권에 대한 지지라 비판하려 했으며, 1997년 이회성의 한국 국적 취득도 비판했다.

활동하다가 일본으로 망명한 김시종의 입장에서는 봉기의 무참한 경과를 생각하면 '인민 봉기'라는 정당성이 흔들려서 마음이 어두워진다는 것이다. 제주에서의 경험 때문에 그는 일본의 연합 적군과 학생운동이 내부 폭력으로 파멸해가는 모습에 놀라지 않았다고 한다.58) 하지만 그는 여전히 폭력으로 얼룩진 기억의 그늘에 반미 민족해방운동의 이념적 정당성을 비춘다. 민족적 정당성을 가슴에 품었기에 스스로의 정치적 삶을 구제하고 스스로의 운동 경험을 표상해 온 것이다.

한국을 미국의 식민지로 바라본 재일조선인 작가들은 일본어 글쓰기를 통해 조국 통일과 민족 해방의 이념을 '조선인'이라면 누구나 잉태해야 할 생체적 규범으로 표현하고 사회주의적 당파성을 견지했다. 한국전쟁이 동아시아 공산화 전략에서 어떻게 시작되고 전개되었으며 한국 내 역사 인식과 주권 의식이 어떠한가는 그들에게 중요하지 않았다. 그들과 연대하는 정치적 권역이 일본 내에 존재하는 사실도 그들의 담론 형성을 도왔다. 일관된 반미적 태도는 일본의 좌우파 민족주의자들과 베트남전쟁에 반대한 시민운동과도 불안정한 공감대를 이루었다. 일본어 인터넷 서적 마켓인 아마존을 검색해 보면 "해방을 빼앗기고 혁명에 좌절하고 국가와 조직에 저항하면서, 퇴락하는 정치와 역사를 짓밟고서 우뚝 솟은 김석범 문학"이라는 광고 문안을 볼 수 있다.59) 재일조선인의 정치적 '좌절'과 '저항'에 대한 장엄한 수사는 재일조선인운동과 연대해 온 진보적 일본인들의 공통감각에서 나왔다.

김시종이 불편한 기억을 드러낸 시기는 한국의 대북 정책이 유연

---

58) 金石範・金時鐘, 『なぜ書きつづけてきたか なぜ沈黙してきたか 済州島四・三事件の記憶と文学』, 114-115쪽.
59) 원문은 "解放を奪われ、革命に挫折し、国家と組織に抗いながら、頽落の政治と歴史を踏み砕き屹立する金石範文学"(「BOOK」データベースより)이다. 『金石範作品集⟨1⟩』, 平凡社, 2005의 광고 문구이다.

해지고 북한의 국가 폭력이 문제되기 시작한 2000년 이후이다. 이 시기에 김석범은 남도, 북도 아닌 '준통일 국적'의 의미로서 조선적을 다시 규정한다.[60) 조선적이 미래의 통일국가를 표상하고, 조선적의 유지가 통일 운동의 의미를 획득하는 셈이다. 국적의 정치적 의미에 민감하게 반응하지만, 조선적을 해외 공민으로 간주하는 정치권력에 저항하는 것은 아니다. 조선적의 통일 표상은 재일조선인운동사 담론에서 부여한 '자기 표상'이며, 한국 국적 취득을 비판하고 조선적을 유지하는 작가 스스로의 '자기 통치' 방법이다.

재일조선인운동과 그 담론의 의미는 한미일의 반공 체제와 일본공산당에 대한 비판 논리, 또는 일본의 식민주의 비판 및 재일조선인의 생활 정치를 옹호하는 입장에서 주로 언급되어 왔다. 그리고 조선총련의 지위가 약화되고 일본의 민족주의 우파에 의한 '반한류' 기운이 강화되면서, 그동안 홀시되었던 과거 조련과 민전의 역사를 재조명하려는 재일조선인 연구자의 움직임도 이미 시작되었다.[61)

그러나 '북송사업'과 재일조선인 후손의 탈북 문제에 대한 재일조선인 지식계의 대응 및 인식을 보더라도, 새롭게 구성되는 재일조선인 운동사 담론에서도 기존의 당파적 구도를 넘어설 가능성을 찾기는 쉽지 않다.[62) 전후 재일조선인운동과 지식 담론을 '자기 표상'과 '자기 통

---

60) 金石範・金時鐘, 『なぜ書きつづけてきたか なぜ沈黙してきたか 済州島四・三事件の記憶と文学』, 158쪽.
61) 본고에서 인용한 오규상의 조련 연구도 한 예이다. 그 밖에 鄭栄桓, 「解放直後在日朝鮮人自衛組織に関する一考察--朝連自治隊を中心に」, 『朝鮮史研究会論文集』, 第44集, 2006.10.
62) 필자가 2000년대에 일본에 체류하면서 만난 재일조선인과 일본인들 중에는 탈북 현상을 미국의 공작으로 간주하거나, 북한민주화 운동과 탈북자를 지원하는 조직(「救え! 北朝鮮の民衆/緊急行動ネットワーク」 RENK)을 보수・반동시하거나 관계된 지식인들(李英和, 佐藤卓己 등)을 전향자로 경원시하는 시선

치'의 당파적 정치성 바깥에서 성찰하는 과제는 이제부터 시작되어야 할 것이다. 이제 중국의 세계적 부상 속에서 1945년 이래 동아시아 공산주의 및 민족운동, 민주화에 대한 트랜스내셔널한 역사적 성찰이 새롭게 요구된다. 재일조선인 담론의 민족성과 정치성의 문제도 새로운 시대적 연구 과제 속에서 재고되어야 할 것이다.

들도 제법 많았다.

전후 일본의 지식 풍경

제3부
사회과학의 형성/변용

현대일본생활세계총서 4

전후 일본의 지식 풍경

전후 일본의 지식 풍경

06 전후 사회과학의 제도와 지식*
도쿄대학 사회과학연구소의 탄생과 운용

남기정

사회과학연구소의 구성원들(1963)

* 이 글은 고려대학교 일본연구센터 편, 『일본연구』 제19집에 게재된 초고를 수정·보완한 것이다.

1. 전후의 개시와 사회과학의 재탄생

이 글은 전후 일본에서 '사회과학'에 대한 '학지(學知)'가 형성되고 전개되는 과정을 도쿄대학 사회과학연구소를 소재로 하여 지식사회학적으로 접근하고자 하는 노력의 일환이다.[1] 지식사회학이란 지식과 사회 사이의 상호 관계를 '지식의 사회적 피제약성'에 주목하여 연구하는 학문이다.[2] 사회과학연구소의 사회과학은 한편으로는 전후 일본 사회가 안고 있는 시대적 과제에 부응하면서 다른 한편으로는 도쿄대학이라는 제도 속에 자리매김해야 하는 사회적 제약에 대응하는 가운데 형성, 전개되었다. 도쿄대학 사회과학연구소가 부딪혔던 이러한 두 가지의 피제약성은 연구소의 지향과 내용을 구속하고 있었으며, 거꾸로 일본의 '전후 사회과학'의 전개에서 도쿄대학 사회과학연구소가 가지는 독특한 위상으로 인해 동 연구소가 산출하는 연구들은 전후 일본의 사회과학의 지향과 내용을 규정하고 있었다.

우선 시대적 과제와 관련하여, 일본의 '전후 사회과학'은 패전 후 일본이 '제국' 일본의 유제를 극복하고 '민주' 일본의 탄생을 견인하는 시대적 소명 의식 속에서 만들어진 것이었다. 따라서 '전후 사회과학'의 의의와 한계를 논하는 것은 바로 '전후 일본'이 지녔던 가능성과 문제점을 동시에 드러내는 일이다. 한편 도쿄대학 사회과학연구소는 1946년에 개

---

[1] '학지'란 "'학문의 내재적 이해를 전제로 하면서 동시에 '지'의 실천이라는 문맥을 이해하려는 복안적 시점"을 염두에 둔 용어이다. 酒井哲哉, 「編集にあたって」, 酒井哲哉編, 『「帝国」編成の系譜―「帝国」日本の学知』, 岩波書店, 2006, v쪽.
[2] M. Scheler(1980), "Probleme einer Soziologie des Wissens", *Die Wissensformen und die Gesellschaft*, ed.3, Vol.8, Bern, 1980, p.17. 이을상, 「막스 셸러의 지식사회학: 그 철학적 토대와 전개」, 『지식의 형태와 사회1』, 한길사, 2011, 7쪽에서 재인용.

설된 대학 부치연구소(대학 본부 직할연구소)로서, 전후 일본 사회가 변곡점을 맞이할 때마다 새로운 사회적 담론을 형성하고 전파해 온 일본의 대표적 대학연구소이다.3) 그런 의미에서 동 연구소는 사회과학자들의 집단이 대학 부치연구소로서 존립해야 하는 근거를 스스로 마련해야 했으며, 존재 이유의 증명 그 자체가 존립의 이유가 되기도 했다.

이제까지 '전후 사회과학'에 대한 논의는 주로 오츠카 히사오(大塚久雄)의 경제사, 가와시마 다케요시(川島武宜)의 법사회학, 마루야마 마사오(丸山真男)의 정치학 등 제각각 '자신의 강좌에서 골목대장(それぞれの講座のお山の大将)'4)이 된 스타급 사회과학자를 중심으로 논의되어 왔다.5) 이들은 '전후 사회과학'의 태두(泰斗)로서 일본의 사회과학이 이르렀던 도달점이었다. 이 글에서는 도쿄대학 사회과학연구소에 모여들었던 사회과학자들을 다룸으로써 이들 봉우리를 에워싸고 펼쳐졌던 숲을 보고자 한다. 오츠카, 가와시마, 마루야마 등에 대한 연구가

---

3) 도쿄대학 사회과학연구소의 연혁과 구성 및 현황 등에 대해서는 홈페이지를 참조하기 바란다. http://jww.iss.u-tokyo.ac.jp/
4) 「座談会・社会科学研究所の30年」, 『社会科学研究所の30年—年表・座談会・資料(이하 社会科学研究所の30年)』, 1977, 35쪽.
5) 이들에 대한 개별 연구는 일일이 열거하기 어렵다. 다만 이들을 소재로 하여 '일본의 사회과학'을 규명하려 했던 연구로 바셰이와 코시만의 연구가 있어서 이 글의 목적과 관련하여 참고가 된다. 그 의미에 대해서는 결론에서 다루고자 한다. 또한 한국에서 '일본의 사회과학'을 검토한 것으로 한영혜, 이석원, 고희탁의 연구가 있다. アンドリュー・E・バーシェイ(2007), 『近代日本の社会科学—丸山真男と宇野弘蔵の射程』, NTT出版; ヴィクター・D・コシュマン(2011), 『戦後日本の民主主義革命と主体性』, 平凡社; 한영혜(1991), 「일본 사회학의 형성과 전개: 성립에서부터 제2차세계대전기까지」, 『사회와 역사』32권; 이석원(2010), 「위기의 사회과학: 전간기(戰間期) 일본에서의 협동체주의와 지역주의」, 『역사문제연구』 23권; 고희탁(2010), 「전후 일본의 정치학 정체성론 연구: 과학성, 자율성, 주체성을 둘러싼 논의를 중심으로」, 『일본연구논총』, 31권.

'전후 사회과학'의 높이를 연구하는 것이라면, 이 글은 그 넓이를 연구하는 것이라 할 수 있다.

사회과학연구소에 대한 연구는 그리 많지 않다. 조수를 거쳐 정년 퇴임까지 사회과학연구소에 재직했던 두 명의 내부 구성원에 의한 연구와 한 명의 전직 내부 구성원에 의한 연구가 있다. 먼저, 와다 하루키(和田春樹)의 연구가 있다.[6] 와다의 연구는 야나이하라 다다오(矢内原忠雄), 야마노우치 이치로(山之內一郞), 우노 고조(宇野弘蔵) 등 초창기 리더들의 지나친 자기 확신과 그로 인한 확집, 연구소 차원의 공동의 인식 형성의 지체, 외지 특히 경성제대와 베이징대학 출신 연구자들의 인식의 한계 등을 지적하고 있다. 특히 와다는 초창기 구성원 가운데 식민지 대학에서 근무했던 연구자들이 포함되어 있었음에도 불구하고, 일본의 식민 지배 문제가 사회과학연구소의 연구 주제로 진지하게 연구되지 못한 데 대해 비판하고 있다.

다음으로 이시다 다케시(石田雄)의 논평이 있다.[7] 이시다는 연구소 창립 60년의 역사를 세 시기로 구분하고 각 시기의 성과와 한계를 지적하고 있다. 제1기는 창립 이래 1960년대 중반까지의 시기로, 내우외환의 위기를 극복하면서 장래 사회과학 발전의 기초가 될 개별 연구가 축적된 시기로, 임박한 위기에 대응하여 사회과학연구소의 존재의의를 확인시킨 것이 1963년에 출판된 『사회과학의 기본문제』 상하 2권이었다. 제2기는 『기본적 인권의 연구』 전5권(1968년), 『전후개혁』 전8권(1974-1975년), 『복지국가』 전6권(1984-1985년) 등 굵직굵직한 공동 연

---

[6] 和田春樹(1980), 「戦後日本における社会科学研究所の出発」, 『社会科学研究』 32巻2号.
[7] 石田雄(2007), 「社会科学研究所の60年と日本の社会科学」, 『社会科学研究』 59巻1号.

야나이하라 다다오   야마노우치 이치로   우노 고조

구 성과가 제출된 시기였다. 이시다는 『현대일본사회(現代日本社會)』 전6권 시리즈가 기획, 준비되던 1980년대 중반부터 제3기로 구분하고 있다. 그 이유로 이전의 성과들과 『현대일본사회』 사이에 비판 의식의 약화라는 문제점이 보인다는 점을 들었다.[8]

다음으로 후쿠시마 신고(福島新吾)의 연구가 있다.[9] 후쿠시마는 1921년생으로 센슈대학(專修大學) 교수(정치학)로 재직했으며, 1947년부터 54년까지 사회과학연구소 조수를 역임했다. 후쿠시마는 '사회과학연구소 설치 사유(設置事由)'에 정부와 국회의 운영에 도움이 되는 연구를 추진하겠다는 내용의 문장이 들어간 것은 정부를 설득하기 위한 것이긴 하나, '소박한 실용주의적 학문관'이 엿보인다고 비판하고 있다. 연구의 시기적 대상은 이시다가 제1기로 설정한 시기에 집중되어 있다. 설립 초기 조수의 신분으로 야나이하라, 야마노우치, 우노 등을 접하면서 갖게 된 생각들, 공산당에 입당해서 도쿄대학 내 직원조합운동을 전개했던 이야기들을 읽을 수 있다.

---

8) 石田雄(2007), 143쪽.
9) 福島新吾(2003),「社會科學としての政治研究―1947~54」,『專修大學社會科學研究所月報』486号.

이 글은 이들 연구의 연장에서 '사회과학연구소의 사회과학'이 어떠한 것이었는지를 드러내 보이고자 하는 시도이다. 시기적으로는 이시다의 시기 구분에 따른 제1기를 연구 대상으로 하고자 한다. 구체적으로는 연구소 설립 후 최초의 전 연구소 차원의 공동 연구 『사회과학의 기본문제』 상하 두 권이 출판되는 1963년까지이다. 이 책의 출판은 연구소의 존립 이유를 내외에 각인시키는 '사건'이었으며, 이를 계기로 비로소 연구소는 안정적 기반 위에 서게 되었다. 기본적으로 검토될 자료는 앞의 두 권에 더해 『사회과학연구소의 30년』(1977), 『도쿄대학 백년사, 사회과학연구소 편』(1987), 사회과학연구소의 기관지 〈사회과학연구〉의 창립 15주년 기념호 및 창립 50주년 기념호, 초기 사회과학연구소를 구성했던 교수들의 환갑 기념호 등이다.

이하 사회과학연구소의 설립 경위와 초창기 인적 구성에서 '전후 사회과학자'들의 면면과 그들이 하나의 연구 공동체에 집결한 의미에 대해 살펴보고, 사회과학연구소의 지향점이 구체화되는 시기에 그들이 추구했던 사회과학의 성격을 파악해 보고자 한다. 그리고 결론에서는 '사회과학연구소의 사회과학'이 일본의 '전후 사회과학'에서 지니는 의의에 대해 검토해 보고자 한다.

2. 도쿄대학 사회과학연구소의 설립

사회과학연구소의 창립은 사회과학이라는 용어 자체가 금기시되던 시대와 결별하고 학문과 대학의 역사에 새로운 시대를 개척하는 것으로 받아들여졌다. 다시 말해 사회과학연구소는 '신생 일본의 건설에 기여하고 대학과 학문의 혁신을 위한 거점'으로서의 사명을 자임하고 탄생된 조직이었다.[10]

연구소 창립을 주도한 것은 자칭 '아이디얼 리얼리스트(ideal realist, 이상주의적 현실주의자)' 남바라 시게루(南原繁)였다.[11] 남바라는 패전하던 해 3월에 법학부장에 취임한 뒤, 오키나와전투를 즈음해서 일본의 패전을 예견했고, 그와 동시에 전후 일본의 도쿄대학 구상을 품기 시작했다고 한다. 그 구상 가운데 하나가 문과 계열의 신연구소 설립 구상이었다. 당시 도쿄대학에는 대동아공영권 건설이라는 국책에 기여할 연구 조직으로 전시하에 신설된 동양문화연구소가 유일한 문과 계열 연구소로 설립되어 있었다.[12]

사회과학연구소의 명칭도 남바라의 주장에 따른 것이었다. 개소식 연설에서 남바라는 그 명명이 '광범한 연구 영역을 가진 사회과학적 연구의 중요성'을 감안한 것이었기 때문에, 그것이 비록 '사회과학'이라는 이름에 '좌익적 이론 연구의 대명사와 같은 특정한 평가'가 붙어 있음에도 불구하고, '처음부터 감히 사회과학이라는 이름을 걸고 출발했던 것'

---

10) 東京大学百年史編纂委員会編(1987), 『東京大学百年史, 部局史4, 社会科学研究所』, 3쪽.
11) 加藤節(1997), 『南原繁―近代日本と知識人』, 岩波新書, 5쪽.
12) 「座談会・社会科学研究所の30年」, 『社会科学研究所の30年』, 1977, 31쪽; 東京大学百年史編纂委員会編, 1987, 4쪽.

이라고 강조하고 있다.13) 즉, '사회과학'을 연구소의 명칭에 다는 것 자체가 큰 의미를 가지고 있었던 것이다. 이 명칭에 대해서는 내부에서도 '지나치게 새롭다'는 신중론이 있었다. '사회과학'이라는 용어는 일종의 금기였으며, 그 용어에는 '위험함'이 묻어있었기 때문이다.14) 그러나 오히려 그러한 분위기였기에 사회과학연구소의 설립은 그 자체로 의미를 지니고 있었으며, 패전 이후 '사회과학'의 소생을 알리는 사건이었다.

1946년 4월 18일, 아직 도쿄대학이 도쿄제국대학으로 불리던 시절 본부 사무부로부터 문부성 앞으로 사회과학연구소의 관제 제정을 요구하는「동대서(東大庶) 394호」가 발송되었다. 여기에「사회과학연구소 관제안」,「사회과학연구소 조직 및 연구 사항」,「사회과학연구소 설치 사유(이하 설치 사유)」등이 포함되어 있었다. 이어서 1946년 8월 28일, 칙령 394호,「사회과학연구소 관제」에 따라 연구소가 창설되었다. 그로부터 연구소 개소를 위한 움직임이 구체화되어 실질적으로는 1947년 2월 1일, 개소 기념 강연회를 개최하면서 연구소는 모습을 드러내었다. 사회과학연구소는 이날(2월 1일)을 창립 기념일로 삼고 있다.15)

창설을 주도했던 남바라, 야나이하라, 와가쓰마 사카에(我妻栄) 등이 스스로 내건 사회과학연구소의 의의는 두 가지였다. 첫째, 대학의 사회과학 연구가 현실 속에 깊이 기초를 두어, 확고하고 건실하게 함과 동시에, 둘째, 장래 정부와 '제국의회'에 대해 때때로 필요에 따라 본 연구소의 조사 연구 성과를 제공하여 국가 정책의 수립에 기여·공헌하는 것이다.16)

---

13)　東京大学百年史編纂委員会編, 1987, 6쪽.
14)　『社会科学研究(社会科学研究所15周年記念号)』, 1963쪽, 15巻1号.
15)　『社会科学研究(社会科学研究所15周年記念号)』, 1963쪽, 15巻1号.
16)　東京大学百年史編纂委員会編, 1987, 7-8쪽.

이러한 생각이 「설치 사유」에 표현되었다. 「설치 사유」는 와가쓰마 법학부장이 기초(起草)했다고 알려지고 있다. 「설치 사유」에서는 연구소의 설립 목표를 '세계 각국의 법률, 정치, 경제 제도 및 그 현황에 대해 정확한 자료를 조직적 계통적으로 수집하여 엄밀하고 과학적인 비교 연구를 수행함에 있다'고 선언하고 있다. 이로부터 연구소가 수행할 연구가 세계 각국의 지역연구, 법학·정치학·경제학 등의 학제 연구, 기초 자료에 입각한 실증 연구, 각국의 사례를 일본의 경우와 대조하는 비교 연구 등이 주된 내용이 될 것이라는 점을 예상할 수 있다. 이 가운데 특히 비교 연구가 강조되었다. '대학에서의 사회과학 연구'가 '한편으로는 우리나라(일본)의 현실에 입각하면서 나아가 다른 한편으로 해외 여러 국가의 법률, 정치, 경제의 실제 정세를 늘 성찰 대조하여, 확고한 지반과 넓은 시야 위에 서서 전진'하는 데에서 의미를 찾을 수 있다는 것이다.

비교 연구의 성공은 물론 객관적 자료의 충실한 확보가 전제되어야 한다. 따라서 자료의 수집과 분석이 강조되었다. 그런데 이러한 '실증과 비교에 입각한 지역연구'는 과거 일본의 학문이 총력전 체제에 복속되면서 극단적 정신주의와 일본중심주의에 빠져 객관적 세계정세의 흐름을 읽어내지 못했다는 반성에 입각한 것이었다. 따라서 연구소 설립의 필요성은 단지 학문적 수요에 있는 것이 아니라, '일본이 앞으로 입법과 시책의 계획 수립과 그 실시를 위해서도 긴요'한 것이었다. 나아가 '설치 사유'는 연구소 설립의 궁극적 필요성을 '민주주의적 평화 국가로서 국정을 일신'하는 데에서 찾고 있다.[17]

간단히 말하자면 실증과 비교 방법에 기초한 사회과학의 종합적,

---

17) 「社会科学研究所設置事由」, 『社会科学研究』 15巻1号, 1963.

학제적 연구를 통해 잘못된 국책 수립에 제동을 걸고 올바른 국책을 제언하겠다는 것이 설치의 이유였다. 여기에는 사회과학의 실용적 측면이 강조되어 있다. 비교와 종합, 실증이라는 세 가지 지향점은 남바라의 개소식 기념 인사에서도 나타나 있다. 남바라는 전전의 학문 공동체가 군부의 통제 속에서 전쟁을 목적으로 한 비과학적이고 왜곡된 연구에 종사하게 되었다는 점을 반성하고, '순수히 학문적 입장에서 전후의 부흥과 평화 민주국가, 문화일본의 건설을 위해 진정으로 과학적인 조사 연구를 지향하는 기관의 필요성을 통감'한 것이 사회과학연구소 창립의 동기였다고 하고, 이러한 전철을 밟지 않기 위해 세계적 비교 연구, 법학·정치학·경제학의 종합적 연구, 실제적 조사 연구의 세 가지를 사회과학연구소가 지향할 목표로 제시했다.[18]

3. 도쿄대학 사회과학연구소에 모인 사람들

창립 멤버 인사는 와가쓰마 법학부장을 중심으로 진행되었다. 교수급 연구자들을, 그것도 도쿄대학의 교수급 연구자들을 한꺼번에 모집한다는 것은 쉬운 일이 아니다. 총력전에 협력하거나 동원되었던 대학교수들이 쫓겨난 전후의 대학에서는 인력난이 심각했다. 따라서 기존의 대학에서 유력한 연구자를 빼온다는 것은 윤리적으로도 문제가 있었다.[19] 그런 상황에서 조선과 중국의 대학 또는 연구 기관에 재직했다가 패전 이후 일본으로 돌아와 있던 연구자들이 영입 대상 1호로 주목되었

---

18) 南原繁, 「社会科学研究所の設置について」, 『社会科学研究』 創刊号, 1947; 『社会科学研究所の30年』, 1977, 33-35쪽, 44쪽.
19) 『社会科学研究所の30年』, 1977, 46쪽.

다. 패전 시에 경성제대에 재직하고 있던 우카이 노부시게(鵜飼信成), 아리이즈미 도루(有泉亨), 하야시 시게루(林茂), 베이징대학에 재직하고 있던 다카하시 유지(高橋勇治) 등이 그들이다. 이어서 외무성 조사국에 재직하던 야마노우치 이치로, 육군경리학교에 재직 중이던 우치다 리키조(内田力蔵), 미치비시경제연구소에 근무하던 우노 고조 등 대학에서 쫓겨나 있던 연구자들이 대학으로 돌아왔다. 야마노우치, 우카이, 아리이즈미 등은 와가쓰마 교수의 개인적 인맥과 추천으로 채용된 사람들이었다.[20] 그러나 남바라의 삼고초려를 받아들여 경제학부 출신의 야나이하라가 초대 소장으로 취임한 이후로는 경제학자들이 영입되기 시작했다. 우노 고조에 이어서 일본농업연구소의 오우치 츠토무(大内力), 도쿄시바우라전기회사(현재의 도시바)의 스즈키 코이치로(鈴木鴻一郎), 종전 시 육군 주계소위였던 엔도 쇼키치(遠藤湘吉), 마에다 문부상의 비서로 문부성에 재직하던 가지 신조(嘉治真三) 등 경제학 연구자들이 연구소 전임 연구원으로 결정되었다. 여기에 더해 겸임교수로 법학부에서 스에노부 산지(末延三次), 노다 요시유키(野田良之), 경제학부에서 오코우치 가즈오(大河内一男), 오츠카 히사오, 야나이 가쓰미(楊井克巳) 등이 참가하여 초기 연구진이 구성되었다. 10명의 전임 교수 가운데 법학부 출신이 5명, 경제학부 출신이 4명, 사학과 출신의 경제사 전공자가 1명으로, 초기 사회과학연구소는 도쿄대학 법학부와 경제학부의 연합군과 같은 성격을 지니고 있었다.

창설 시 미국, 영국, 공법, 정치, 경제의 5개 연구 부문으로 구성되었던 조직은 1949년부터 연구 부문 증설이 시작되어 1951년 일단 초기의 진용을 완성하게 되었다. 1949년에는, '소비에트연방 및 동유럽' 부문

---

[20] 『社会科学研究所の30年』, 1977, 39쪽.

과 '일본재정 및 금융' 부문이 증설되었고, 1950년에 '일본 사회조사' 부문이 증설되었으며, 1951년에는 '중국 및 조선', '프랑스 및 서유럽, 남유럽', '일본 사법'의 세 부문이 증설되었다. 이로서 합계 11개 부문(공법, 사법, 정치, 산업 경제, 재정 및 금융, 사회조사, 미국, 영국, 소련 및 동유럽, 프랑스 및 서유럽, 남유럽, 중국 및 조선)이 되었고, 1964년에 확충이 이루어지기까지 이 체제가 유지되었다.[21] 이러한 연구 조직의 구성에서 보면 사회과학연구소는 '법학, 정치학, 경제학의 전공별로 진행되는 일본학연구소'에 '전공 횡단의 해외지역학연구소'를 덧붙인 모습으로 출범했음을 알 수 있다. 이러한 특징은 지금도 유지되고 있는데, 비교 연구와 종합 연구의 수행이라는 목적에 충실하고자 한 이러한 조직 구성이 뒤에 국제문제연구소 설치안의 부상에 따른 위기를 초래하는 원인이 되었다. 이에 대해서는 후술하고자 한다.

본고가 연구 대상으로 설정한 1960년대 초반까지의 교수진 진용은 다음의 표와 같다.

〈표〉 설립 초기 교수진 리스트, 채용순으로 정리[22]

이름	출생/사망년 (패전시 나이)	임용/ 퇴임년	전공	임용전/퇴임후 주요 경력	비고
야마노우치 이치로 山之内一郎	1896-1959(49)	1946-1956	소련법	규슈제대/ 외무성조사국(전) 구마모토대(후)	4대 소장 (1953-1955)
우카이 노부시게 鵜飼信成	1906-1987(39)	1946-1961	일본헌법 행정법	경성제대(전), 국제기독교대학 학장(후)	3대 소장 (1952-1953, 사임)
아리이즈미 도루 有泉亨	1906-1999(39)	1946-1967	노동법	경성제대/호세대(전)	5대 소장(1955-1957) 8대 소장(1964-1966)

---

21) 東京大學百年史編纂委員会編, 1987, 13쪽.
22) 『社会科学研究』 사회과학연구소 설립 50주년 기념호 연표에서 정리함. 「社会科学研究所の50年」, 『社会科学研究』 48巻4号, 1997.

이름	생몰년(연령)	재직기간	전공	소속(전/후)	비고
다카하시 유지 高橋勇治	1909-1992(36)	1946-1969	중국 근현대사	동방문화학원/ 호세대학/베이징대학	
하야시 시게루 林茂	1912-1987(33)	1946-1973	일본 정치사	경성제대(전), 가나가와대학(후)	
우치다 리키조 內田力藏	1909-(36)	1946-1969	영미법	호세대/ 육군경리학교(전)	6대 소장(1957-1960)
우노 고조 宇野弘蔵	1897-1977(48)	1947-1958	경제이론	도호쿠대학/ 미츠비시경제연구소(전), 호세대학(후)	2대 소장 (1949-1951, 사임)
스즈키 고이치로 鈴木鴻一郎	1910-1983(35)	1947-1954	경제이론	도쿄시바우라전기회사(전), 가나자와대학/데쿄대학(후)	전출(도쿄대 경제 학부), 우노학파
오우치 츠토무 大内力	1918-2009(27)	1947-1957	농업 경제학	일본농업연구소(전)	전출(도쿄대 경제 학부), 우노학파
엔도 쇼키치 遠藤湘吉	1916-1975(29)	1947-1963	재정학	도쿄대 경제학부(후)	전출(도쿄대 경제 학부), 우노학파
가지 신조 嘉治真三	1905-?(40)	1947-1966	경제 지리학	문부성/오사카상대/아베 요시시게 문부상 비서(전)	
후지이 히로시 藤井洋	?-1951(-)	1947-1951		미츠비시경제연구소(전)	1951년 2월 사망
다카하시 고하치로 高橋幸八郎	1912-1982(33)	1947-1973	프랑스 경제사	농업종합연구소/ 경성제대(전) 와세다대학(후)	7대 소장(1960-1964) 9대 소장(1966-1968)
후지타 와카오 藤田若雄	1912-1977(33)	1949-1973	노동법	세이난가쿠인전문학교(전), 국제기독교대학(후)	
우지하라 쇼지로 氏原正次郎	1920-1987(25)	1949-1981	경제학/ 사회조사	도쿄대학 경제학부 조수(전)	
가토 도시히코 加藤俊彦	1916-2005(29)	1949-1977		도쿄고등사범학교(전)	
이소다 스스무 磯田進	1915-2002(30)	1949-1975	법사회학	동아연구소/ 법무청사무관(전) 니혼대학(후)	
우다카 모토스케 宇高基輔	1911-1994(34)	1950-1973	소련· 동유럽 경제	오카야마대학(전), 우노학파	
우시오미 도시타카 潮見俊隆	1922-1996(23)	1950-1977	법학/ 법사회학		川島武宜제미(ゼミ) 출신

다카야나기 싱이치 高柳信一	1921-2004(24)	1952-1982	헌법/ 행정법	센슈대학(후)	宮沢俊義제미(ゼミ) 출신
이시다 다케시 石田雄	1923-(22)	1952-1984	일본정치		丸山真男제미(ゼミ) 출신
후루시마 가즈오 古島和雄	1922-2004(23)	1954-1982	중국 근현대사	도쿄대 동양문화연구소(전)	
스즈키 게스케 鈴木圭介	1912-?(33)	1954-1973	미국 경제사	릿교대학(전)	
와타나베 요조 渡辺洋三	1921-2006(24)	1958-1982	프랑스 민법		川島武宜제미(ゼミ) 출신
후지타 이사무 藤田勇	1925-(20)	1958-1986	소련법	가나가와대학(후)	함경북도 출생
아라키 모리아키 安良城盛昭	1927-1993(18)	1960-1973	일본 근세경제	오키나와대학(후)	
도하라 시로 戸原四郞	1930-2004(15)	1961-?	독일경제		
이데 요시노리 井出嘉憲	1931-(14)	1961-1992	미국 행정학		

이상은 사회과학연구소가 발간해 내는 최초의 공동작업 『사회과학의 기본문제』에 참여한 교수들 가운데 막내 연구자인 이데 요시노리(井出嘉憲)가 채용되는 시기까지의 진용이다. 1946년에 6명, 47년에 7명, 49년에 4명 등이 최초의 본격적 충원으로 임용된 이후, 50년부터 61년까지 매년 1명꼴로 채용되어 모두 28명이 채용되었으며, 그 사이에 사망, 퇴임, 전출 등의 이유로 5명이 줄어, 사회과학연구소 창립 15주년인 1961년에는 23명이 연구소 전임 교수로 소속되어 있었다. 초기의 진용에서 보이는 특징은, 와다 하루키가 지적하듯 경성제대 출신 연구자의 영향력이 작지 않았다는 점과 경제학 연구자 가운데 이른바 '우노학파' 연구자가 대거 모여들었다는 점, 그리고 1950년 이후 대학에 입학해서 '전후 사회과학'의 최초의 세례(洗禮)를 받은 연구자들이 들어오기 시작

했다는 점을 들 수 있다.

우선 주목할 것은 경성제대 출신 연구자들이 46년 임용자 가운데 3명, 47년 임용자 가운데 1명이 채용되어 수적으로도 적지 않았던 데 더해, 이들 가운데 3명이 5대에 걸쳐 소장을 역임하면서 초기 사회과학연구소의 기반 구축에 크게 기여하고 있었다는 점이다. 최초의 기념비적 공동 연구 성과인『사회과학의 기본문제』가 출판되는 것도 경성제대 출신인 다카하시 고하치로가 7대 소장으로 있던 시기였다. 경성제대 출신은 사회과학연구소에서 시민권을 얻고 있었을 뿐더러 권위이기도 했던 것이다. 그럼에도 불구하고, 와다 하루키가 지적하는 바와 같이, 사회과학연구소 연구자들에게 식민지에 대한 인식이 옅었다는 사실은 매우 심각한 문제점이다.

둘째로 지적할 수 있는 것은 초기 진용에서 '우노학파'가 가지는 특별한 위상이다. 47년에 임용된 7명의 연구자 가운데 우노 자신을 포함해서 '우노학파'로 불리는 경제학 연구자는 4명에 이른다. 46년에 임용된 연구자들이 대부분 법학, 정치학 연구자였던 데 비해 47년에 임용된 7명은 모두 경제학 연구자였다. 그 가운데 활동이 빈약했던 가지 신조(嘉治真三)와 후지이 히로시(藤井洋), 그리고 경제사가인 다카하시 고하치로(高橋幸八郎)를 제외하고 경제 분석과 경제 이론에서 4명이 우노학파 연구자들로 채워졌던 것이다. 경제 부문에서 노농파 계열이라고 할 수 있는 우노학파가 중심이 되었던 것은 전전의 강좌파 연구자들 대부분이 구속과 징역 등의 이력이 있어서 채용 조건에 맞지 않았던 것이 이유가 되었을 수 있다.[23] 이 가운데 3명은 도쿄대 경제학부로 전출되고 우노 자신도 58년에 퇴임함으로써 50년대 후반 이후 그 영향력이 퇴조

---

23) 福島新吾(2003), 6쪽.

하게 되지만, '우노학파'가 초기 사회과학연구소에 미친 영향력은 결코 작지 않았다고 생각된다. 특히 '실천'을 배제한 마르크시즘이 대학연구소에 자리 잡고, 이어서 이들이 경제학부로 전출함에 따라, 마르크스경제학이 대학 내에서 제도화하는 데 사회과학연구소가 큰 역할을 했던 것은 부인할 수 없다. 이는 '마르크시즘의 체제내화(體制內化)'라고도 할 만한 일이었다.

셋째로 지적되어야 할 내용은 전후 세대의 등장이다. 1950년에 채용된 우시오미 도시타카는 가와시마 세미나(川島ゼミ) 출신이다.[24] 그 뒤로 미야자와 도시요시(宮沢俊義), 마루야마 마사오 등의 세미나 수업에 참가했던 연구자들, 이른바 '전후 계몽 세대'의 주력부대라고 부를 만한 연구자들이 채용되기 시작했다. 다카야나기 신이치, 이시다 다케시, 와타나베 요조 등이 이에 해당하는 세대라고 할 수 있는데, 이들이 학도출진을 마치고 대학에 돌아와 대학원에 진학하여 연구자로서의 자의식을 갖게 될 때에는 이미 도쿄대학에 사회과학연구소가 설립되어 있었다. 이에 더해 아라키, 도하라, 이데 3명은 전후에 대학에 진학한 세대에 속해 있었다. 따라서 이들은 사회과학연구소의 존재를 도쿄대학과 불가분의 일부분으로 당연시하는, 진정한 의미에서 '전후 사회과학'의 담당자들이었다고 할 수 있다. 또한 도하라, 이데 등이 채용되는 1961년에는 이미 야마노우치, 우카이, 우노 등 거물 1세대가 은퇴하여 연구소

---

24) 일본의 대학 수업은 강의 형식으로 진행되는 강의 수업과 세미나 형식으로 진행되는 세미나 수업이 있으며, 세미나 수업을 독일어식 일본어인 제미나르(ゼミナール) 혹은 이를 줄여 제미(ゼミ)라 부른다. 세미나 수업은 교양과정을 마치고 전공 과정에 진학한 학부생부터 참가할 수 있으며, 대학원생이 되면 지도 교수의 세미나 수업이 연구와 생활의 중심이 된다. 같은 세미나 수업에서 수학한 동학(同学) 그룹을 그 지도 교수의 이름을 딴 제미 출신자들로 호칭한다.

안에서 한차례 세대교체가 일어난 상태였다. 이데가 30세의 나이에 연구소에 채용된 1961년, 연구소 내 최연장자 그룹은 가지(56세), 아리이즈미(55세) 등이었다.

4. 전후 사회과학자들의 청춘 군상

다음은 사회과학연구소에 모인 연구자들의 개인적 면모를 통해 사회과학연구소의 집단지성으로서의 특징에 접근해 보고자 한다. 마츠모토 레이지(松本礼二)와 우치다 요시히코(内田義彦)의 일본 지식인 세대 구분론을 사회과학연구소에 적용해 보면25), 초기 사회과학연구소는 1920년대를 풍미한 마르크스주의와 사회주의의 영향 속에서 지적 훈련을 시작한 '마르크스주의의 세대'이자 '사회 청년'들인 야마노우치와 우노를 정점으로 하고, 전시의 정치적 질식 상태에서 고등교육을 받고 전후에 비로소 연구자로서 활동을 개시한 '전후 계몽의 세대'이자 '시민사회 청년'들이 주력부대를 형성하고 있었다. 그리고 이들 사이에서 마르크스주의의 영향력 속에서 성장했으면서도 마르크스주의에 대한 억압을 의식하며 연구 활동을 해야 했던 중간 세대인 가지, 우카이, 아리이즈미 등이 가교 역할을 하고 있었다고 할 수 있다. 앞서 언급한 우치다가 전후 사회과학을 '시민사회청년형 아카데미즘'이라 명명한 것은 전후

---

25) 마츠모토는 일본의 지식인을 '다이쇼 교양주의, 즉 올드 리버럴 세대', '마르크스주의 세대', '전후 계몽의 세대'라는 세 세대로 구분하고 있다. 또한 우치다는 '메이지기 정치 청년', '메이지, 다이쇼기 문학 청년', '다이쇼, 쇼와기 사회 청년', '쇼와기 시민사회 청년'의 네 세대로 구분하고 있다. 松本礼二, 「知識人の時代と日本」, 『思想』, 872号, 1997.; 内田義彦, 「知識青年の諸類型」, 『近代日本思想史講座4, 知識人の生成と役割』, 筑摩書房, 1959.

일본 학계의 세대 구성을 고려한 것이었는데[26], 사회과학연구소의 구성은 이러한 사정을 충실히 반영하고 있었다고 할 수 있다.

우선 연장자급 사회과학자들의 경우 공산주의 또는 마르크스주의와의 친화성을 두드러진 특징으로 꼽을 수 있다. 야마노우치와 다카하시 유지의 경우 사회적, 정치적 실천의 지침으로서, 우노 등의 경우에는 세계를 총체적으로 이해하기 위한 이론으로서 마르크스주의가 갖는 우월성을 자연스럽게 받아들이게 되었다. 그러나 그들의 세계관 형성에 영향을 미치고 있었던 것은 마르크스주의만이 아니었다. 기독교적 소명 의식, 다이쇼 데모크라시 시기의 자유주의 등이 그들의 내면에 자리 잡아 마르크스주의를 받아들이는 배태가 되고 있었다. 예를 들어 사회과학연구소의 최연장자인 야마노우치는 중학 시절 교사로부터 성경을 배우면서, 사회적 정의와 인류애에 눈을 뜨게 되었다고 회고하고 있다. 그는 1917년에 도쿄제대 법과대학 정치과에 입학한 뒤, 강의보다는 도서관에서 독서를 하는 것에 더 관심을 보였다고 한다. 대학의 강의 가운데에서는 유일하게 요시노 사쿠조(吉野作造)의 강의에 관심을 가졌고, 좌익 학생운동 서클인 '신진카이(新人会)'에도 기웃거리며 학부 생활을 보냈다. 야마노우치는 도쿄대학 법학부 조교로 연구자의 길에 들어서면서 소련 헌법과 소비에트 법률에 대한 연구를 시작했는데, 소비에트 법을 전공하게 된 것은 "학생 시절에 정립된 세계관과 제1차세계대전 이후의 국제, 국내 정세가 영향을 미치고 있었던 것"이라고 회고하고 있다.[27] 강좌파 공산주의 이론가로 활약했던 야마노우치에게서 기독교

---

26) 高城和義, 「戦後日本の社会科学とパーソンズ研究―パーソンズ研究の今日的課題」, 『帝京社会学』第20号, 2007.3. 101쪽.
27) 「回顧と展望・日本におけるソヴェト法研究」, 『社会科学研究』7巻2/3/4号合併号, 1955. 193쪽.

와 자유주의의 강렬한 영향이 보인다는 점은 특기할 만하다.

우노의 회고도 중학 시절부터 시작된다. 그는 중학교 상급생 시절부터 민본주의자 가야하라 가잔(茅原華山)[28]의 논설을 애독했고, 그로부터 '사회주의적인 것'에 관심을 갖게 됐다고 회고했다. 동시에 중학 시절에는 『신사회』에 연재되던 카우츠키의 「자본론 해설」을 읽고 사회주의 경제학에 처음 접했다. 그러나 대학 재학 시에 접한 러시아혁명으로부터는 그다지 큰 영향을 받지 않았다고 회고하고 있다.[29] 그가 정작 『자본론』을 정독하게 되는 것은 대학 졸업 후였는데, 독일에 유학해서 독일어판으로 처음 읽었다고 한다. 그가 노농파 이론가로 사회적 주목을 받게 되는 것은 독일 유학에서 돌아와 도호쿠제국대학 법학부에 취직해 있을 때 '인민전선사건'[30]에 연루되어 구속되면서였다. 무죄로 석방되었으나 대학을 사직하고, 도쿄에 돌아와서 무역연구소, 미츠비시 경제연구소 등에서 연구 조사 활동을 하던 중 패전을 맞이했다.

마르크스 경제지리학자 가지 신조도 대학 재학 때에야 마르크스주의를 받아들이고 있다. 그는 오사카상대에 재직할 때 지정학에 관심을 갖기 시작해 하우스호퍼 등 독일 지정학자의 저술들을 읽기도 했지만, 비트포겔의 「마르크시즘의 깃발 아래」를 읽고 지정학과 결별했다고 한

---

[28] 가야하라 가잔(1870-1952)은 민본주의 개념을 일본에서 처음 제창한 인물로 일컬어지며, 다이쇼 데모크라시 초기 청년들에게 큰 영향을 미친 저널리스트이다. 1904년 『만조보(万朝報)』에 입사, 1905년부터 해외통신원으로 구미에 파견되었다. 1910년에 귀국한 뒤 『만조보』에서 언론 활동을 재개하고, 국내적으로는 민본주의를, 대외 정책에서는 식민지 포기와 소일본주의를 주장했다.

[29] 「経済学40年(宇野弘蔵敎授還曆記念座談会)」, 『社会科学研究』, 9巻4/5号合倂号, 1958, 176쪽.

[30] 1937년 코민테른으로부터 반파시즘 통일전선을 구축하라는 지시를 받고 일본에서 인민전선 결성을 기도했다고 하여 노농계파의 대학교수와 학자 그룹이 일거에 검거된 사건.

다. 비트포겔은 마르크스주의 입장에서 지정학자들의 소박한 유물론과 그에 기초한 정책론을 비판하고 있는데, 비트포겔을 읽고 지정학이 국가정책에 협조하는 정책학에 불과하다는 결론을 내리고 지정학을 그만두었다는 것이다. 만일 계속했더라면 전후 공직에서 추방된 많은 지정학자들과 같은 길을 걸었을 것이라고 회고하고 있는데[31], 이러한 대목에서 마르크스주의에 대한 신뢰가 보인다.

아리이즈미는 도쿄제대 재학 시에 만주사변을 겪은 세대에 속한다. 졸업 이후에는 만주사변 직후의 불경기하에서 취직하기 어려운 상황이었다고 한다. 동료들은 만주로 떠나기도 했는데, '사상적인 망설임'이 있어서 만주에 가지도 못하고 대기업에 취직하지도 않았다고 한다. 변호사를 지망하며 대학원에 진학했고, 조수 임기 만료와 함께 경성제대에 부임했다가 패전과 함께 귀국해서 사회과학연구소에 부임했다. '사상적인 망설임'에 대해 더 이상 구체적인 언급은 없으나, 마르크스주의의 영향이 있었던 것으로 추측할 수 있다. 가지와 아리이즈미에게 마르크스주의는 비록 적극적인 저항은 아닐지라도 일본 제국주의의 대륙 침략에 거리를 두고 총력전 체제를 견디게 하는 사상적 지침이 되었던 것 같다.

한편 그들보다 한 세대 아래라고 할 수 있는 우다카 모토스케(宇高基輔) 이후의 연구자들은 고등학교 시절에 이미 본격적인 마르크시즘에 접하고 있다. 위 세대가 자유주의, 민본주의, 기독교 등을 사상적 배경으로 하여 선택적으로 마르크시즘을 받아들인 데 비해, 이후의 세대들은 일찍부터 마르크시즘의 영향력 속에 노출되어 이를 자연스럽게 받아들인 경우라 할 수 있다.

---

[31] 「アメリカ研究と私」, 『社会科学研究』 16巻4/5号合併号, 1965, 199쪽.

남바라 시게루

아리이즈미 도루

우카이 노부시게

다카하시 고하치로

우노학파의 일원인 우다카 모토스케는 교토 제3고등학교에서 마르크시즘에 접했다.32) 교토는 교토대학과 제3고등학교(구 학제)를 중심으로 학생운동이 가장 활발한 곳 가운데 하나였다. 1933년 도쿄제국대학 경제학부에 입학한 뒤, 학부 3년 동안 『자본론』을 강독했고, 대학원에서 경제학사 연구와 무역 조사 등에 전념했다고 한다. 1939년 6월 동아연구소에 입사한 뒤 소련 연구를 시작했다. 우다카는 여기에서 코민테른 관련 문서를 독파, 코민테른과 관련한 연구를 수행했다.33) 프랑스경제사가인 다카하시 고하치로도 고등학교에서 이미 『독일 이데올

---

32) 「宇高基輔教授と経済学」, 『社会科学研究』 23卷 4号, 1972, 185-186쪽.
33) 위의 논문, 189-195쪽.

로기』와 부하린의 『사적유물론』을 읽었다. 이러한 독서의 영향으로 대학은 사학과를 선택했는데, 외교사에 흥미를 느꼈으나 역사의 본질을 파악하는 데 한계가 있다고 생각하고, 사회경제사 쪽으로 방향을 전환했다고 한다.34) 법사회학자 이소다 스스무(磯田進)도 마르크스주의의 세례를 받았던 고교 시절을 회고하고 있다. 고교 시절 이소다는 전후 일본공산당의 주요 간부로 성장하는 이토 리츠(伊藤律)와 동창생이었다고 한다. 그와 함께 사회주의 서적을 탐독했던 시기를 회고하며 '우리들의 시대가 그런 시대였다'고 정리했다.35) 마르크스주의를 접하는 것은 이소다와 같은 세대의 청년들에게 특별한 노력이나 관심을 기울일 필요가 없는 지극히 자연스러운 일이었다고 할 수 있다.

　　이렇게 보면 초기 사회과학연구소에 모인 사회과학자들은, 마르크스주의의 흡인력에 영향을 받고 있었다는 공통점을 가지면서도, 전투적, 혁명적 마르크스주의 이론가들이었다기보다는 기독교적 소명 의식, 자유주의, 인문주의적 교양주의 등의 입장에서 마르크스주의를 받아들였거나 모태 신앙처럼 마르크스주의의 세례 속에서 성장한 세대로 구성되어 있었다. 실용주의적 사회과학의 창출을 기치로 출범하여 그로부터 존재 이유를 부여받은 사회과학연구소에는, 시대적 여건이라는 객관적 조건과 시대적 소명 의식이라는 주관적 조건이 맞물리면서 전전 총력전 체제의 여집합에 속해 마르크스주의에 관대한 자유주의 지식인들이 모여들었다. 이 점에서 초기 사회과학연구소는 마르크스주의와 실용주의의 위태로운 공존 또는 혼재가 하나의 특징이었다고 할 수 있다.

---

34)「経済史研究とその国際交流―社会科学研究所25年間の回顧とともに」,『社会科学研究』24巻2号, 1972, 141-143쪽.
35)「研究生活の回顧」,『社会科学研究』26巻3/4号合併号, 1975, 311쪽.

5. 「사회과학에 대하여」에 나타난 사회과학 인식

설립 전에 문부성에 제출한 「사회과학에 대하여(社会科学について)」라는 제목의 설명서에는 문화과학 내지는 인문과학이 정신과학과 사회과학으로 구성된다고 하고, 사회과학을, 사회현상을 연구하는 일군의 과학에 대한 총칭으로 설명하고 있다.[36] 남바라 또한 설립 기념 강연의 인사말에서 사회과학연구소가 지향할 목표로 '비교 연구, 종합적 연구, 실태에 입각한 연구'를 들고, 사회과학이 어떠한 특정 이데올로기에 입각한 것이 아니라는 점을 강조했다.[37] 야나이하라 또한 1947년 12월에 간행된 사회과학총서의 후기에서 "일본에서 사회과학이라고 하면 마르크스주의의 대명사로 불리던 시대가 있었으나, 우리는 사회과학이라는 용어를 광의로 쓰고 있는 것이며, 마르크스주의도 사회과학의 하나이긴 하나 그 전부는 아니다."라고 하여 사회과학과 마르크스주의의 구분을 시도하고 있다.[38] 마르크스주의를 여러 사회과학(Social Sciences)의 한 분과 학문으로 간주하고 있는 태도이다. 마르크스주의를 사회과학의 한 분야로 포함시킴으로써, 사회과학과 함께 마르크스주의를 공인받고자 하는 전략이었을 수도 있다.

한편 사회과학연구소의 영문 명칭은 Institute of Social Science였다. 사회과학에 단수 표현이 채택된 것이다. 단수로서의 사회과학을 강력히 주장했던 것은 우노였다. 이 영문 표현에서는 여러 학문 분야의 총칭으로서의 사회과학이라기보다는 하나로 완결된 구조를 갖는 종합적

---

36) 「社会科学について」, 『社会科学研究』 15巻1号, 1963.
37) 『社会科学研究所の30年』(1977), 44-45쪽.
38) 矢内原忠雄, 「あとがき」, 『社会科学叢書1』, 1947; 福島新吾, 2003, 3쪽에서 재인용.

학문으로서의 사회과학을 지향하고 있음을 엿볼 수 있다. 법학자 가운데에는 아리이즈미가 단수로서의 사회과학에 찬성하는 입장이었던 데 반해 우카이는 복수로서의 사회과학을 주장하고 있었다.39) 우카이는 야나이하라와 마찬가지로 여러 사회과학 분과의 총칭으로서의 사회과학을 주장했던 것이다. 「사회과학에 대하여」에서 복수로서의 사회과학을 지향하는 점이 확인되었음에도 불구하고 영문 표기에서 하나의 완결된 체계로서의 사회과학에 대한 지향이 나타나 있다. 이는 연구소 소원들 사이에서 사회과학에 대한 통일된 인식이 없었다는 것을 보여준다. 따라서 연구소 설립과 동시에 사회과학에 대한 기본적 인식의 통일이 추구되었어야 함에도 불구하고 이러한 노력이 적극적으로 전개된 흔적은 보이지 않는다.

「사회과학에 대하여」와 관련해서도 이러한 상황을 확인할 수 있다. 설립 15주년이 지나도록, 그 문건이 어떠한 맥락에서 누구에 의해 만들어져 어떤 경위로 문부성에 전달되었는지 확인이 되지 않을 정도였다.40) 또한 〈사회과학연구〉 1권 2호에는 우노의 논문 「사회과학의 객관성(社會科學の客觀性)」41)이 실렸는데, 야나이하라 소장은 같은 호에 실린 아리이즈미의 논문에 대해 칭찬을 하면서도 우노의 논문을 혹평하고 있다.42) 이러한 사실에서도 사회과학의 개념에 대한 야나이하라와 우노의 태도 차이를 엿볼 수 있으며, 이를 해소하려는 진지한 고민이

---

39) 『社会科学研究所の30年』(1977), 47쪽.
40) 『社会科学研究所の30年』에 따르면 「사회과학에 대하여」는 「설치취지문(趣意書)」과 함께 봉해져 있던 문서로, 정부에 제출한 정식 서류 「社会科学研究所設置事由」에 덧붙인 보완 서류였다. 『社会科学研究所の30年』, 1977, 43-44쪽. 「社会科学研究所の15年」(『社会科学研究』 15卷1号, 1963)도 참조.
41) 宇野弘蔵, 「社会科学の客観性―マクス・ウェーバーの『理想型』について」, 『社会科学研究』 1号, 1948.
42) 「有泉先生の学問をめぐって」, 『社会科学研究』 18卷1号, 1966.

있었는지 의심을 품게 된다. 우노의 논문은 베버의 사회과학관에 대해 비판하고 있는 것으로, 분명 대단히 이해하기 어려운 문장으로 구성되어 있으나, 연구소 내 논쟁의 발판으로 삼을 만한 내용이었다고 생각된다. 그러나 당시 연구자들의 회고에서 판단컨대, 연구소에서 그러한 토론회가 조직된 적은 없었다. 그것이 결국은 초기 사회과학연구소가 '잡동사니(寄せ集め)'적 성격을 탈피하여 통일되고 정리된 조직이 되지 못하는 원인이 되었다.[43]

사회과학에 대한 공감대 형성이 실패한 데에는 우노의 지나친 '경제학 우선 사상'에 법학, 정치학 연구자들이 질린 것도 이유가 될 수 있다. 당시 조수로 근무하던 후쿠시마 신고의 회고에서 그러한 분위기를 읽을 수 있다.[44] 반면 야마노우치를 중심으로 한 강좌파 연구자들의 공식적 견해 또한 그에 대립하는 사람들과의 논쟁이 불가능할 정도로 경직되어 있었다. 즉, 소련공산당의 정통을 계승한 일본공산당의 이론만이 유일하게 진정한 사회과학이라는 입장이다. 한편 우노에 비판적이고 야마노우치에 호의적인 후쿠시마는 어떠한 인물이었는가? 후쿠시마는 학도 출진의 경험이 있는 자로, 이른바 황국 군인이었던 사람이다. 그러던 그가 전후에 공산당에 입당하여 공산주의의 입장에서 정치학을 연구하는 자로 변모해 있었다.[45] 그런데 우노는 도나리구미(隣組)에서 군국 정신을 발휘하던 이웃이 패전하자마자 하루아침에 공산당에 가입했다는 이야기를 예로 들면서 공산당에 대한 불신을 토로하고 있다.[46] 후쿠시마의 활동을 바라보는 우노의 입장은 어떠한 것이었을까. 더구

---

43) 『社会科学研究所の30年』, 1977, 48쪽.
44) 福島新吾, 2003, 10쪽.
45) 위와 같음.
46) 「経済学40年(宇野弘蔵教授還暦記念座談会)」, 『社会科学研究』 9巻4/5号合併号, 1958.

나 야마노우치는 전후에 태도를 바꿔, 스탈린에 의해 숙청된 소련법학자 파슈카니스(E. B. Pashukanis)에 대한 지지를 철회한다. 이는 우노가 보기에, 스탈린주의에 대한 맹종이었던 것이며 비학문적인 정치적 판단에 따른 학문의 왜곡에 지나지 않았다. 이를 계기로 강좌파에 대한 우노의 불신은 더욱 커졌을 것으로 생각된다.

전전에 사회과학이 마르크스주의 경제학을 의미하게 된 배경에는 사적유물론의 영향이 짙게 깔려 있었다. 그런데 일본에서는 국가학으로서의 법학이 가장 먼저 체계를 잡은 뒤, 정치학이 이로부터 분화하고, 다시 사회정책학이 갈려 나왔으며, 사회정책학의 체계화가 경제학의 독립적 발전의 계기가 되었다.[47] 따라서 일본의 아카데미즘에서 경제학에 대한 법학 또는 정치학의 우월 의식은 전후 직후의 시기에도 남아 있을 정도로 뿌리 깊은 것이었다고 할 수 있다. 이에 대한 경제학자들, 특히 마르크스주의 경제학자들의 반발심 또한 강했을 것으로 생각되며, 마르크스주의 경제학이 일본의 사회과학을 전유하게 되는 데에는 이러한 학문 전개의 역사가 하나의 배경을 이루고 있었을 것이다. 또한 사회과학연구소 내에서 야마노우치와 우노 사이의 갈등에는 강좌파와 노농파의 차이에 더해 도쿄제국대학의 법과대학 정치학과 출신과 경제학과 출신 사이의 경쟁 관계도 작용하고 있었던 것이 아닐까 추측해 본다. 실제로 정치학과 출신의 조수 후쿠시마 신고는 우노에 대해 매우 비판적이고, 여러 인간적 한계에도 불구하고 야마노우치에 대해 호의적이다.[48] 이렇듯 연구소 전임 교수들의 개인적인 신념과 개성들 또한 연구소의 통일과 조직화를 방해하는 요인이 되고 있었다.

그럼에도 불구하고 사회과학이 무엇인지에 대한 분명하고도 공통

---

47) 石田雄(1984), 『日本の社会科学』, 東京大学出版会.
48) 福島新吾, 2003.

된 인식이 형성되지 않은 채 사회과학연구소의 사회과학은 성과물로 나타나기 시작했다. 연구소의 존립 의의를 주장하고 증명할 필요가 있었던 것이다.

6. 사회과학의 세 가지 방법: 비교, 종합, 실태 조사

'사회과학'에 대한 인식의 공유가 미흡한 가운데 사회과학연구소의 존재 의의는 연구 방법론의 확립에서 추구되었다. 앞서 언급한 바와 같이 비교 연구와 종합 연구, 실태 조사는 사회과학연구소 설립의 근거였으며 존재 이유였다. 그런데 연구소 소원들이 이를 자각하고 전 연구소 차원의 공동 연구를 조직하는 움직임은 외부로부터의 압력에 대응하는 과정에서야 비로소 일어났다. 법학, 정치학, 경제학 등의 연구자가 '잡동사니'처럼 모여 있기만 한 연구소가 존재해야 할 필요성에 대해 내각 법제국이 의구심을 갖고 있었기 때문이었다. 패전과 새로운 국가 건설에 즈음해서 새로운 연구가 필요하다면 학부에 강좌를 마련하면 된다는 것이었다. 자료의 망라와 계통적 수립이라는 목표와 관련해서도 이를 위해 굳이 연구소를 설립할 필요가 있는지 의문시되었다. 이에 따라 자료의 망라와 계통적 수집을 기초로 하고, 이를 활용하면서도 '통제'된 체제를 갖춘 연구로서 공동 연구의 필요성이 제기되었던 것이다.[49]

전 연구소 차원에서 최초의 공동 연구는 '민주주의 연구 특별위원회'가 구성되어 개시되었다. 1947년 2월 구성되었으며, 야나이하라 소장이 위원장, 우노가 부위원장, 우치다가 간사를 맡았다. 위원회 설치의

---

49) 『社會科學研究所の30年』, 1977, 35쪽, 113쪽.

취지는 '일본의 재건을 위해 민주주의 사상과 제도의 연구는 불가결한 중요성을 지니는데, 특히 일본의 민주주의 발전 과정 및 그 현재 양상의 특수성을 증명하는 것이 긴요하다. 이러한 연구는 종합적이면서도 비교적으로 수행되어야 충분한 효과를 발휘할 수 있다'는 것이었다. 테마별로 네 개의 부회가 만들어졌는데, 그 주제와 연구 책임자 및 팀 구성은 다음과 같다.[50]

> 1부 민주주의의 사상과 제도: 각국의 비교 연구(주임 야마노우치 이치로)
> 2부 일본의 자본주의 발전과 민주주의(주임 우노 고조)
> 3부 전환기 행정 기구의 민주주의화 문제, 특히 각종 위원회에 관한 실태 조사(주임 우카이 노부시게)
> 4부 노동조합운동과 민주주의, 특히 최근의 노동쟁의에 나타나는 민주주의화 경향에 관한 실태 조사(주임 오고우치 가즈오)

1부는 비교 연구, 2부는 종합 연구, 3부와 4부는 실태 조사로 구성되어 있다. 연구소가 지향하는 3개의 기둥이 반영되어 있었으며, 기획부터 구성에 이르기까지 매우 통제된 형태의 연구였다. 그러나 그 성과는 미미한 것이었다. 본격적인 연구 성과물이 제출되어야 할 것은 1, 2부였음에도 불구하고 결과적으로 이 가운데 저술 성과를 낸 것은 제3부회 및 제4부회였다. 제3부회와 제4부회는 연구 계획서상에 '다수의 조수 및 연구생을 동원하여 (중략) 실태적 조사를 실시한다'고 명기되어 있던 바, 제4부회의 작업이 먼저 1950년 3월 사회과학연구소 편『전후 노동조합의 실태』라는 형태로 일본평론사에서 출판되었으며, 제3부회의 작업이 1951년 5월에『행정위원회(行政委員会)』라는 제목으로 같은 출판사

---

50) 東京大学百年史編纂委員会編, 1987, 16-18쪽.

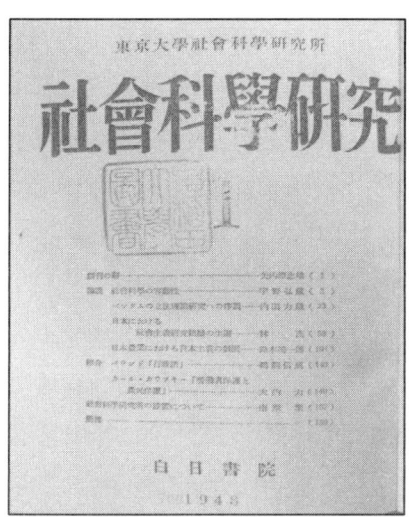
〈사회과학연구〉 표지와 목차

에서 출판되었다. 1부와 2부는 연구 미진으로 출판되지 못했다. 연구의 기획과 자료의 조사 및 수집, 그리고 분석에 이르기까지 전 과정을 공동으로 하는 것을 공동 연구로 오해했던 데 그 원인이 있었다.[51]

최초로 시도된 공동 연구의 실패가 위기를 불렀다. 행정관리청 감찰부가 사회과학연구소의 해체를 권고한 것이다. 행정관리청 감찰부가 작성한 『부속기관 감찰결과(제2편)』(1952년 2월)에 따르면 사회과학연구소에 대해 다음과 같은 결론이 내려졌다. '사회과학연구소는 사회과학에 관한 종합 연구 기관으로, 법학, 문학, 경제학 각 학부에 걸친 문제의 연구를 실시하고 있으나, 현상을 분석해 보면, 각 연구 항목은 이를 각 학부에 분할하더라도 충분히 연구를 실시할 수 있다고 인정되기 때문에 본 연구소는 폐지'하는 것이 적절하다는 것이다.[52]

---

51) 『社会科学研究所の30年』, 1977, 40쪽.
52) 東京大学百年史編纂委員会編, 1987, 29쪽에서 재인용.

사회과학연구소는 이에 반론을 전개했다. 행정감찰의 본질과 한계를 지적한 뒤, 연구소 일반에 대해 대학의 자치라는 원칙에서 논해야 한다는 것이 주된 논지였다. 그러나 연구소의 현상에 대한 지적에 대해서는 일정 정도 수긍하지 않을 수 없는 상황이었다. 공동 연구의 1, 2부는 여전히 미완인 상황이었다.[53]

이러한 위기에 대응해, '커뮤니티의 연구'가 조직되었다. '일본 사회의 기초를 이루는 커뮤니티의 종합적 사회 실태 조사'가 1952년 여름에 개시되었다. 연구 대상으로는 群馬県新田郡強戸村(군마 현 닛타 군 고도무라)이 선정되었으며 필드 워크는 1952년 여름 10일간에 걸쳐 이루어졌다. 연구자 22명, 학생 9명, 사무직원 4명으로 구성된 연구팀이었다. 그러나 '그 결과는 처참한(ミゼラブル) 것'이었다. 조사 연구의 문제의식과 방법이 서로 달랐던 것이 가장 큰 이유였다. 공동 연구에서 비교 연구와 종합 연구가 실패한 데 이어 조사와 실증적 자료 수집이라는 면에서도 연구소는 제대로 기능하지 못하고 있다는 인상을 주기에 충분한 결과였다. 이후 공동 연구는 소그룹 연구 중심으로 이동했다.[54]

사회과학연구소의 연구 부진으로 그 존재 의의가 의심을 사는 가운데, 1958년에는 도쿄대학 내에 국제문제연구소 구상이 부상했다. 사회과학연구소는 또다시 존폐의 기로에 서서 위기에 대응해야 했다. 국제문제연구소 구상은 다음과 같은 맥락에서 나온 것이었다. 즉 그것은 1950년부터 도쿄대학과 스탠포드대학이 록펠러재단의 원조로 실시해 온 미국 연구 세미나가 발단이 된 것이었으며, 이는 일본에서 자유주의적 인텔리를 육성하려는 미국의 해외 학술 정책의 일환이기도 했다.[55]

---

53) 東京大学百年史編纂委員会編, 1987, 31쪽.
54) 東京大学百年史編纂委員会編, 1987, 34-38쪽, 『社会科学研究所の30年』, 1977, 54쪽.

도쿄대학 내에서 미국 연구 세미나는 남바라와 야나이하라 등의 지원을 얻어 실시되고 있었으며 사회과학연구소의 가지, 우카이 등도 적극적으로 관여했던 것으로 보인다.56) 세미나는 1956년도에 종료되었지만 1957년부터 3개년 계획으로 미국연구센터가 설립되어 후속 연구를 추진해 왔는데, 미국연구센터 내부에서 미국 이외의 세계적 지역연구 기관의 설치 움직임이 보였던 것이다. 56년 당시 총장이던 야나이하라도 이에 긍정적인 의견이었다고 한다. 야나이하라는 사회과학연구소를 해체하여 외국 연구 부문은 국제문제연구소가 흡수하고 현재의 사회과학연구소는 일본연구소로 개편한다는 구상을 피력했다.

사실 이 문제의 기원은 우노 소장 시절로 거슬러 올라간다. 우노 소장 시기에 연구소 내 일본 연구 부문과 외국 연구 부문을 어떻게 결합시킬 것인가에 대해 논쟁이 일었던 것이다. 우노는 앞서 언급한 바와 같이 '사회과학 단수설'에 입각해서 조직으로서의 통일된 연구를 지향했을 것으로 생각된다. 그러나 이 문제에 대해 완전히 합의를 보지는 못한 채, 우노의 비판적 명명에 따르자면 '성운(星雲)'-요즘 유행하는 말로 대체하면 일종의 클러스터-과 같은 모습으로 성격이 다른 연구들을 병행한다는 데에서 봉합이 이루어졌던 것이다.57)

이에 더해 연구소의 초대 소장이었던 야나이하라는 도쿄대학 교양학부의 국제관계론 계열을 사회과학연구소와 통합하는 구상도 갖고 있었다. 또한 사회과학연구소의 지역연구는 '전혀 지역연구답지 못하며 수준이 낮다'는 비판이 일고 있었다.58) 아마도 비판의 진원지는 교양학

---

55) 辛島理人, 「戰後日本の社会科学とアメリカのフィランソロピー」, 『日本研究』 45号, 2012, 164-165쪽.
56) 『社会科学研究所の30年』, 1977, 55쪽, 58쪽.
57) 『社会科学研究所の30年』, 1977, 41쪽.
58) 『社会科学研究所の30年』, 1977, 55-56쪽.

부였으며, 미국식 지역연구(area studies)의 최신 경향을 전혀 따라가지 못하고 있다는 비판이었을 것을 생각된다.

때문에 사회과학연구소는 일본연구소로 개편하여 일본 연구를 학제적으로 수행하고, 국제문제연구소를 따로 설립해서 해외 지역연구를 추진한다는 구상이 제기되었던 것이다. 구체적으로는 당시 미국에서 유행하던 지역연구(area studies)의 방법론으로 일본을 제외한 세계 각 지역의 법, 정치, 경제, 사회, 문화 등의 종합적, 비교적 연구를 추진한다는 것이었다. 국제문제연구소의 영문 명칭이 Institute of International Relations(Affairs) and Area Studies였던 데서 그러한 구상의 일면을 엿볼 수 있다.[59] 이러한 구상은 아시아를 연구 대상으로 하던 동양문화연구소 및 기타 해외 지역을 대상으로 연구를 조직해 온 사회과학연구소와 연구 대상이 중복되는 문제가 발생했다.[60]

1960년 6월 평의회에서 채택된 국제문제연구소 설치 구상은 '미주, 유럽, 소련 지역연구를 중심으로 한 국제문제연구소, 아시아 지역연구를 중심으로 한 동양문화연구소, 일본 연구를 중심으로 한 사회과학연구소'의 세 연구소 정립 방안으로 구체화되었다. 그러나 문부성이 난색을 표명함으로써 이 안은 폐기되었다. 국제문제연구소 설치의 필요성은 인정되나 사회과학연구소의 확충으로 해소 가능하다는 입장이었던 것이다.[61]

---

[59] 『社会科学研究所の30年』, 1977, 42쪽, 58쪽.
[60] 東京大学百年史編纂委員会編, 1987, 46-48쪽.
[61] 『社会科学研究所の30年』, 1977, 56-57쪽.

  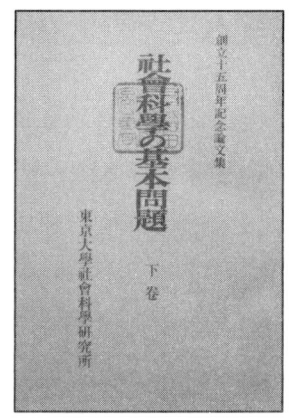

『사회과학의 기본문제』 겉표지　　『사회과학의 기본문제』 상　　『사회과학의 기본문제』 하

1963년 12월 경제학부 교수이자 사회과학연구소 겸임 교수였던 오코우치 가즈오가 새로운 총장으로 취임한 뒤에는 국제문제연구소 설치안은 오히려 사회과학연구소 확충의 방향으로 가닥이 잡히면서 전화위복이 되었다. 1964년 3월에는 '사회과학연구소 개조확충 전문위원회'가 마련되었고, 1967년에는 '확충개조계획'이 발표되었으며 그 안에 '사회과학적 지역연구 체제를 급속히 본격적으로 확충 정비'한다는 방침이 확인되기에 이르렀던 것이다.[62] 국제문제연구소 구상에 대한 자기방어를 통해 사회과학연구소는 '지역연구소'로서의 색채를 강렬히 지향하게 되었던 것이다. 결국 사회과학연구소는 기사회생했다. 오히려 기구는 확충되었다. 그 배경에는 전 연구소적 차원에서 조직했던 공동 연구 『사회과학의 기본문제』가 출판되어 긍정적인 평가를 얻은 것이 효과적으로 작용하고 있었다.[63]

---

[62] 東京大学百年史編纂委員会編, 1987, 49-50쪽.
[63] 『社会科学研究所の30年』, 1977, 57쪽.

7. 『사회과학의 기본문제』의 사회과학

『사회과학의 기본문제(이하 기본문제)』는 국제문제연구소 구상에 대한 사회과학연구소의 생존을 위한 '방위'로서 제출된 성과였다.[64] 상권은 제1편 농업/토지소유의 제 문제, 제2편 독점자본을 둘러싼 제 문제, 제3편 노사관계의 제 문제 등으로 구성되었으며, 하권은 제4편 시민사회와 사법의 제 문제, 제5편 국가와 공법의 제 문제 등으로 구성되었다.[65]

때마침 개소 15주년을 맞이하여 구상된 이 논문집은 그 완성을 위해 창립 기념식을 1년 연장할 정도로 방대한 작업이었다. 상하 2권의 집필에 참가한 인원은 모두 50명, 이미 타 연구 기관으로 전출한 전직 조수, 조교수 등을 포함하여 모든 연구소 소원이 참가한 것이었다.[66] 상권 860쪽, 하권 743쪽의 분량이었으며, 고급스러운 헝겊이 씌워진 양장판으로 출판되었다.

그 서문에서 당시의 소장 다카하시 고하치로는 1947년 연구소 개소 기념 강연회에서 난바라가 행한 인사말 중에서 연구소 개설의 세 가지 목적에 대해 다시 확인하고 있다. 비교 연구, 종합적 연구, 이론과 실제의 결합 등이 그것인데, 『기본문제』는 이러한 목적을 자각한 가운데 이를 위한 노력을 가시화함으로써 연구소를 둘러싼 내외의 도전에 답하고자 한 것이었다. 그런 한편 "사회과학은 그 본질상 비판적이다."라는 문장이 서언 말미에 돌발적인 형태로 삽입된 것은 전체 글의 흐름에

---

(64) 위와 같음.
(65) 東京大学百年史編纂委員会編, 1987, 52-53쪽.
(66) 야마노우치와 우노의 이름은 보이지 않는다. 야마노우치는 1959년에 이미 사망한 상태였지만, 우노가 빠진 이유는 분명하지 않으며 부자연스럽다.

서 볼 때 돌출적인데, 이를 어떻게 읽어야 하는지 혼란스럽다. 이어지는 문장은 다음과 같다. "그러나 그 과제가 얼마나 곤란한 것이라 해도, 우리는 (중략) 언제나 진리에 충실하여 어떠한 준험한 학문의 길이라 해도 나아갈 각오이다." 국제문제연구소 구상 등 학내외의 사회과학연구소 흔들기가 가치중립을 표방하는 몰비판적 미국적 실용연구를 의식해서 나오고 있다는 데 대한 비판과 자기방어로 읽힌다.[67]

『기본문제』 상하권의 구성은 사적유물론의 세계관을 반영하고 있다. 상권의 1부는 농업과 토지 소유, 2부는 독점자본, 3부는 노사관계를 주제로 하고 있는데, 이른바 '토대=하부구조' 분석이다. 2권에 포함된 4부는 시민사회와 사법, 그리고 5부가 국가와 공법의 문제를 다루고 있다. 2권은 상부구조 분석인 바, 그 가운데서도 재산법, 법인, 입회권, 재산상속의 문제 등을 주제로 한 시민사회 분석이 먼저 이루어진 뒤 국가 부문 분석이 가장 마지막에 배치되어 있는데, 바로 여기에 사회과학연구소가 추구하는 사회과학의 성격이 나타나고 있다.

각 부는 이론 검토보다는 개별 지역에서의 단계론(즉 역사 분석)과 현상 분석이 중심을 이루고 있다. 예컨대 농업과 토지 소유를 주제로 7편의 논문이 포함된 제1부에서는 다카하시 고하치로의 논문 「비교토지제도논고: 공동체규범 해체와의 관련을 중심으로」가 그나마 이론 검토에 해당하는 것으로 볼 수 있으며, 나머지는 영국, 미국, 프랑스, 독일, 일본, 중국 등에서 나타나는 토지 소유 제도의 역사적 형태들에 대한 분석이다. 제2부에서는 10편의 논문 가운데 엔도 쇼키치의 논문 「금융자본론의 방법에 관한 고찰」, 오우치 츠토무의 논문 「국가독점자본주의론 노트」가 이론 검토에 해당하며, 나머지는 독일, 러시아, 미국, 일본 등에

---

[67] 高橋幸八郎, 「序」, 『社会科学の基本問題』 上巻, 1963, iv쪽.

서의 사례연구들이었다. 제3부의 10편의 논문은 모두 일본의 노사관계와 노동조합, 노동법 등에 대한 분석들로서, 실증 조사의 성격이 가장 잘 드러나 있다. 하권의 제4부에서는 이론 검토에 해당하는 논문이 4편이고 나머지 7편의 논문이 영국, 프랑스, 소련 동유럽, 일본 등의 사례 분석이다. 제5부는 12편의 논문 가운데 10편의 논문이 영국, 미국, 중국, 일본 등에서의 행정 및 정치사 분석이고, 마지막에 이론 검토에 해당하는 2편의 논문이 포함되었다. 전체적으로 볼 때, 사례 분석을 통한 실증 연구가 강한 반면 이론 검토가 빈약하다는 특징을 발견할 수 있다.

『기본문제』에 수록된 개별 논문들의 내용을 검토하면 다음의 세 가지 특징을 읽어낼 수 있다. 우선 외국 사례에 대한 연구의 경우, 영국과 미국의 사례를 중심으로 현대사회의 구조를 밝혀내고 이에 대비되는 일본의 특징을 추출하려는 내용이 중심을 이루고 있다. 둘째로 외국의 사례라 해도, 소련과 중국 기타 사회주의권의 사례에 대한 연구의 경우에는, 일본과의 단순 비교를 조심스럽게 거부하면서 내재적인 이해가 중요하다는 논지가 강조되고 있다. 셋째, 일본 연구의 경우, 세계사의 전개 속에서 일본의 위치와 역사적 발전 단계를 밝히려는 시선이 특징적이다.

먼저 영미와의 대조 속에서 일본의 특징을 밝히려는 시도, 즉 비교의 방법론에 입각해서 이루어진 연구로 다카하시 고하치로의 연구를 들 수 있다. 다카하시는 「비교토지제도논고」에서 토지제도사론을 전개하면서 영국, 프랑스, 프러시아의 사례와 일본을 비교하고 있다. 비교의 결론으로 그는 일본과 프러시아의 경우, 절대주의와의 결합 속에서 자본주의가 구축되어 자유주의, 민주주의 성립을 위한 사회적 조건이 주어지지 않은 채 오히려 봉건 과두전제적 구성 속에서 근대국가 형성을 지향하는 움직임이 두드러졌다고 강조하고 있다. 독일과 일본에서 패전 후에 전개된 일련의 변혁들이 이를 반증하고 있으며, 양국에서 이렇게 구성된 근대국가는 이번 세계대전의 결과 파괴되었다고 평가하고 있다. 마지막으로 그는 '하나의 문제가 해결되면 언제나 새로운 문제가 제기'된다고 하여 암시적인 문장으로 글을 맺고 있는데, 일본의 역사적 발전 단계 규명과 전망 수립에 기여하는 연구들이 뒤에 이어질 것을 기대하고 있는 듯하다.[68]

기타가와 도쿠스케(喜多川篤典)의 「법인이론의 문제성: 실재설을 비판하는 방법」은 다카하시의 문제의식을 이론적 고찰 속에서 반영하고 있다. 기타가와는 경제적 구조 변동과 회사 법리에 대한 분석을 통해, 영미의 경우와 독일, 일본의 경우를 대비하고 있다. 그는 영미에 비해 독일, 일본의 경우 자연법적 사회계약설이 확고한 지반을 다지지 못한 경우에 해당하며, 이러한 지반 위에서 법인실재설이 횡행하는 문제가 있다고 비판하고 있다. 법인실재설이 국가실재설로 이어지고, 이는 전체주의를 불러들이는 논리가 될 수 있기 때문이라는 것이다. 이에 반해 영미를 중심으로 존재하는 조합적 법인이론을 받아들이는 것은 국가와 사회단체를 동렬로 보고 동질적이라는 것을 승인함으로써 개인의 자유와 국제주의를 인정하는 기반이 된다는 것이 그 결론이다.[69]

행정수속법을 소재로 한 시모야마 에이지(下山瑛二)의 연구 또한 비슷한 주장을 담고 있다. 그의 논문은 의미상 필요한 개념 용어 이외에는 한자를 사용하지 않으려는 태도가 돋보이는 글인데, 논문에서 그는

---

68) 高橋幸八郎(1963), 「比較土地制度論考—共同体規範の解体との関連における」, 『社会科学の基本問題』 上巻, 3-30쪽.
69) 喜多川篤典(1963), 「法人理論の問題性—実在説的考え方を批判する方法」, 『社会科学の基本問題』 下巻, 58쪽.

영국에서는 이미 상식적 개념인 '사권'과 '공익' 등의 용어가 일본에서는 아직 생소하다고 하여 이들에 대한 개념의 검토부터 시작하고 있다. 그리고 그 제도적 과제 및 특징들에 대해 고찰한 뒤, '전형적인 자유주의를 기초로 하여 근대국가를 형성하고 그 변용의 과정을 충실히 반영하고 있는 영국의 행정수속법에 대한 연구가 타국의 사례에 비해 일본의 법적 제 문제를 고찰하는 데 반성적 기능을 갖는다'는 결론을 내리고 있다.[70] 행정학에서는 미국의 사례가 비교의 준거가 되었다. 오쿠다이라 야스히로(奧平康弘)와 이데 요시노리는 각각 위헌심사제와 행정이론 그 자체를 사례로 들면서 미국의 법제와 행정 이론의 전개에 실천적 관심을 가져줄 것을 요청하고 있다.[71]

둘째로, 같은 외국 사례에 대한 연구이면서도 사회주의권 연구의 경우 섣부른 비교를 조심스럽게 회피하고 있다는 점이 특징적이다. 『기본문제』에 수록된 대부분의 사회주의권 연구들은 소련과 중국 및 기타 사회주의권 국가들의 현실을 충실히 소개하는 데 역점을 두고 있다. 우다카 모토스케와 와다 하루키의 공저인 「러시아의 국가독점자본주의: 소비에트 사학의 최근 동향에 대해」는 소비에트 역사학계에서 새로운 정설로 제기된 학설, 즉 러시아의 경우 제국주의 시대에 들어가면서 동시에 국가독점적 경향이 나타나기 시작해서 제1차세계대전 시기에 제도로서의 국가독점자본주의가 성립했으며 이것이 10월 혁명으로 이어지는 물질적 기초였다는 정식화에 대해 충실히 소개, 검토하고 있다.[72]

---

70) 下山瑛二(1963), 「イギリス行政手続法の法理」, 『社会科学の基本問題』 下巻, 422쪽.
71) 奧平康弘(1963), 「最近の合衆国最高裁判所をめぐる論議について―現代における基本的人権保障制度の一考察のために」, 『社会科学の基本問題』 下巻, 423쪽.: 井出嘉憲(1963), 「アメリカにおける行政理論の転換過程―その歴史的展望と現代における基本動向」, 『社会科学の基本問題』 下巻, 515쪽.
72) 宇高基助・和田春樹(1963), 「ロシアにおける国家独占資本主義―ソヴェト史学

후지타 이사무(藤田勇) 또한 소련에서 혁명 이래 민법전 편찬을 중심으로 민법 개념이 파악되는 과정을 면밀하게 추적하고 있다.73) 우시오미 도시타카(潮見俊隆)는 동독, 폴란드, 체코슬로바키아 등의 가족법에 대해서는 일본에 소개된 바가 있는데 반해, 헝가리와 불가리아의 사례에 대해서는 일본에 아직 소개된 바가 없다고 하여 양국의 가족법을 충실히 소개하고 있다.74)

중국에 대한 연구에서도 이러한 금욕적 태도는 유지되고 있다. 고지마 가즈오(小島和雄)는 혁명 후 중국에서 시도된 농업협동화의 일반 방침에 대한 연구를 통해, 사회주의 건설의 총 과정에서 토지 소유 문제와 농업 발전의 속도, 공업화 병진 정책과의 상관성 등을 검토하고 있다.75) 다카하시 유지는 보다 명확히 이러한 입장을 밝히고 있다. 다카하시는 연구의 목적이 '사회주의 중국에서 인민의 자유가 제한되고 노예화하고 있다'는 비판에 대한 대응이라는 점을 밝히고 '한 국가의 기본적 인권에 관한 헌법 규정을 정확히 이해하기 위해서는, 그 나라의 사회경제, 계급 대립의 구조, 국가권력의 본질과 형태, 그리고 그 나라의 역사와 문화를 이해하지 않으면 안 된다'고 하여, 중국에 대한 내재적 접근을 주장하고 있다.76)

셋째로 자국 연구, 즉 일본 연구와 관련해서는, 대부분의 연구들이 명시적으로건 암시적으로건 세계사의 일반적 전개를 의식하고 있다는

の最近の動向について」, 『社会科学の基本問題』 上巻, 307-346쪽.
73) 藤田勇(1963), 「社会主義と民法―ソ連における民法典論争史をめぐって」, 『社会科学の基本問題』 下巻, 119쪽.
74) 潮見俊隆(1963), 「東欧諸国の家族と家族法」, 『社会科学の基本問題』 下巻, 321쪽.
75) 小島和雄(1963), 「中国における農民的土地所有の形成とその集団的所有への展開」, 『社会科学の基本問題』 下巻, 207-231쪽.
76) 高橋勇治(1963), 「社会主義国家における人民の基本権―とくに中国を中心にして」, 『社会科学の基本問題』 下巻, 656쪽.

점이 특징적인데, 연구자 개개인이 자신의 연구 분야에서 포착된 사례들을 소재로 하여, 일본에서의 학설 수용과 발전 단계를 확인하고 향후 전망을 세워보려는 의도에서 이루어지고 있다. 다카야나기 싱이치(高柳信一)의 연구가 대표적인데, 그는 「공법과 사법: 우리나라 행정법 제원리의 비판적 고찰」이라는 논문에서 전후 일본의 행정법 제도들이 커다란 질적 변혁을 경험했다는 것을 전제로 하면서, 실정법화한 부분과 법 원리 또는 법 이론에 의한 해석 운용의 불일치 문제에서 아직 의문의 여지가 있다고 문제를 제기하고 있다. 특히 공법과 사법의 구별 문제를 그 사례로 거론하고 있는데, 그에 따르면 공법과 사법의 구분의 문제가 근대의 지표로 간주되고 있기 때문이다. 그는 봉건시대에 토지에 대한 공적 지배권과 사적 지배권이 영주적 지배권으로 일체화되어 있었고, 조세와 지대도 미분화되어 있었던 데 비해 근대국가에 들어서 통치권(또는 조세) 등 공적 지배권(또는 청구권)과 소유권(또는 지대) 등의 사적 지배권(또는 청구권)이 분화했다는 세계사의 일반적 전개 법칙을 확인하고, 이에 따라 권력 행사자와 국민에게 공인(또는 공민)과 사인의 이중성이 나타나게 되었으며, 이것이 근대 초기의 국가와 시민사회의 분열을 표현하는 것이라고 하여 일본의 근대적 발전 단계를 확인하기 위한 준거를 제시하고 있다.[77] 다카야나기의 문제 제기는 전후 일본의 법체계가 메이지 일본에 비해, 그리고 일반 이론에 비추어 얼마나 봉건적 성격을 극복하고 근대적 성격을 획득했는가를 가늠하는 논의로 이어질 수 있는 것이었다.

일본경제사 연구에서 이러한 논의가 구체적으로 전개되었다. 아라키 모리아키(安良城盛昭)의 연구는 지주제 아래의 자립적 농민 경영 문

---

77) 高柳信一(1963), 「公法と私法―わが国行政法諸原理の批判的考察」, 『社会科学の基本問題』下巻, 359-361쪽.

제를 사례로 일본적 특수성을 밝히려는 시도이며,78) 가토 도시히코(加藤俊彦),79) 하야시 다케히사(林健久),80) 시바가키 가즈오(柴垣和夫),81) 데루오카 슈조(暉峻衆三)82)등의 연구는 일본 자본주의 발전의 특수성을 규명하려는 연구들이다. 또한 노동조합에 대한 사회사적 접근과 법제사 연구 등도 비슷한 문제의식에서 이루어지고 있다. 오코우치 가즈오83)와 우지하라 쇼지로(氏原正治郎)84) 등의 연구는 일본적 노사관계의 특수성에 주목한 연구들이다. 특히 우지하라의 연구는 사회과학연구소가 착실히 쌓아올린 자료 수집에 입각한 충실한 실증 연구라는 점에서 사회과학연구소가 지향하는 또 다른 목표를 충실히 구현하고 있다는 점에서 주목된다. 또한 아리이즈미의 연구는 고도 소비사회에 진입하는 상황에서 민법 연구자의 시선으로 분석한 일본 사회의 현 단계 분석이며,85) 도시다니 노부요시(利谷信義)의 연구는 가족법을 소재로 한 법사회학적 연구로서, 가족법 개정을 통해 보는 전후 일본 사회의 구조 분석이라 할 수 있다.86)

---

78) 安良城盛昭(1963), 「幕末期泉州における小作農の存在形態―自立的小作農民経営形成の困難性とその過渡的性格をめぐって」, 『社会科学の基本問題』 上巻, 177-206쪽.
79) 加藤俊彦(1963), 「財閥における銀行の役割」, 『社会科学の基本問題』 上巻, 391-419쪽.
80) 林健久(1963), 「明治前期の株式会社―日本金融資本分析の一前提」, 『社会科学の基本問題』 上巻, 421-452쪽.
81) 柴垣和夫(1963), 「産業資本段階の日本資本主義と『財閥』―1890年代の紡績業と三井・三菱」, 『社会科学の基本問題』 上巻, 453-496쪽.
82) 暉峻衆三(1963), 「独占段階への移行期における日本の農業問題」, 『社会科学の基本問題』 上巻, 497-539쪽.
83) 大河内一男(1963), 「日本的労使関係の原型―第一次大戦後の『工場委員会』をめぐって」, 『社会科学の基本問題』 上巻, 543-556쪽.
84) 氏原正治郎(1963), 「日本の労働組合」, 『社会科学の基本問題』 上巻, 557-596쪽.
85) 有泉享(1963), 「生産物責任論序説」, 『社会科学の基本問題』 下巻, 59쪽.
86) 利谷信義(1963), 「戦後の農家相続論覚書―その展望と問題点」, 『社会科学の基本問題』 下巻, 181-223쪽.

8. 도쿄대학 사회과학연구소의 위상과 기여

1997년에 발행된 〈사회과학연구〉 48권 4호는 사회과학연구소 창립 50주년 기념 특집호로 '사회과학의 50년'을 기획했다. 사회과학연구소의 창립 50년에 일본의 '사회과학 50년'을 되돌아보겠다는 의도에 사회과학연구소의 자부심이 묻어난다. 기획 특집은 네 개의 논문으로 구성되어 있으며, 가세 가즈토시(加瀬和俊),[87] 스에히로 아키라(末広昭),[88] 히라지마 겐지(平島健司),[89] 모리타 오사무(森田修)[90] 등 사회과학연구소의 교수들이 각각 일본 농업론의 전후 50년, 전후 일본의 아시아론, 전후의 유럽 정치 연구, 전후 민법학에서의 근대 등을 주제로 일본의 사회과학을 회고하고 문제점을 반성하고 있다.

'초기' 사회과학연구소에 주목한 이 글의 본문 내용을, '사회과학의 50년' 기획 논문들의 총괄을 참조하면서 정리하면 다음과 같다. 첫째, 사회과학연구소의 사회과학은 시대의 변화를 강렬히 의식하면서 전개되었다. 이는 사회과학연구소의 설립 자체가 전후의 시대적 소명을 강력히 의식한 데 기인하는 것으로 생각된다. 그것은 '평화'와 '민주주의'에 사회과학이 어떻게 복무할 것인가에 대한 물음이 사회과학연구소에 모인 연구자들의 연구를 구속하고 있었다는 것을 의미하며, 때때로 '역사

---

87) 加瀬和俊, 「日本農業論の戰後50年―大內力の場合」, 『社会科学研究』 48巻4号, 1997.
88) 末廣昭, 「戰後日本のアジア研究―アジア問題調査会, アジア経済研究所, 東南アジア研究センター」, 『社会科学研究』 48巻4号, 1997.
89) 平島健司, 「戰後におけるヨーロッパ政治研究の展開―民主制と民主化の視角」, 『社会科学研究』 48巻4号, 1997, 75쪽.
90) 森田修, 「戰後民法学における『近代』―『近代的土地所有権』論史斜断」, 『社会科学研究』 48巻4号, 1997, 97쪽.

과잉'의 문제를 야기하고 있었다.

둘째, 구미를 강렬히 의식한 유럽 연구에 대비해 구미의 기존 이론에 구애받지 않은 소련 동유럽권 연구와 아시아 지역연구, 특히 중국 연구가 대조적으로 비교된다. 이는 사회과학연구소가 소임의 하나로 내걸었던 비교 연구의 한계와 유의미성을 동시에 드러내 보여주고 있다. 위에서 지적한 바와 같이 사회과학연구소는 시대적 과제라는 피제약성에 더해 대학연구소로서 존립해야 하는 이유를 스스로 밝혀야 하는 존재 구속성을 안고 있었다. 사회과학연구소는 도쿄대학의 부치연구소로 출범하면서 그 존립의 이유를 개별 학부나 학과의 연구자들이 시도할 수 없는 비교와 종합 연구에서 찾았으며, 공동 연구는 그러한 노력의 성과들이었다. 그런데 비교 대상으로서의 구미 지역연구는 기존 이론이 제시하는 보편적 기준의 발원지이자 그 정당성을 확인하는 시험약과도 같은 것이었던 반면에 소련 동유럽권 및 중국 등 신흥국 연구는 구미에서 발원한 기존 연구를 적용하는 데 신중했으며, 내재적 이해를 보다 강조하는 것들이었다.

셋째, 위의 두 번째 특징과도 밀접히 관계되는 것으로, 사회과학연구소의 사회과학이 드러낸 한계로서 보편이론화의 노력이 부족했다는 점을 들 수 있다. 그 원인으로는, 초기 연구소 충원 과정에서 드러난 문제점이 지적될 수 있다. 즉 '초기' 연구소의 교수 충원 과정은 개인적 인맥 중심의 무원칙한 것이었으며, 그 때문에 연구소의 구성은 조화로운 통일이 어려운 개성들의 집합이 되고 말았던 것이다. 그런 조건에서 성과를 산출해서 존립의 근거를 내놓으라는 외부로부터의 요청에 급하게 대응하다보니 이론적인 지향을 착실히 공유해 나가기보다는 비교적 단시간 내에 개별적으로 성과 산출이 가능한 실증 연구에 쏠렸던 것이 아

닌가 생각해 본다. 더구나 보편이론화의 노력 부족은 사회과학연구소에서의 '사회과학'을 둘러싼 논쟁의 부실에서 그 원인이 배태된 것으로 생각되며, 이 때문에 연구소 내부에서 진행된 공동 연구, 특히 초기 공동 연구에서는 때때로 그것이 여러 가지 맛을 따로따로 즐기는 '종합선물세트(寄せ集め)'와 같은 성과로 나타나는 이유가 되었던 것으로 생각된다.

사회과학연구소 창립 50주년에 즈음한 자기반성으로부터 10년이 흐르면서 일본에서 사회과학의 위기는 더욱 현재화했다. 우노 시게키(宇野重規)는 2006년에 〈사회과학연구〉에 발표한 글[91]에서, 일본의 사회과학이 전성시대를 이미 마감하고 위기 속에서 변신과 생존을 모색하던 상황을 자각적으로 받아들여 사회과학자로서의 자기반성을 수행하고 있다. 우노 시게키는 전후 일본에서 어느 시점까지는 사회과학에 관한 공통 인식이 존재했으나 조금씩 흔들리다가 90년대에 들어와 근본적인 재검토에 들어갔다고 지적했다. 우노(시게키)는 이들 일본의 사회과학에 대한 재검토가 일어난 90년대 상황을 93년부터 94년에 걸쳐 간행된 이와나미 강좌 『사회과학의 방법』[92] 시리즈를 소재로 하여 일본의 사회과학의 전개와 한계에 대해 논하고 있는데, 이를 정리하면 다음과 같다.

일본의 독자적 사회과학은 '일본 자본주의 논쟁'의 과정에서 탄생했는데,[93] 이는 근대 서구의 산물인 사회과학적 인식의 틀로 일본이라는 새로운 대상을 설명하려고 하는 시도였다. 이러한 노력은 성과와 함

---

91) 宇野重規, 「1990年代日本の社会科学―自己反省とその継承」, 『社会科学研究』 58巻1号, 2006.
92) 山之内靖他編, 『岩波講座、社会科学の方法』, 岩波書店, 1993-1994.
93) 杉山光信, 『戦後啓蒙と社会科学の思想』, 新曜社, 1983.

께 문제점도 노정하게 되었다. 그 가운데 하나가 연구 대상의 존재 방식과 관련한 것인데, 즉 외부와의 다양한 관계 속에서 존재하는 '열린 일본'이 아닌, 그 자체로 완결된 구조를 가진 '닫힌 일본'을 연구 대상으로 하고 그 비교 대상으로 서구에 집착했다는 점이다. 이는 '초기' 사회과학연구소가 설정한 방향성이 이후 계승되었으며, 그것이 현재의 위기의 원인이 되었다는 진단으로 이어질 수 있는 지적이었다. 그리고 이에 대한 자각이 '일본의 사회과학'의 재검토를 요구하게 했다는 것이다.

그런데 일본의 사회과학 특유의 한계가 지적되면서 재검토 요구가 분출하는 시기는 사회과학이 전지구적으로 위기에 처해지고 있던 시기였다. 소련의 해체로 대표되는 사회주의 체제 붕괴, 지구화 경향 속에서 현저해지고 있는 '근대합리적 디자인 국가'인 국민국가의 위기, 민족과 종교 등 비합리적 요인의 표면화 등이 그 배경이었다. '19세기 패러다임'이었던 사회과학은 분석 대상의 변화에 따른 근본적인 위기에 직면했던 것이다.[94] 이러한 '사회과학의 세계적 위기' 속에서 일본의 사회과학에 대한 재검토가 이루어지는 가운데, 오히려 구미의 연구자들은 일본의 사회과학이 지녔던 적극적 의의를 현재적인 것으로 해석하고 있었다. 코슈만은 '주체성 논쟁'에 참여했던 지식인을 소재로 전후 일본의 사회과학에서 적극적 유산을 찾으려 했으며,[95] 바셰이는 일본의 사회과학적 유산에 숨겨진 가능성이 지나치게 과소평가되고 있다고 지적했다.[96]

전후 사회과학에 대한, 특히 마르크스주의적 사회과학에 대한 시니시즘이 팽배한 가운데, 그 적극적 유산과 새로운 가능성을 찾고자 하

---

94) 川勝平太, 「社会科学の脱領域化」, 『揺らぎのなかの社会科学』(岩波講座、社会科学の方法1), 岩波書店, 1993, 268쪽; 馬場宏二, 「社会科学の三つの危機」, 『揺らぎのなかの社会科学』(岩波講座、社会科学の方法1), 岩波書店, 1993, 159쪽.
95) ヴィクター・D・コシュマン, 2011.
96) アンドリュー・E・バーシェイ, 2007.

는 노력이 코슈만과 바셰이와 같은 외국의 학자들에 의해 이루어지고 있는 현실은, 근대 서구에 한없이 다가가고자 했던 일본 사회과학의 역사에 비추어 볼 때 아이러니가 아닐 수 없다.

바셰이는 일본의 사회과학을 '보편적인 것을 특수한 것으로 매개하는 과학'이었다고 규정했다. 즉, 일본의 외부(즉 근대 서구)에 존재하는 보편성을 일본의 근대화를 이끌어내는 촉매로 삼아 토착화하려고 했던 행위로서 일본의 사회과학을 이해했다. 그 이면에서 전개된 것은 일본을 특수화하여, 그 특수성을 추궁하고 분석하는 행위였던바, 그러한 행위는 근대 서구가 지니고 있다고 간주되었던 '보편성'에 위협이 되고 있었다는 점을 바셰이는 강조하고 있다. 즉, '보편'적 모델로서의 유토피아적 세계 그 자체가, '특수'한 후진적 세계와 쌍을 이루어 만들어지고, 고정화된 관념이라는 점을 일본의 사회과학이 폭로하고 있었던 것이다.[97]

그렇다면 일본의 현실을 보다 총체적으로 이해하기 위해 '방법으로서의 아시아'가 제기되었던 것처럼[98], 세계를 보다 총체적으로 이해하기 위해 '방법으로서의 일본'의 가능성을 제기할 수 있는 것은 아닌지? '방법으로서의 일본'을 제기하고자 할 때, 일본 연구를 해외 지역연구 속에서 상대화하려고 했던 '초기' 사회과학연구소의 시도는 오히려 특별한 의미를 다시 얻게 될 것이다. '방법으로서의 일본'은 '사회과학'의 목적에 충실하기보다는 '비교와 종합, 실증 연구'라는 3종 세트의 방법론에 충실하고자 했던 '사회과학연구소의 사회과학'을 통해 비로소 가능한 일이기 때문이다.

---

[97] 影浦順子,「書評, アンドリュー・バーシェイ『近代日本の社会科学―丸山眞男と宇野弘蔵の射程』」,『貿易風(中部大学国際関係学部論集)』3号, 2008.
[98] 竹内好,『方法としてのアジア―わが戦前・戦中・戦後, 1935-1976』, 創樹社, 1978.

전후 일본의 지식 풍경

마르크스주의 역사학의 전후 변용*
전후 일본 역사학계의 운동과 쟁점

박진우

전후 일본의 주요 역사학회지

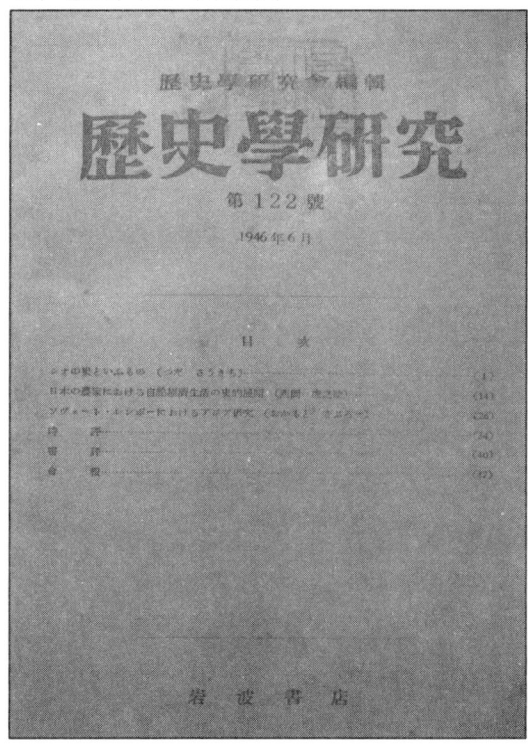

* 본 논문은 『일본사상』21호(2011.12.)에 게재한 것을 부분적으로 수정하였음.

1. 전후 일본과 역사학

일본사상사가 야스마루 요시오(安丸良夫)가 구분한 일본현대사의 시기 구분에 의하면 1945년 패전 후의 일본은 1970년대 중반을 경계로 크게 1기와 2기로 나누어진다. 여기서 1기는 일본 사회의 전근대성・봉건성에 대한 인식과 비판에 초점을 두고 민주화와 근대화를 지향한 시기이다. 그리고 1970년대 중반 이후의 2기는 일본 경제의 고도성장이라는 현실에 인식과 평가의 초점을 바꾸어 일본의 전통과 일본인의 행동 양식을 재인식하고 재평가하기 시작한 시기이다. 또한 안보투쟁과 근대화론이 등장한 1960년에 주목하여 1기를 양분해 보면 60년 이후의 변용이 1기에서 2기로의 전환을 준비하고 있었으며 1973년 석유파동 이후의 경제 동향과 신좌익 운동의 좌절을 거쳐 2기가 시작되었다고 볼 수 있다[1].

여기서 1기에 전후 일본의 지식 세계와 전후 민주주의를 주도적으로 리드한 '전후 역사학'의 2대 지주는 강좌파의 계보를 잇는 마르크스주의 역사학과 마루야마 마사오(丸山眞男)와 오츠카 히사오(大塚久雄)로 대표되는 근대주의 역사학이었다. 이 가운데 마르크스주의 역사학이 전후 일본의 지식 세계에서 얼마나 주도적인 역할을 했는지에 관해서는 미국의 대표적인 일본사 연구자 캐롤 글럭(Carol Gluck)이 "마르크스주의와 마르크스주의적인 입장이 이렇게도 철저하게 학문상의 확립에 침투한 예는 다른 비공산주의국에서는 거의 보이지 않으며 하물며 후기 자본주의적 민주주의국가에서는 전무하다"[2]라고 지적한 점에

---

1) 安丸良夫, 『現代日本思想論』, 岩波書店, 2001, 3쪽. 야스마루는 또한 1990년대 이후 이미 제3기가 시작되었다고 전망하고 있다.
2) キャロル・グラック, 「戦後史学のメタヒストリー」(『歴史で考える』, 岩波書店, 2007,

서도 단적으로 알 수 있다. 특히 패전 직후의 상황에서는 "지식인의 내면 세계를 이끌고 정신적 질서를 구축하는 데 가장 큰 힘이 되었던 것은 마르크스주의"였으며 이윽고 "역사학이 마르크스주의의 챔피언이 되는 현상"3)이 출현하고 있었다.

사회주의혁명이 이미 실패로 끝나고 포스트모더니즘의 등장 이래 갖가지 '포스트'의 홍수 속에서 다양한 역사 연구의 방법론이 전개되는 오늘날의 시점에서 볼 때 '전후 역사학'의 마르크스주의적인 이론과 방법론은 이미 폐기 처분되어버린 것처럼 보일지도 모른다. 그러나 암울한 군국주의 시대의 탄압하에서 전쟁의 파멸과 굴종의 역사를 몸으로 체험하고 패전을 맞이한 시대 상황에서 치열한 사명감으로 '변혁'을 모색한 진보적 역사가들은 모두가 사회적, 정치적 고뇌를 미래에 치유하기 위해 과거의 '사회구조'에 변혁을 추구하는 '역사병리학자'4)들이었다. 그런 점에서 그들이 남긴 '전후 역사학'의 업적은 여전히 일본의 전후 민주주의에 귀중한 역사적 증언으로서 생명력을 가지고 있는 것이다.

따라서 오늘날의 시점에서 '전후 역사학'의 역할과 의미를 재검토하는 것은 전후 일본의 지식 세계가 어떻게 형성되어 갔는가를 조망하는 데 그치지 않고 금후 '현대 역사학'5)의 새로운 패러다임을 모색하고

88쪽).
3) 藤田省三, 「反体制の思想運動 - 民主主義科学者協会」(久野収・鶴見俊輔・藤田省三, 『戦後日本の思想』, 中央公論社 1983, 95쪽).
4) キャロル・グラック, 「戦後史学のメタヒストリー」, 83쪽.
5) 최근 이와나미서점에서 출간된 『시리즈 일본근현대사』 전 10권에 대한 총괄적인 정리에서 나리타 류이치는 1945년 이후의 역사학계에 대해, 1960년까지를 '전후 역사학'의 단계, 1960년대 이후를 '민중사 연구'의 단계, 그리고 1990년대 이후를 '현대 역사학'의 단계로 구분하고 있으나 이러한 용어가 역사학계에 완전히 정착된 것으로 보기는 어렵다(成田龍一編, 「なぜ近現代日本の通

확립하기 위한 전제로서도 중요한 의미를 가지고 있다고 할 수 있을 것이다. 21세기 일본의 '현대 역사학'도 결코 '전후 역사학'을 백지로 지워버린 상태에서 전혀 새롭게 출발할 수 있는 것은 아닌 것이다. 2000년대 이래 사학사로서의 '전후 역사학'에 대한 재검토의 논의가 더욱 활발하게 전개되고 있는 것도 궁극적으로는 '현대 역사학'이 새로운 패러다임을 모색하고 있는 가운데 '전후 역사학'의 자기 점검이 절실하게 요구되고 있기 때문일 것이다.6)

이 글에서는 이러한 기본 인식을 배경으로 '전후 역사학'의 형성과 전개에 가장 주도적인 역할을 한 강좌파의 마르크스주의 역사학이 구

史を学ぶのか」, 岩波新書編集部編『シリーズ日本近現代史10 日本近現代史をどう見るか』, 岩波書店, 2010, 234~235쪽).
6) 2000년 이래 '전후 역사학'의 문제를 사학사적으로 다룬 저작으로는 歷史學硏究會編, 『戰後歷史學再考』, 靑木書店, 2000 ; 永原慶二, 『20世紀日本の歷史學』, 吉川弘文館, 2001 ; 大門正克, 『昭和史論爭を問う』, 日本經濟新聞, 2006 ; 大日方純夫, 『近現代史考察の座標』, 校倉書房, 2007 ; 紺野伸幸, 『近代日本の國體論』, ぺりかん社, 2007 ; 礒前順一, ハリー・ハルトゥーニアン編, 『マルクスという經驗』, 靑木書店, 2008 ; 長谷川良一, 『皇國史觀という問題』, 白澤社, 2008 ; 須田努, 『イコンの崩壞まで－戰後歷史學と運動史硏究－』, 靑木書店, 2008 ; 大門正克, 『歷史への問い／現代への問い』校倉書房, 2008 ; 今野日出晴, 『歷史學と歷史敎育の構造』東京大學出版會, 2008 등 다수에 이른다. 이들 저작에 대한 해설로는 成田龍一, 「「戰後歷史學」の自己點檢としての史學史」(『歷史學硏究』862, 2010.1.) 참조. 또한 '전후 역사학'의 '공동화', '형해화'를 지적한 小關素明와 이를 둘러싼 일련의 논쟁에 관해서는 小關素明「岐路にたつ戰後歷史學」(『日本史硏究』537, 2007.5.) ; 岩井忠熊「戰後歷史學は本當に破産したのか」(『日本史硏究』543, 2007.11.) ; 小關素明「戰後歷史學の深度再考」(『日本史硏究』552, 2008.8.) ; 岩井忠熊「戰後歷史學再考」(『日本史硏究』561. 2009.5.) 참조. 이 밖에도 '전후 역사학'에 관한 최근 논의는 歷史科學協議會編「戰後歷史學と歷史學の現在」(『歷史評論』特集729, 2011.1.). 또한 '전후 역사학'의 구체적인 발자취를 사학사의 관점에서 논한 '고전적'인 저작으로는 遠山茂樹, 『戰後の歷史學と歷史意識』, 岩波書店, 1968 ; 成瀨治, 『世界史の認識と理論』, 岩波書店, 1977 ; 鹿野政直, 『鳥島は入っているか』, 岩波書店, 1988 참조.

체적으로 어떻게 전개·변용되었는가를 제1기에 해당하는 패전 직후부터 1970년대까지를 중심으로 살펴보고 그것이 가지는 의미와 한계가 무엇인지를 검토함으로써 전후 일본의 지식 형성에 '전후 역사학'이 미친 영향과 의의에 관하여 생각해 보고자 한다. 아울러 '전후 역사학'이 패전 후 민주적인 미래상을 추구하는 현실의 정치 과제 속에서 절대적인 천황제의 정신적인 내면세계에 대한 문제와 일본 제국주의의 대외 침략과 불가분의 관계에 있는 아시아에 대한 문제를 어떻게 인식하고 있었는지, 그리고 거기에 어떤 문제점이 내포되어 있었으며 이를 어떻게 극복하고자 노력했는지에 대해서도 주목하고자 한다. 그것은 곧 이러한 문제가 근대 일본의 대외 침략·전쟁 책임과 관련하여 전후 일본의 역사 인식이 오늘날까지도 안고 있는 근원적인 문제와 밀접한 관련이 있다고 생각하기 때문이다.

2. '전후 역사학'

'전후 역사학'이란 구체적으로 무엇을 의미하며 어떤 시기를 대상으로 하는 것일까. 이에 대한 명확한 사전적 정의는 없다. 먼저 사학사적인 관점에서 연구자들의 '전후 역사학'에 대한 견해를 보자. 마르크스주의 역사학의 마지막 강좌파를 자칭하는 나카무라 마사노리(中村政則)는 "전후 역사학의 전후란 반전·평화·민주주의·사회주의 등의 가치이념을 의미하며 전후 역사학은 이러한 이념을 지향하여 문제의식을 갈고 닦으면서 방법을 단련해 왔다."라고 하면서 1960년대의 고도 경제성장에 의한 일본 사회의 극적인 구조 변화가 이러한 '전후 역사학'의 존립 기반을 흔들고, 1970년대의 사회사, 1980년대의 포스트모더니즘의 대두를 가져왔지만 그렇다고 해서 이들이 '전후 역사학'을 대신하는 새로운 패러다임을 구축한 것은 아니라고 지적하고 있다[7]. 오늘날 '현대 역사학'에서도 여전히 '전후 역사학'을 넘어서는 확고한 역사 이론이 정착되지 않고 있다는 것이다.

일본경제사의 권위자 이시이 간지(石井寬治)도 "'전후 역사학'이란 전후 민주주의의 정신에 입각해서 역사를 연구하고 서술하는 역사학을 말한다."라고 하여 나카무라와 비슷한 견해를 보인다. 그는 또한 전후 민주주의 그 자체의 문제성에 예리한 비판을 제기한 1970년 전후의 대학분쟁 속에서 역사학을 배우기 시작한 학생들 및 이후 세대가 만들어 낸 역사학의 대부분은 이른바 '현대 역사학'이라고 하여, 고유한 의미에서의 '전후 역사학'과 구별하고 있다.[8] 그것은 곧 이시이 자신을 포함하여 1930년대에 태어나 1960년대까지 대학에서 역사학을 배운 학생들이 '전후 역사학'의 마지막 세대라는 의미를 내포하는 것이라 할 수 있을 것이다.

일본에 사회사 연구의 방법론을 도입하는 데 선구적인 역할을 한 니노미야 히로유키(二宮宏之)는 '전후 역사학'에 대하여 좀 더 구체적으로 설명하고 있다. 그에 의하면 '전후 역사학'이란 역사학의 갖가지 조류 가운데 "전후 일본의 정신 풍토에 가장 밀접하게 관여하고 있다고 생각되는 특정한 경향"으로서 구체적으로는 "전전의 '일본 자본주의 논쟁'의 유산을 계승하여 전후 일제히 개화한 사회과학적 역사학"을 말한다. 여기에는 명확하게 마르크스주의의 입장을 취하는 자와 동시에 마르크

---

7) 中村政則,『明治維新と戰後改革 - 近現代史論』, 校倉書房, 1999, 366~367쪽.
8) 石井寬治,「戰後歷史學と世界史」(歷史学研究会編,『戰後歷史學再考』, 青木書店, 2000, 29~30쪽).

스주의의 영향을 강하게 받으면서 보다 넓은 학문적 배경에 입각한 자도 병존하고 있으며 이들 사이에는 작은 차이를 발견할 수 있지만 사회과학적인 분석에 의거하여 일본 사회의 현실에 대치하는 '변혁의 역사학'이고자 한 점에서 공통적인 측면을 가진다고 한다.[9]

'전후 역사학'이 전전의 '일본 자본주의 논쟁'의 유산을 계승하고 있다는 니노미야의 지적과 관련하여 캐롤 글럭은 1945년의 단절에도 불구하고 "단절이 아니라 중단"[10]하고 있었던 것이며 "역사학의 재발명이 아니라 오히려 다른 형태의 연속이었다."[11]라고 하여 1932년에 형성된 '일본자본주의발달사강좌'의 기본적인 이론과 방법론의 연속성을 강조하고 있다.[12] 그리고 패전 후의 '전후 역사학'에 관해서는 "1945년에 시작되어 1950년 후반에 하강선을 그었지만 60년의 안보투쟁 이후 다시 얼마간 부활했다. 그러다가 1970년대에 이윽고 끝을 맺었다."[13]라고 평가하여 시기 구분에서는 일본의 연구자들과 비슷한 견해를 보였다.

이상과 같은 설명을 바탕으로 '전후 역사학'의 의미를 다시 정리하자면 첫째로 '전후 역사학'은 어느 특정한 학파의 학설을 의미하는 것이 아니라 '15년 전쟁'의 시대 경험을 배경으로 '황국사관'에 대한 비판·극복과 함께 거시적인 미래상을 추구하는 현실의 정치 과제를 목표로 전개된 진보적인 역사학을 총칭하는 용어라고 할 수가 있다. 이 가운데서

---

9) 二宮宏之, 「戰後歷史学と社会史」(위의 책, 124쪽).
10) キャロル・グラック, 『歷史で考える』, 60쪽.
11) 위의 책, 80쪽.
12) 후카야 가츠미도 '전후 역사학'은 '전중 또는 전시하의 역사학', '전전의 역사학' 과 깊은 관련이 있으며 그러한 시대의 산물이라는 점에 '전후 역사학'으로 이어지는 특성은 '저항의 역사학', '현상 비판의 역사학'으로 성장해 왔다고 보았다. 深谷克己, 「脱アジアという日本異質論の克服」(『歷史評論』, 729, 2011. 1, 30쪽).
13) キャロル・グラック, 『歷史で考える』, 60쪽, 84쪽.

도 강좌파의 계보를 잇는 마르크스주의 역사학과 마루야마 마사오의 정치사상사와 오츠카 히사오의 경제사학을 포함한 근대주의 역사학은 '전후 역사학'의 양대 산맥으로서 1950년대를 전후한 당시에는 일본의 지식 세계에 가장 영향력 있는 학문 사상이었다. 마루야마와 오츠카는 마르크스주의자는 아니었지만 마르크스주의 역사학의 이론과 방법론이 그들의 연구에 중요한 영향을 미쳤다는 것은 주지의 사실이다. 이념형으로서의 서구 근대를 인증 기준으로 하여 근대 일본의 전근대성을 해부하고 거기로부터 탈각을 지향하는 그들의 방법론은 많은 부분에서 마르크스주의 역사학과 상통하는 측면이 있었다. 더구나 이러한 사고 패턴은 패전 직후 일본이 당면한 민주화의 출발점에서 널리 대중들에게 호소력을 가지는 것이었다.14) 물론 '전후 역사학'은 마르크스주의 역사학과 근대주의 역사학만을 의미하는 것은 아니다. 좀 더 넓은 의미에서의 '전후 역사학'은 반드시 마르크스주의자가 아니더라도 진보적인 입장에 있는 일본 중세사의 사토 신이치(佐藤進一), 농정사의 후루시마 도시오(古島敏雄), 지조 개정 연구의 후쿠시마 마사오(福島正夫), 그리고 고대부터 현대까지 논할 수 있는 흔하지 않은 역사가 이에나가 사부로(家永三郎) 등의 실증주의도 포함할 수 있다.15)

둘째로 위의 설명과 관련하여 '전후 역사학'은 일본의 전후 민주주의와 불가분의 관계에서 전개된 학문이며 특히 '황국사관'의 주술에서 벗어난 패전 직후부터 1950년대에 이르기까지 '전후 역사학'은 '혁명의 역사학'이자 '민주화의 역사학'으로서 황금기를 맞이하였다. 그러나 '전후 역사학'의 출발은 단순히 패전 직후 무에서 유를 창출한 것이 아니었

---

14) 安田常雄, 「方法についての斷章」(歷史學硏究會編, 『戰後歷史學再考』, 12쪽).
15) 中村政則, 「戰後歷史學と現代歷史學 − 21世紀歷史學の行方」(2007년 한국일본사학회 국제 심포지엄 기조 강연 원고).

다. 캐롤 글럭이 지적했듯이 강좌파의 마르크스주의 역사학은 이미 1930년대의 '일본 자본주의 논쟁'에서 그 이론적 기반이 형성되었으며 오츠카 히사오의 『근대구주 경제사서설』[16]도 1944년에 간행된 것이었다. 이 밖에도 1946년에 간행된 이시모다 쇼(石母田正)의 『중세적 세계의 형성』[17]은 전시 중에 집필된 것이었으며 다카하시 고하치로(高橋幸八郎)의 『근대사회성립론』[18]도 이미 1940년에 발표된 것이었다. '전후 역사학'은 이와 같이 전전부터 축적되어 오던 것이 군국주의하에 억제되어 있다가 패전 후의 해방감과 동시에 일거에 분출된 것이었다. 다카하시 고하치로는 이러한 패전 직후의 상황을 회고하여 '질풍노도의 시대'라고 했다.[19]

셋째로 시기적으로 '전후 역사학'을 언제부터 언제까지로 규정할 수 있는가에 대해서는 논자에 따라 약간의 차이를 보인다. 그러나 대체로 패전 직후부터 1950년대 중반까지 1차 황금기를 맞이하고, 1950년대 후반 약간의 쇠퇴기와 1960년의 안보투쟁을 경험하면서 2차 황금기를 맞이했으며, 1970년대 이후 사회사의 등장을 배경으로 서서히 쇠퇴해 갔다고 보는 것이 역사학계의 일반적인 견해이다.[20] 이에 대하여 '전후 역사학'을 좀 더 장기적으로 파악하는 견해도 있다. 최근 이소마에 준이치(磯前順一)는 1970년대 이후 '전후 역사학'이 쇠퇴했다는 견해에 대하여 "그것은 전후 역사학이라는 호칭이 성립한 현시점에서 되돌아본

---

16) 大塚久雄, 『近代欧州経済史序説』, 時潮社, 1944年. 개정판은 講談社学術文庫에서 『近代欧州経済史入門』(1966)으로 게재하여 출간.
17) 石母田正, 『中世的世界の形成』, 伊藤書店, 1946.
18) 髙橋幸八郎, 『近代社会成立史論』, 日本評論社, 1947.
19) 二宮宏之, 「戦後歴史学と社会史」, 125쪽.
20) 歴史学研究会編, 『戦後歴史学を検証する－歴研創立70周年記念』, 青木書店, 2002, 77쪽 ; 中村政則, 「グローバリゼーションと歴史学」, 『神奈川大学評論』, 第56号, 2007.

역사학 내부에서의 자기의식에 의거한 시기 구분"이라고 비판하면서 "전후 일본의 역사학이란 마르크스주의 역사학의 움직임을 축으로 하면서 그 영향권 속에서 그것에 대한 반발과 재해석을 포함하여 1990년대 중반까지 전개된 것으로 이해할 수 있다."21)라고 주장하고 있다. 또한 스다 쯔토무(須田努)는 '전후 역사학'을 "마르크스주의 역사학에 강하게 영향을 받고 1950년대에 형성되어 1989년까지 계속된 학문군"22)이라고 정의하고 그 이유를 1989년 베를린장벽 붕괴와 동유럽혁명, 그리고 1991년 소련의 해체로 이어지는 사회주의국가 붕괴의 현상에 '전후 역사학'이 대응하지 못하고 그 역할이 끝났기 때문으로 보고 있다. 이들이 지적하듯이 마르크스주의 역사학은 1990년대까지도 나름대로 자기비판과 함께 각 시기마다 풍부한 성과를 거두면서 그 명맥을 유지해 왔다는 점은 사실이다. 그러나 1970년대 후반부터 역사학의 기본적인 방법론과 문제의식이 '거대 담론'으로부터 탈각하여 다양화, 세분화되기 시작했다는 점에서 1970년대 이전과 이후의 차이에 관해서도 충분한 주의가 필요할 것이다. 또한 21세기의 '현대 역사학'도 여전히 새로운 패러다임을 구축하지 못하고 있는 상황에서 어떤 형태로든 '전후 역사학'의 영향력은 아직도 계속되고 있다고 보아야 할 것이다.

패전 직후의 '전후 역사학'은 '황국사관'을 청산하고 전후 일본 사회의 변혁에 대한 갈망과 희구에 응하여 마르크스주의를 기저에 두고 근대 사회과학의 개념과 방법에 준거한 과학적 역사학을 추구하는 것이었다. 신화에 근거한 '황국사관'의 독선적인 역사관에 대하여 '세계사의

---

21) 磯前順一, 「戰後歷史学の起源とその忘却－歷史のポイエーシスをめぐって」(磯前順一, ハリー・ハルトゥーニアン編, 『マルクスという経験』, 2쪽 및 48쪽의 각주 (7) 참조).
22) 須田努, 『イコンの崩壊まで－戰後歷史学と運動史研究』, 3쪽.

기본 법칙'이 대치되고 기이한 일본 정신에 대해서는 역사의 기초 과정으로서 경제구조가 대치되었다. 또한 변혁의 무기가 되기 위한 과학적 객관성을 보증하고 이론과 실증의 결합으로 반드시 역사의 진실에 도달할 수 있다고 믿어 의심치 않는 낙관적인 '진보주의 사관'이었다. 그렇다면 이러한 '전후 역사학'이 왜 퇴조기를 맞이하고 쇠퇴하였는가. 그리고 이를 극복하기 위해 어떤 노력이 시도되었으며 그것은 어떤 성과를 가져왔는가. 적어도 1970년대까지 전후 일본의 지식 세계에 주도적인 역할을 한 '전후 역사학'의 조감도를 그리기 위해서는 그 구체적인 전개와 변용 과정을 살펴볼 필요가 있을 것이다.

3. '전후 역사학'의 전개

패전 직후 점령군의 초기 전후 개혁에 호응하여 전시 중 '황국사관'에 적극적으로 가담하지 않고 침묵을 지키던 30대의 젊은 역사학자들을 중심으로 새로운 학회가 잇달아 설립되었다. 가장 먼저 1945년 11월 1일에는 '일본사연구회'가 창립되어 이듬해 5월부터 〈일본사연구〉가 창간되었으며, 1946년 1월에는 '민주주의과학자협의회'가 결성되어 그 기관지로서 〈역사평론〉이 10월부터 창간되었다. 또한 1932년 12월에 창간되었다가 1944년 활동을 정지했던 '역사학연구회'는 1946년 3월 10일 총회를 개최하여 활동을 재개하고 6월부터 기관지 〈역사학연구〉를 복간했다. 여기에 모인 역사학자들의 사상은 반드시 일치하지 않았지만 공통적으로 전시하의 역사학·역사교육에 대한 비판 의식이 강했으며, 특히 마르크스주의의 영향을 받은 젊은 역사학자들을 중심으로 '전후 역사학'이 형성되고 이윽고 1950년을 전후하여 그 전성기를 맞이하게 된

다.23)

전성기의 '전후 역사학'은 전전의 반체제적인 마르크스주의 역사학의 전통을 계승하여 '저항의 역사학', '현상 비판의 역사학'으로서 강인한 '입장성'을 견지하면서 정치적·사회적 혁신의 내재적 가능성에 집중하고 있었다. '전후 역사학'에서도 특히 마르크스주의 역사학이 주도성을 발휘한 것은 전전·전시하의 탄압에도 불구하고 자기희생적인 진리 탐구의 자세를 굽히지 않았다는 점이 크게 작용했다. 그들의 저작을 다시 한번 펼쳐보면 '좋은 역사'의 힘이라는 것을 느낄 수 있다는 캐롤 글럭의 표현은 결코 과장된 것이 아닙니다.24) '전후 역사학'의 기원이라 할 수 있는 강좌파의 『일본자본주의발달사 강좌』가 메이지유신, 기생지주제, 자유민권운동 등의 영역에서 남긴 뛰어난 연구 성과는 오늘날까지도 귀중한 유산으로서 그 생명력을 잃지 않고 있다고 할 수가 있다. 이 가운데 야마다 모리타로(山田盛太郎)와 히라노 요시타로(平野義太郎), 그리고 하니 고로(羽仁五郎)와 핫토리 시소(服部之総) 등의 저작25)은 일본근대사에 대해서 일관성 있고 설득력 있는 거대한 역사상을 구성하여 하나의 정리된 역사상을 제시하는 데 결정적인 역할을 했다. 야스마루의 말을 빌리자면 패전 후 적어도 1960년대까지 역사학을 배운 사람들은 이들의 연구를 통해서 거대한 역사상을 배우고 자신의 구체적인 연구를 이들의 연구와 관련시키면서 어딘가에 자리매김하려

---

23) 長谷川良一, 『〈皇国史観〉という問題』, 2008, 19쪽.
24) キャロル・グラック, 「戦後史学のメタヒストリー」, 87~89쪽. 여기서 캐롤은 '좋은 역사'에는 '거대한 문제의식'과 '깊은 경험주의', 그리고 '마음속 깊이 우러나는 정열'의 세 가지가 필요하다고 지적하고 있다.
25) 山田盛太郎, 『日本資本主義分析』, 岩波書店, 1934 ; 平野義太郎, 『日本資本主義社会の機構』, 岩波書店, 1934 ; 服部之総, 『明治維新史研究』白揚社, 1933 ; 羽仁五郎『明治維新史研究』岩波書店, 1956 참조.

한 것이다.[26]

　패전 직후 전후 역사학을 주도한 마르크스주의 역사학은 크게 두 가지 조류에 의해 주도되고 있었다. 그 하나는 노로 에이타로(野呂栄太郎)의 뒤를 이은 일본 근대사의 하니 고로(羽仁五郎)를 비롯하여 이노우에 기요시(井上清), 기다야마 시게오(北山茂夫)와 유럽 현대사의 스즈키 마사시(鈴木正四), 오코노기 마사부로(小此木真三郎)의 흐름이며 여기서는 특히 하니와 이노우에의 리더십이 강했다. 이에 대하여 고대사의 와타나베 요시미치(渡部義道)와 도마 세이타(藤間生大), 중세사의 이시모다 쇼(石母田正)와 마츠모토 신하치로(松本新八郎), 근세사의 하야시 모토이(林基) 등의 전근대사 그룹이 있었으며 이들 가운데 이시모다의 영향력은 절대적이었다.[27]

　이들은 노선의 차이에도 불구하고 공통적으로 전전에 기승을 부리던 독선적인 '황국사관'을 극복의 대상으로 삼고 시국에 편승하여 군국주의의 대외 침략에 가담한 역사학자들을 비판하면서 출발했다. 이노우에 기요시가 전시 중에 '황국사관'을 주장한 역사학자들을 지명하면서 "인민을 천황제 군벌·관료의 노예로 삼고 침략 전쟁에 동원함으로써 과학의 편린마저도 역사학에서 제거한 노골적인 범죄자들"[28]이라고 격렬하게 비난한 것은 그 단적인 사례라 할 수 있을 것이다. '전후 역

---

26) 安丸良夫, 『現代日本思想論』, 岩波書店, 2004, 122쪽. 야스마루는 전후 역사학에서 강좌파의 마르크스주의가 이룩한 연구 성과 가운데 가장 양질의 부분은 遠山茂樹의 『明治維新』, 岩波書店, 1951과 井上清의 『日本現史1 明治維新』, 東京大学出版会, 1951과 같이 한 시대의 전체상을 선명하게 그려낸 역사 서술로 결실을 보았다고 평가하고 있다.
27) 두 그룹의 성립 배경과 대립·갈등에 대해서는 網野善彦, 『歴史としての戦後歴史学』, 日本エディタースクール, 2000, 28~30쪽 및 磯前順一, 「戦後歴史学の起源とその忘却 - 歴史のポイエーシスをめぐって - 」, 15~29쪽 참조.
28) 井上清, 「時評」, 『歴史学研究』122호, 1946. 6, 34쪽.

사학'을 리드한 중심인물의 한 사람인 이시모다 쇼도 "전시 중 극단적인 국가주의를 외치고 역사학을 엉망으로 괴멸시킨 학자가 이번에는 입을 닦고 자신들은 원래 실증주의적 역사학자였다고 변명하고 있다."라고 하면서 '황국사관' 주창자들을 비판했다29).

그러나 사상 탄압이 극심했던 군국주의의 시대 상황에서는 노로 에이타로나 하니 고로와 같이 직접 탄압을 받은 소수를 제외하면 1933년의 '대량 전향'에서도 단적으로 알 수 있듯이 마르크스주의 역사학자들도 궁극적으로는 천황제 국가권력에 굴복하거나 협력을 강요당하지 않을 수 없었다. 이러한 전전의 트라우마는 전후의 활동에 적지 않은 영향을 미쳤다. 예를 들면 1957년 9월 역사학연구회의 좌담회에서 "1946년경 이시모다 쇼가, 역사가가 전시 중에 한 작업에 관해서 개인적인 이름을 거론하면서 문제 삼거나 위원회 안에서도 스즈키 마사시(鈴木正四)가 역사학연구회 자체의 전쟁 책임에 관해서 전시 중의 편집 후기를 문제 삼는 움직임이 있었지만 그것은 일시적인 현상으로, 일반적으로 역사가들 사이에서 전쟁 책임의 문제가 깊이 있게 논의된 경우는 거의 없었다."30)라고 지적하고 있듯이 대부분의 역사가들에게는 전시기 자신들의 부적절한 언행에 대해 애써 외면하는 암묵적인 양해가 있었다. 결국 '전후 역사학'은 자신들의 전쟁 책임을 철저하게 추궁하지 않고 애매하게 넘겨버렸다는 점에서 그 태생부터 역사 인식의 문제점을 안고 있었다.

'전후 역사학'이 처음부터 전쟁 책임 문제를 철저하게 추궁하지 않았던 배경에는 마르크스주의 역사학이 의거하는 방법론 자체에 전쟁 책임의 자각을 애매하게 만드는 기제가 작용하고 있었기 때문이기도

---

29) 石母田正, 「実証主義への復帰」, 1946(『石母田著作集』第16巻, 岩波書店, 1990, 7쪽).
30) 長谷川良一, 『〈皇国史観〉という問題』, 25쪽.

했다. 예컨대 마르크스주의 역사학의 방법론에 입각하여 전전의 봉건적 전근대성을 비판하고 제국주의, 전체주의, 대량 학살, 전면전쟁 등의 파멸의 극한을 '나쁜 과거'로서 부정하고 그것과는 완전히 단절된 상태에서 민주주의, 혁명, 경제성장 등과 같은 전후의 새로운 미래상을 강조할 때, 그것은 무의식중에 전쟁에 관한 기억의 망각을 돕는 결과가 되어버리는 것이다. 캐롤 글럭은 이를 '동결된 기억'[31]이라 하고 그것이 해빙기를 맞이하는 것은 냉전과 쇼와시대의 종언 이후라고 했다. 사실 1990년대 이후 일본이 전쟁 책임을 승인하는 사회적 작업에 직면하게 되는 것은 내부적 요인보다도 냉전과 쇼와의 종언뿐만 아니라 일본군 위안부 피해자들의 증언을 비롯하여 근린 아시아의 상대적 민주화라는 외적 요인이 중요한 영향을 미쳤다. 물론 전후 역사학이 전쟁 책임 문제를 전적으로 외면한 것은 아니었지만 1970년대까지도 거의 관심 밖에 있었다.[32]

패전 직후의 상황에서 '전후 역사학'이 극복해야 할 더욱 긴요한 과제는 그들이 비판과 극복의 대상으로 하는 '황국사관'의 핵심에 있는 천황제의 문제였다. 1945년 9월 15일 도쿄 히비야의 제일생명 빌딩을 접수하고 10월 2일에 연합국총사령부(GHQ)를 설치하여 본격적인 점령 행정에 착수한 점령군은 '황국사관'을 폐기 처분하기 위해 급진적인 개혁 정책을 급속하게 전개해 나갔다. 10월 4일 '정치적・민사적 및 종교적

---

[31] キャロル・グラック,「戦後史学のメタヒストリー」, 91쪽.
[32] 荒井信一,『現代史におけるアジア―帝国主義と日本の戦争責任』, 青木書店, 1977年 ; 井上清,『天皇の戦争責任』, 現代評論社, 1975 ; 家永三郎,『歴史と責任』, 中央大学出版部, 1979 ; 家永三郎,『戦争責任』, 岩波書店, 1985 등은 '전후 역사학'에서 1990년대 이전에 전쟁 책임 문제를 정면에서 다룬 것으로 매우 드문 성과라 하겠다. 일본의 역사학계에서 전쟁 책임 문제를 정면에서 본격적으로 다루기 시작한 것은 1990년대 이후의 일이다.

자유에 대한 제한 철폐의 각서'(인권지령)를 시작으로 '정치경찰 폐지에 관한 각서'를 비롯하여 공산당 지도자들을 비롯한 정치범 석방(10월 10일), '민주화에 관한 5대 개혁'(10월 11일), '치안유지법' 철폐(10월 15일), '일본 교육제도에 대한 관리 정책'(10월 22일)이 잇달아 시행되었으며 12월 15일의 '신도지령'은 '황국사관'의 사상적 근거가 되었던 국가신도의 잔재를 폐지한 마지막 카드였다.

'황국사관'을 철폐하기 위한 점령군의 개혁은 여기에서 그치지 않고 곧바로 천황제 시스템으로 이어졌다. 1946년 1월 1일 천황의 '인간선언'을 통해서 '황국사관'을 스스로 부정하게 하고 11월 3일 일본국헌법을 제정 공포하여 메이지헌법에서의 천황주권(제1조)과 천황신성(제3조) 조항을 제거했으며 1947년 법률 제3호에 의한 '신황실전범'에서는 천황의 '만세일계'가 삭제되었다. 그리고 최종적으로는 GHQ의 압력에 의해 1948년 6월 19일 중의원에서의 '교육칙어 등 배제에 관한 결의'와 참의원에서의 '교육칙어 등의 실효확인에 관한 결의'로 '천양무궁의 황운'에 대한 절대적인 충성을 강요하던 '교육칙어'의 배제・실효가 확인되었다.

그러나 점령군의 개혁에도 불구하고 전전 '황국사관'의 가장 핵심부에 있던 천황과 천황제가 존속되었으며, 이를 '국체호지'로 받아들이는 지배층의 인식도 바뀌지 않았다.[33] 특히 문부성을 비롯한 국체론자들은 패전에도 불구하고 전전과 같은 형태의 '천황제=국체'를 지키고 유지해야 한다는 신념을 가지고 있었다. 패전 후에도 여전히 천황 중심의 역사관에 의거한 교육을 유지하려는 문부성의 의도는 점령군의 기본적인 교육정책의 방침이 제시되기 전에 발표한 '신일본건설의 교육방

---

33) 전후 천황제 존속이 미일 '합작'으로 이루어졌다는 점에 대해서는 ジョン・ダワー著, 三浦陽一・高杉忠明訳 『敗北を抱きしめて―第二次大戦後の日本人』上・下, 岩波書店, 2001 참조.

침'(1945.9.15.)에서도 잘 나타나고 있다.34)

보수 지배층의 이러한 움직임에 대응하여 '황국사관'의 비판과 극복을 제일의 과제로 삼고 출발한 '전후 역사학'의 관심이 천황제 비판으로 향해진 것은 당연한 일이었다. '전후 역사학'에서 주도적인 역할을 한 '역사학연구회'에서는 1946년 1월 27일 종합부회의 형태로 '각국 군주제의 역사'를 주제로 한 강연회를 개최했으며 여기서 영, 불, 독, 러의 군주제와 고대에서 현대에 이르기까지의 천황 및 천황제의 역사에 관한 11명의 보고가 있었다. 이 가운데 이노우에 기요시의 보고 '천황제의 역사'는 고대 이래 천황이 지배자와 인민 사이의 대립 관계 속에서나 또는 타민족에 대한 침략 행위에서 한 역할이 유럽 역사의 각 발전 단계에도 나타나는 보편성을 가지는 점, 그리고 현대 천황제는 이른바 메이지유신의 왕정복고를 출발점으로 만들어진 것이라는 점, 천황제에 대항하는 민주적, 혁명적 전통이 인민의 역사 속에 존재하고 있다는 점 등을 강조한 것이었다.35) 1946년 1월 〈마이니치신문〉에 연재한 하니 고로의 「천황제의 해명」36)도 비슷한 관점에서 천황 지배의 잔학성과 그 권위의 허구성을 신랄하게 폭로하여 독자의 반향을 불러 일으켰다.

이에 대하여 고대사의 도마 세이타와 중세사의 이시모다 쇼는 '세계사의 기본 법칙'이라는 마르크스주의 역사학의 이론적 방법론에 입각하여 실증적인 연구를 배경으로 천황제 비판을 전개했다.37) 도마는 일

---

34) 久保義三, 『占領と神話教育―占領軍による記紀神話の排除過程』, 青木書店, 1988, 104~105쪽.
35) 歴史学研究会編, 『歴史家は天皇制をどうみるか』, 青木書店, 1946. 후에 井上清, 『天皇・天皇制の歴史』, 明石書房, 1986에 수록.
36) 羽仁五郎, 「天皇制の解明」, 『毎日新聞』 1946.1.12-1.13.
37) 石母田正, 『中世的世界の形成』 및 藤間生大, 『日本古代国家 - 成立より没落まで, 特にその基礎構造の把握と批判 - 』, 伊藤書店, 1949. 하니, 이노우에 등(근대사)과 도마, 이시모다 등(고대사)은 하부구조의 규정성을 중시하는 점에는

본 고대국가는 노예제사회라는 것을 논증한 것으로 다이카개신(大化改新)부터 장원제 시대까지의 가족 형태를 분석하고 가부장적인 가내노예제였다는 것을 밝혔다. 이시모다는 중세의 주체인 무사가 고대 노예제와의 부단한 투쟁을 반복하면서 중세 봉건제 사회를 형성해 가는 과정을 그린 것이었다. 이러한 입장에서 도마가 하니 등의 천황제 비판을 '개인 공격'이라고 비판하고 사회구조와 관련시키지 않으면 천황제 비판이 될 수 없다고 주장[38]한 것은 '세계사의 기본 법칙'에 의거하여 경제구조와 사회구성체론에 중점을 둔 비판이 아니면 유효성이 없다는 마르크스주의 역사학의 기본 인식을 표명한 것이었다.

　　더구나 고대사와 중세사에서는 천황제의 황통을 역사적 유한성을 초월한 만세일계라 하고 천황의 적자(赤子)로서 국민을 포섭하는 '황국사관'의 이데올로기적인 환상을 뒤집기 위해서는 천황제 또한 역사적 산물에 지나지 않으며 영원성의 강조는 경제구조의 변화에 의해 생긴 것이나 다름없다는 것을 입증할 필요가 있었다. 따라서 천황제가 계급국가와 함께 출현한 역사적 산물에 지나지 않는다는 것을 지적하기 위해 고대노예제와 원시공산제가 비교의 대상이 되고 원시공산제야말로 천황제보다도 역사적으로 오랜 본래적인 사회라는 것이 명시되었던 것이다.[39]

　　근대사의 경우에도 특히 1947년 천황을 '상징'으로 규정한 신헌법의 제정과 공포를 전후해서는, 패전에도 불구하고 존속하게 된 새로운

　　　공통적이었지만 전자의 경우 역사적인 기원에 대한 지향성이 전혀 보이지 않았다. 그것은 전자의 작업이 역사학이라기보다 경제학에 의한 자본주의 분석으로 시작되었던 점에 기인한다(磯前順一,「戰後歷史学の起源とその忘却−歷史のポイエーシスをめぐって」, 25쪽).
38) 遠山茂樹,『戰後の歷史学と歷史意識』, 34쪽.
39) 磯前順一,「戰後歷史学の起源とその忘却−歷史のポイエーシスをめぐって」, 24쪽.

천황제의 성격을 어떻게 규정할 것인가를 둘러싸고 마르크스주의 역사학에서 활발한 논쟁이 전개되었으나, 주된 논점은 어디까지나 절대군주제와 부르주아군주제의 성격 규정 여하에 놓여있었다.[40] 이러한 경향은 '전후 역사학'의 기본 틀을 형성하는 데 중요한 의미를 가지는 것으로 평가되는 '역사학연구회'의 1949년 대회 통일 주제가 '각 사회 구성에서의 기본적 모순에 관하여'이며 그 이듬해의 주제가 '국가권력의 제 단계'였다는 점에서도 알 수 있다.[41] 그러나 '전후 역사학'이 절대군주제와 부르주아군주제의 여부를 둘러싸고 논쟁을 거듭하는 사이에 현실의 천황과 천황제는 '상징'과 '상징천황제'로 이행하고 있었으며 현실과의 사이에 갭이 커지면서 논의의 설득력도 약화되어 갔다.

'전후 역사학'의 이러한 한계를 마르크스주의가 가지는 사상의 초월성이라는 관점에서 지적한 이소마에의 설명은 상당히 시사적이다. 즉, 이소마에는 마르크스주의가 교설에 대한 절대적인 복종을 요구함과 동시에 자신이 속하는 현실 세계를 끊임없이 상대화하는 비판 능력을 가져다주었으며, 이 초월성의 양의적인 성격이 마르크스주의자를 공산당과 코민테른에 절대복종하게 만드는 한편, 천황제를 비롯한 국

---

[40] 패전 직후 일본공산당의 주된 견해는 신헌법에 의해서도 천황제는 부르주아군주제로 변하지 않고 여전히 절대군주제의 본질을 남기고 있다고 보는 입장과, 절대군주제에서 입헌군주제로의 轉化 과정에 있다고 보는 두 가지 입장으로 나뉘어져 있었다. 후자의 입장이 일본공산당에서 공식적으로 승인된 것은 1957년 '日本共産黨黨章案'의 발표에 의해서였다(앞의 책, 『天皇制の歷史』下, 298쪽).

[41] 실제로 전후 역사학을 주도한 역사학연구회의 총목차를 살펴보면 1946년 6월 122호로 복간된 이후 1959년 2월 228호에서 〈율령국가와 천황제〉라는 특집호가 나오기까지 천황, 천황제를 다룬 논문은 守屋典郎의 「天皇制の物質的および社會的基礎について」(1954.1, 167호) 단 한 편뿐이고 그 제목에서도 알 수 있듯이 강좌파 이론에 의거한 천황제의 분석이었다. 歷史学研究会編, 『歷史学研究 創刊号~第500号 総目次・索引』, 青木書店, 1988.4.).

하니 고로   이시모다 쇼

체 사상에 대한 전면적인 부정을 가능하게 했다는 것이다. 이소마에의 설명에 의하면 여기서 '초월적 보편성'과 '개별적 특수성'이 문제가 되어야 했지만 그 관계의 애매함이 이윽고 1930년대의 대량 전향이라는 사건을 통하여 토착적인 것에 대한 보편적인 것의 패배로 귀결했다는 것이다.[42] 즉, '전후 역사학'은 그 기원부터 이미 천황제 비판의 한계를 안고 있었던 것이다. 이러한 한계로 말미암아 전성기 '전후 역사학'에서의 천황제 비판은 세계사의 기본 법칙과 사회구성체론에 입각한 논의에 그치고 있었다. 일본인의 정신적 내면세계까지 지배한 천황제의 '토착적'인 성격의 문제는 거의 관심 밖의 일이었으며 구체적인 연구나 분석 대상이 되는 일은 없었다.

'전후 역사학'이 당면한 또 하나의 난제는 그 기원으로서『일본자본주의발달사 강좌』에서부터 내재되어 있던 '아시아정체성론'의 문제였다.[43] 마르크스주의의 공식 이론이라 할 수 있는 '세계사의 기본 법칙'은 1960년대까지도 '전후 역사학'에서 절대적인 권위를 가지고 있었다. 오

---

42) 磯前順一,「戦後歴史学の起源とその忘却－歴史のポイエーシスをめぐって」, 15쪽.
43) 전후 역사학, 특히 마르크스주의 역사학에서의 '아시아정체성론'에 관한 상세한 분석에 관해서는 永井和,「戦後マルクス主義歴史学とアジア認識－'アジア的停滞正論のアポリア」(古屋哲夫編『近代日本のアジア認識』, 緑蔭書房, 1966) 참조.

늘날의 시점에서 볼 때 그것이 서구라는 특정한 사회의 역사에서 추상화된 이론이며 이를 다른 나라의 역사에 무리하게 적용하려는 서구 중심주의의 역사관이었다는 사실은 두말할 나위도 없을 것이다. 그러나 '전후 역사학'은 그 기원에서부터 이러한 가설에 얽매여 왜 아시아에서는 봉건제에서 자본제로의 이행·발전이 서구와 같이 진행되지 않았는지, 그리고 왜 같은 아시아이면서 일본만이 후진자본주의국가로 성장하여 독립을 유지하고 제국주의로 나아간 데 비하여 인도, 중국은 식민지, 반식민지가 되었는지에 대한 의문을 계속해서 던져왔다.[44] 이와 같이 처음부터 가설에 지나지 않는 이론을 보편적 진리로서 연역적으로 도입함으로써 현실과의 사이에 발생하는 모순에 대응하기 위해 제시된 것이 '아시아정체성론'이었으며 그 답을 구체적으로 추구한 것은 하니 고로와 핫토리 시소였다.

하니는 인도, 중국, 일본의 노예제가 서구 고대의 노예제나 봉건사회의 농노제와는 다른 형태의 '특수성'을 가진다고 보고 그것을 '아시아적 생산양식'이라 불렀다. 하니에 의하면 아시아가 내부적으로 자본주의로 이행하는 것을 방해한 정체성의 원인은 바로 이 '아시아적 생산양식' 때문이었다.[45] 하니의 이러한 결론의 배경에는 같은 '아시아적 생산양식'의 사회라도 인도, 중국과 일본의 사이에는 동일성 속의 차이성이

---

44) 강좌파 마르크스주의 역사학에서는 아시아의 인도, 중국이 주된 비교분석의 대상이며 조선은 대상 밖이었다. 그러나 근대 일본의 조선인식에서 볼 때 '아시아정체성론'은 이미 메이지시대 관학아카데미의 조선사회 '정체론'에서 등장하고 있었다(趙景達, 「戰後日本の朝鮮史研究―近代史研究を中心に」(特集「韓国併合」100年と日本の歷史学, 『歷史学研究』868, 2010.7, 168~169쪽). 근대 일본의 지식인들의 '아시아정체성론'은 그만큼 편차도 크고 폭도 넓었던 것이다.
45) 羽仁五郎, 「東洋における資本主義の形成」, 『史学雜誌』43巻, 2, 3, 6, 8号, 1932. 이후 羽仁五郎, 『明治維新史研究』, 岩波書店, 1956에 수록.

있으며, 적어도 막말(幕末) 일본에서는 '봉건제하에서 부르주아적 발전의 맹아'가 있었지만 인도나 중국에는 그것이 없었다는 고정관념이 선험적 전제가 되었다. 하니가 주장한 '봉건제하에서 부르주아적 발전의 맹아'는 핫도리의 '막말엄매뉴설'에서 더욱 명확하게 나타난다. '막말엄매뉴설'이란 에도막부 말기 일본 자본주의의 발전 단계는 마르크스의 『자본론』에서 말하는 엄밀한 의미에서의 매뉴팩처 시대에 도달했다는 주장이다. 이러한 주장에 따르면 일본이 식민지로 전락하지 않고 자본주의화에 성공한 것은 이미 자본주의로의 이행을 가능케 하는 '맹아'가 내부에서 성장하고 있었기 때문이며 인도와 중국은 거기까지 도달하지 못했기 때문에 실패했다는 것이다. 따라서 같은 아시아이지만 일본의 경우 '특수성'을 가진다는 의미가 된다.[46]

이와 같이 '일본특수성론'으로 이어지는 '아시아정체성론'은 마르크스주의 역사학만의 독점물이 아니었다. 오규 소라이(荻生徂徠)에게서 에도시대 유교를 부정하는 '근대적 사유'의 '맹아'를 추출하려 한 마루야마 마사오도 기본적으로는 핫도리와 같은 논리 구조를 가지고 있었다.[47] 핫도리의 경우 '혁명의 필연성'과 그 성격을 밝히기 위해 '막말엄매뉴설'을 제창했다면 마루야마의 경우 전쟁 권력에 대한 '근대적 지성'의 저항으로서 『근세정치사상사연구』를 집필한 것이다. 대상 시기와 주제는 달라도 패전 직후의 '전후 역사학'에서 커다란 영향력을 가지고

---

46) 服部之総, 「維新史方法上の諸問題」, 『歷史科学』, 1933. 이후 服部之総, 『明治維新史研究』, 白揚社, 1933에 수록. 이후 『服部之総全集』 제4권, 福村書店, 1973에도 수록.
47) 丸山眞男, 『日本政治思想史研究』, 東京大学出版会, 1952. 전시 중에 집필된 마루야마의 오규 소라이에 관한 연구도 방법론으로는 마르크스주의 역사학의 영향을 강하게 받은 것이었다. 마루야마는 후일 "중국정체성론에 대한 일본의 상대적 진보성이라는 견지"를 자기비판했다(371쪽).

핫도리 시소　　　도야마 시게키

있던 이시모다의 『중세적 세계의 형성』도 같은 모티브에 의한 작품이었다. 즉, 이시모다는 왜 아시아에서 일본만이 '성공'했는가에 대한 문제의식을 바탕으로 아시아에서 일본만이 '중세적 세계=봉건제'를 경험했다는 것을 입증하기 위해 무사단의 형성 과정과 그 의의를 고찰한 것이었다. 여기서 중국은 고대적 공동체 질서의 제약으로 인하여 중세적 봉건제도로의 이행이 곤란했지만 일본에서는 신흥계급인 재지 영주가 낡은 동족 조직에서 분리하여 독자적인 무사단의 형성을 이루게 되고 이에 따라 중세로의 길이 열리게 되었다고 보는 것이 이시모다의 중일 비교의 결론이었다.[48]

　이와 같이 '아시아정체성론'에 입각하여 '일본특수성'을 논하는 입장은 비단 마르크스주의 역사학이나 마루야마의 정치사상사 뿐만 아니라 유럽경제사의 오츠카와 유럽사회사의 다카하시의 경우에도 대동소이하다고 할 수 있다. 더구나 인도, 중국에 대한 후진성을 지적할 때 그

---

48) 永井和, 「戰後マルクス主義歷史學とアジア認識-'アジア的停滯正論'のアポリア」, 688~699쪽, 주 (27) 참조. 전후 이시모다의 '아시아정체성론'에 대한 자기비판에 관해서는 石母田正, 「封建制成立の特質について」, 『思想』 1949. 8. 참조.

들의 안중에 조선은 의식조차 되지 않고 있었다. 심지어 마르크스주의 역사학의 '아시아정체성론'의 문제를 마르크스주의자의 전쟁 책임 문제와 연결시켜 최초로 이의 제기한 것으로 평가되는 다케우치 요시미(竹內好)조차도 조선의 식민지 지배에 대한 자각적인 인식은 발견하기 어렵다.[49] 일본 제국주의의 식민지 수탈사에 대한 선구적인 연구자 야마베 겐타로(山辺健太郎)가 일본자본주의발달사를 공부하면서 "노로 군(노로 에이타로: 인용자)의 연구는 분명한 것이지만 역시 시대적인 제약이 있어서 식민지 수탈을 무시하고 있다고 생각했다."라고 한 것은 '전후 역사학'의 기원부터 식민지 문제가 누락되어 있었다는 것을 단적으로 말해주고 있다.[50]

이상과 같이 '전후 역사학'은 마르크스주의 역사학의 방법론을 철저히 추종하여 일본의 개혁과 민주화를 추구함으로써 천황제 비판의 이론과 현실의 괴리에 따른 효용성의 문제, 그리고 '아시아정체성론'에 근거한 아시아 인식의 문제점들은 거의 자각적으로 의식하지 못한 채

---

49) 竹内好, 「日本人の中国観」, 『展望』1949. 9. 후일 竹内好, 『現代中国論』, 河出書房, 1951 및 『竹内好全集』, 第4卷, 筑摩書房, 1980 등에 수록. 다케우치는 "일본에 수입된 마르크스주의는 일본인의 대중국 인식에 관한 한 이러한 모멸감을 고착시키는 작용을 했다. 왜냐하면 그것은 생산력이라는 단일한 물질로 역사를 단정하여 가치를 측정하는 결정론으로서 수용되었기에 학자들은 중국이 일본보다 얼마나 근대화에 후진적인가를 '과학적'으로 입증했다. (중략) 이 마르크스주의에 의해 무장된 중국관이 객관적으로 보면 일본의 침략을 이론적인 측면에서 도왔다는 측면은 부정할 수 없다."(위의 책, 『竹内好全集』, 第4卷, 9~12쪽)라고 하여 마르크스주의 역사학의 아시아 인식과 전쟁 책임의 관련성을 날카롭게 지적했다.
50) '전후 역사학'이 조선을 비롯한 일본의 식민지 지배를 어떻게 인식하고 있었는가에 대해서는 별도로 세밀한 검토가 필요한 부분이다. 그것이 가지는 문제점에 관해서는 尹健次「戰後歷史學における他者認識－在日朝鮮人の視点から」, 『歷史學研究』594, 1989. 6. 참조.

그 극복의 과제를 다음 세대로 넘기게 되었다. 전후 역사학이 이러한 문제점에 무자각이거나 또는 그 극복이 곤란했던 배경에는 마르크스주의 역사학의 방법론이 가지는 모순과 함께 당시의 세계사적 정세와 얽힌 '민족의 위기'에 대한 인식이 있었다. 1949년 10월의 독일민주공화국과 중화인민공화국의 성립에 이어 1950년 1월 코민포름의 일본공산당 비판과 6월 한국전쟁 발발, 1951년 9월의 미일강화조약과 미일안전보장조약의 조인, 1952년 5월의 '피의 메이데이사건', 그리고 1952년 7월의 파방법(破防法) 가결로 이어지는 급박한 시대상황은 역사연구자의 정치의식을 고조시키고 전후민주주의의 주도적인 역할에 추진력이 되었다.

　　이러한 시대 상황을 배경으로 '전후 역사학'을 주도하던 이시모다 쇼와 도마 세이타 등 급진적인 역사학자들의 '민족의 독립'과 '국민적 역사학'의 발언은 절대적인 영향을 미치는 것이었다.51) '전후 역사학'이 국민국가 그 자체를 비판의 대상으로 삼지 않았다는 점을 비판적으로 검토한 니시가와 나가오(西川長夫)는 이러한 시대적인 상황으로 인하여 '전후 역사학'에서 국가와 민족, 혹은 국민 그 자체에 대한 의문과 비판적 검토는 의식적으로든 무의식적으로든 처음부터 억압되어버렸다고 지적하고 있다.52) 또한 니노미야 히로유키(二宮宏之)도 사회사의 관점에서 비슷한 논평을 제시하고 있다. 즉, '전후 역사학'은 일본 사회, 일본 민족, 일본 문화, 일본인과 같이 항상 '일본'을 주어로 서술하며 그 내부

---

51) 당시 이시모다와 도마의 민족 문제에 관한 보고와 토론에 관해서는 歷史學研究會編, 『歷史における民族の問題』, 岩波書店, 1951 참조. 당시 도오야마 시게키가 '외압에 대한 민족저항'으로서 형성된 19세기의 양이운동에 주목한 것도 대미 종속적인 현실 상황에서 미국의 압력에 저항하는 '진보적 내셔널리즘'을 제기하기 위해서였다(須田努, 『イコンの崩壊まで―戰後歷史學と運動史研究』, 34쪽).
52) 西川長夫, 「戰後歷史學と国民国家論」歷史學研究會編, 『戰後歷史学再考』, 80쪽.

의 다원성과 그 외부와의 관계에 눈을 돌리는 일은 거의 없었다는 것이다. 특히 코민포름의 일본공산당 비판 이후 '전후 역사학'의 일본사 연구에서는 민족의 독립이라는 정치 노선 아래서 민족과 문화에 눈을 돌리면서 민중의 전통을 발굴하는 것이 일본 민족, 일본 문화의 일체성을 강조하는 것으로 직결되어버렸다.[53] 당시 '국민적역사학운동'을 주도한 이시모다가 운동이 최고조에 달한 1952년을 되돌아보며 "우리 일본 민족은 미국에 대한 예속을 감수할 수 없는 긍지 있는 역사를 가지고 있다는 것을 증명하고, 조국에 평화와 독립과 민주주의를 실현하기 위해 위대한 투쟁을 수행해낼 수 있을 만큼의 혁명적 전통을 가지며, 그 변혁의 시대에는 거대한 문화적 창조력을 발휘한다는 것을 일본인의 역사 속에서 제시하려 했다."[54]라고 언급한 것을 볼 때 니시가와 니노미야의 지적은 정곡을 찌른 것이라 할 수 있을 것이다. 반체제 역사학으로서의 '전후 역사학'은 '일본 국가'와 '일본 민족'의 테두리 안에서 전개되었다는 한계로 인하여 그 기원이 안고 있던 천황제의 문제도, 아시아 인식의 문제도 극복하기가 곤란했던 것이다. 그리고 전후 역사학이 내포하고 있던 '일본 민족'이라는 내셔널한 언설은 이윽고 1960년대 이후 보수 이데올로기의 공세 속에서 그들의 주장을 정당화시키는 논리로 치환되어버린다. 이 점에 관해서는 다음 장에서 다시 검토하기로 하고 여기서는 1950년대 후반부터 '전후 역사학'이 침체하게 되는 정치적인 배경에 관해서 좀 더 살펴보기로 하자.

    1951년 1월 코민포름의 일본공산당의 '점령하의 평화혁명' 방침에 대한 혹독한 비판 이후 비합법 체제로 이행하기 위해 당의 분열을 강행한 도쿠다 규이치(德田救一)을 비롯한 일본공산당 정치국의 다수는

---

53) 二宮宏之, 「戰後歷史學と社會史」, 128~141쪽.
54) 石母田正, 「新しい年をむかえて」, 『石母田正著作集』 一六卷, 66~67쪽.

1951년 2월의 '四全協'에서 '당면한 기본적 투쟁 방침'을 채택하여 중국의 무장투쟁 노선을 모방한 군사 방침의 필요성을 강조했다. 이어서 10월의 '五全協'의 결정에 따라 '산촌공작대'와 '화염병투쟁'이라는 극좌모험주의가 강행되었다. 그러나 이러한 극좌모험주의에 따른 심각한 내부 분열은 내외의 실망과 불신감을 초래하여 국민의 지지를 상실하고 일본공산당은 1952년 총선거에서 참패하게 된다. 당시 '국민적역사학운동'을 전개하던 이시모다와 마츠모토 신하치로, 도마 세이타 등은 도쿠다파에 속하고 있었으며 그들은 당의 '비창조적인 과학 정책'과 '정치주의적'인 오류에 커다란 책임이 있었다.55) 1953년에는 스탈린과 도쿠다 규이치의 죽음에 이어 공산당 운동이 좌절·후퇴하고 이윽고 1955년 일본공산당의 '六全協'에서는 극좌모험주의와 좌익섹트주의를 자기비판하면서 무장투쟁 노선의 포기를 결의했다. 그리고 1956년에는 소련의 제1서기장 후르시초프에 의한 스탈린비판과 헝가리 사건이 발생56)하면서 많은 학생과 지식인들이 사회주의에 회의를 느끼고 마르크스주의의 영향력에서 멀어져갔다. 이시모다가 제창했던 '국민적역사학운동'도 거의 같은 시기에 종언을 고했다.57) 내외 상황의 정치적 격변 속에

---

55) 高橋昌明, 「石母田正の1950年代」, 『歷史評論』 732, 2011. 4, 62쪽. 역사학계에서의 이시모다 비판과 이에 대한 이시모다의 자기비판에 관한 상세한 내용은 앞의 책, 『戰後の歷史學と歷史意識』, 221~226쪽 참조.
56) 당시 스탈린비판과 헝가리 사건이 마르크스주의 역사학에 얼마나 큰 충격을 주었는가에 대해서는 林健太郎, 「現代歷史学の根本問題」(『思想』특집, 「歷史」 395, 1957) 참조.
57) 다카하시는 좌절의 근본적인 요인을 일본의 대미 종속적인 반식민지화가 날로 심화되고 있다는 현상 파악과 이에 대하여 민족의 독립과 해방을 호소하는 정치 주장의 비현실성, 그리고 야마토 다케루가 '민족의 영웅', 다도, 꽃꽂이, 대불 등을 '민족문화'로 찬양하는 혁신 내셔널리즘에 대한 의문, 역사과학으로부터의 무원칙적인 일탈 등에 대한 반발이 컸기 때문으로 보았다(高橋昌明, 「石母田正の1950年代」, 62쪽. '국민적역사학운동'에 대한 내부에서의 자기

서 '저항의 역사학', '현상 비판의 역사학'으로서 정치 과제에 밀착해 온 '전후 역사학'은 심각한 타격을 입은 것이다.

이러한 외부의 충격과 동시에 내부에서 '전후 역사학'을 동요시킨 것은 1955년 출간하여 베스트셀러가 된『쇼와사(昭和史)』58)를 둘러싼 1956년의 '소화사논쟁'이었다. 문학자 가메이 가츠이치로(亀井勝一郎)는 '현대사가에 대한 의문'이라는 글에서『쇼와사』에서는 "인간을 묘사하고 역사적 인물에 공감하는 태도"가 결여되어 있다는 점을 지적하면서 전쟁을 강행한 군부와 정치가, 실업가와 이에 반대하여 탄압받은 공산주의자, 자유주의자의 대항만이 있으며 그 중간에서 동요하고 있던 '대중'의 모습이 보이지 않는다고 하여 계급투쟁이라는 추상개념으로 역사의 복잡성이 처리되어버렸다고 비판했다.59) 이러한 가메이의 '인간 부재'라는 비판을 시작으로 문학자, 정치학자, 민속학자에 의한 공식주의, 외재적 가치관에 끼워 맞추기, 정치과정론의 결여, 학문의 당파성 등의 비판이 집중되었다.60) 이에 대하여 도야마 시게키는 역사학은 문학과 달리 인간이 역사적, 사회적 존재라는 것을 논리적으로 밝히는 것이며, 또한 계급으로서 존재하는 것, 우연성을 관철하면서 필연성이 실현되어 가는 것을 밝히는 것이라고 역사의 과학성을 주장하면서 반론을 전개했다.61) 후일 나가하라 게이지는 '소화사논쟁'의 본질적인 문제

비판적인 총괄에 대해서는 民科歴史部会総括委員会,「民主主義科学者協会歴史部会活動総括(案)」,『歴史評論』, 200, 1976. 4 참조.
58) 遠山茂樹・藤原彰・今井清一,『昭和史』, 岩波書店, 1955. 논쟁 이후 내용을 대폭적으로 수정한『改訂版・昭和史』(1959)가 출간되었다.
59) 亀井勝一郎,「現代歴史家に対する疑問」(『文芸春秋』, 34-3, 1956, 3)
60)『昭和史』에 대한 비판으로는 亀井勝一郎,『現代史の課題』, 岩波現代文庫, 2005年 ; 竹山道雄,『昭和の精神史』, 講談社学術文庫, 1985 ; 松田道雄,「歴史家への注文」,『日本読書新聞』1956. 3. 26. ; 同,「戦争とインテリゲンチャ」,『思想』1956. 11. ; 山室静,「政治的人間の史観をめぐって」,『思想』1956. 12. 참조.

는 마르크스주의 역사학이 '인간'을 묘사할 수 있는지의 여부가 아니라 '역사의 객관적, 내재적 비판', '역사 인식의 객관성'이 어떻게 가능한지를 묻는 데 문제의 핵심이 있으며 그것은 곧 마르크스주의 역사학의 방법에 대한 전체적·본질적 비판이었다고 총괄하고 있다.[62]

'소화사논쟁' 이후 마르크스주의 역사학은 개념적 고정화의 길을 걷게 되고 그 결과 메이지유신, 절대주의 천황제 등에 관한 논쟁은 거의 불모화되어 갔다. 이후 '전후 역사학'은 1958년 '역사학연구회' 위원회의 토론에서 "아직 암중모색의 상태에서 벗어나지 못하고 있기 때문에 분명한 결론을 내릴 수 없다."[63]는 말이 단적으로 의미하듯이 폐색 상황에 빠지게 된다. '역사학연구회'의 창립 25주년에 해당하는 1957년의 대회에서 '전후 역사학의 방법적 반성'[64]이라는 주제가 설정되고 1958~1960년에는 대회의 통일 주제조차도 설정되지 않았던 것은 하나의 시대가 마감했다는 인상을 준다. 다음에는 1950년대 후반에 침체되었던 '전후 역사학'이 1960년대 이후 어떻게 거듭나고 있으며 그 기원이 가지는 한계가 어떻게 극복되고 있는지를 살펴보기로 하자.

---

61) 遠山茂樹 「現代史研究の問題点」, 『中央公論』1956. 6.
62) 永原慶二 「戰後日本史学の展開と諸潮流」, 『岩波講座 日本歴史』24, 岩波書店, 1981, 20쪽. 이 밖에 '소화사논쟁'의 의의에 관해서는 遠山茂樹, 『戰後の歷史学と歷史意識』, 226~236쪽 및 大門正克編, 『昭和史論争を問う-歷史を叙述することの可能性』, 日本経済評論社, 2006 참조.
63) 月報「大会についての委員会の討論より」, 『歷史学研究』216, 1958. 2, 51쪽.
64) 『歷史学研究』225, 1958. 11.

4. '전후 역사학'의 변용

1960년대는 '전후 역사학'의 변용에 중요한 분기점이 되었다. '저항의 역사학', '현상 비판의 역사학'으로서의 '전후 역사학'은 라디오, 텔레비전의 보급과 함께 역사 드라마, 역사소설 등으로 붐을 일으킨 역사의 대중화 현상[65]에 더하여 보수 지배층의 이데올로기 공세도 대응하지 않으면 안 되었다. 1960년대에 '역사학연구회'와 '역사과학자협의회'가 기획한 특집의 주제가 주로 역사 인식과 역사교육 문제에 집중되고 있었던 배경에는 일본의 근대 100년을 '성공'과 '영광'의 일색으로 치부하는 '근대화론',[66] '메이지백년제'[67]와 근대 일본의 침략 전쟁을 정당화하는

---

[65] 역사의 대중화 현상의 배경에는 1960년대에 들어와 '메이지백년제'를 계기로 각 지방자치체에서 역사 편찬 사업이 활발해진 결과 지역 주민들 사이에 지역사와 향토사에 대한 관심이 고조되었다는 점을 들 수 있다. 이에 대응하여 '전후 역사학'도 역사의식의 '다층성, 다양성'에 눈을 돌리고 국민의 역사의식, 역사상을 본격적으로 다루기 시작했다(앞의 책, 『鳥島は入っているか』, 13쪽).

[66] 근대화론은 미국의 세계 전략의 일환으로서 제3세계, 특히 동아시아의 사회주의화를 저지하기 위한 이데올로기로 등장한 것이었다. マリウス・ジャンセン, 『坂本龍馬と明治維新』, 時事通信出版局, 1961 ; J. W. ホール, 「日本の近代化」, 『思想』1961. 6. ; E. O. ライシャワー, 『日本近代の新しい見方』, 講談社現代新書, 1965 ; 同, 『ライシャワーの日本史』, 文藝春秋, 1984. 일본 국내에서 미국의 '근대화론'에 호응한 것으로는 中山伊知郎, 「近代化の歴史的評価」(『中央公論』76-9, 1961.9). 또한 미국의 '근대화론'에 앞서 메이지유신을 비롯한 일본 근대화의 '성공'을 강조한 것으로 桑原武夫, 「明治の再評価」(1956), 同 「伝統と近代化」(1957). 이후 『桑原武夫全集』, 제4권, 朝日新聞社, 1980에 수록. 梅棹忠夫, 『文明の生態史観』, 中央公論, 1957 참조. 한편 '전후 역사학'에서의 근대화론에 대한 비판은 『歴史評論』特集「明治維新をめぐって」(154, 1963. 4) ; 『歴史評論』特集「アジアと歴史学」(167, 1964. 7) ; 『思想』特集「アジアにおけるアメリカ」(500, 1966. 2) ; 『歴史学研究』特集「近代化をめぐる理論的諸問題(1)(2)」(309, 311, 1966. 1, 4) ; 金原左門, 『「日本近代化」論の歴史像―その批判的検討への視点』, 中央大学出版部,

'대동아전쟁긍정론',(68) 그리고 이에나가 사부로의 교과서 재판으로 상징되는 '교육반동화'(69)의 움직임에 적극적으로 대응하고 있었다는 것을 말해주고 있다.

그러나 '전후 역사학'의 적극적인 대응에도 불구하고 현실 사회와의 괴리는 더욱 깊어지고 있었다. '근대화론', '메이지백년제', '대동아전쟁긍정론' 등은 당시의 역사 붐과 매스컴의 공세에 편승하여 고도성장

1968 참조.
67) '메이지백년제'는 1970년 상정되어 있는 안보 개정 반대 운동을 피하기 위한 목적으로 자민당 정부가 기획한 것으로 1966년부터 2년 반의 준비 기간을 거쳐 1968년 '메이지백년중앙식전'을 개회하기에 이른다. 시기를 같이해서 중앙교육심의회답신에서는 '기대되는 인간상'을 문부성에 제출했다. 그 내용은 개인보다도 '일본인'으로서의 존재를 중시하고 올바른 '애국심'을 가질 것, 그리고 천황에게 경애심을 가질 것 등이 강조되었다. '메이지백년제'에 대한 전후 역사학의 비판은 『歷史學硏究』特集 「明治百年と國民の歷史意識」(320, 1967. 1) ; 『歷史學硏究』特集 「明治百年祭批判」(330, 1967. 11) ; 『歷史評論』特集 「明治百年祭とどうとりくむか」(208, 1967.12) ; 『歷史評論』特集 「明治百年論批判」(213, 1968. 5) ; 『歷史評論』特集 「近代日本の歷史をどうみるか」(218, 1968. 10) ; 『歷史評論』特集 「明治百年祭に反対する歷史研究者、教育者の集会の記錄」(220, 1968. 12) ; 『歷史評論』特集 「明治百年祭反対運動の総括」(222, 1969, 2) 등 참조.
68) 1960년대에 들어와 메이지유신 이후 서구와의 대항 관계가 1931년 만주사변으로 시작되는 '15년 전쟁'으로 귀결되었다고 하여 전쟁과 침략의 주체적 책임을 회피하는 논리가 보수적인 언설의 기저에 형성되기 시작했다. 대표적인 주장으로는 林房雄, 『大東亞戰爭肯定論』, 番町書房, 1964 ; 上山春平, 『大東亞戰爭の意味』, 中央公論社, 1964 참조. 이에 대한 '전후 역사학'의 비판은 中瀨壽一 「近代化論と歷史學-林房雄"大東亞戰爭肯定論"の批判のために」1. 2(『歷史評論』, 166~167, 1964. 6~7) ; 中塚明, 「大東亞戰爭肯定論批判-特に必然論にたいする批判」(『歷史評論』181, 1965. 9) 참조.
69) '교육반동화'에 대응한 『歷史學硏究』의 비판은 「歷史敎育と敎科書問題」(245, 1960. 9) ; 「歷史敎育の現狀と展望」(283, 1963. 12) ; 「歷史敎育と歷史硏究」(306, 1965. 10) ; 「神話硏究と歷史敎育の課題」(335, 1968. 4) ; 「特集『敎科書裁判』」(340, 1968. 9) ; 「國家權力と歷史敎育」(370, 1971. 3) ; 「歷史學と敎科書批判」(474, 1979. 11). 『歷史評論』의 특집은 「歷史敎育をめぐって」(182, 1967. 10) 참조.

과 함께 형성되고 있던 신중간층에 광범위하게 침투되고 있었으며 그러한 현실은 '전후 역사학'의 진보적 역사학자들에게 위기로 다가오고 있었다. 특히 1960년대 역사 붐에 주도적인 역할을 한 시바 료타로(司馬遼太郞)의 『료마가 간다(竜馬がゆく)』가 〈산케이신문〉에 1962년부터 1966년까지 5년에 걸쳐 연재되었으며, 러일전쟁을 배경으로 한 『언덕 위의 구름(坂の上の雲)』은 같은 신문에 1968년부터 1972년까지 마찬가지로 5년에 걸쳐 연재되었다. 또한 1968년에는 'NHK 대하드라마'에서 『료마가 간다』가 방영되면서 세간에 일본 근대화와 메이지유신에 대한 예찬이 계속되었다.[70] 시바의 작품과 드라마는 다분히 1960년대에 등장하는 '근대화론', '대동아전쟁긍정론', '메이지백년제'에 호응하는 형태로 일본인의 정신적인 심층에 메이지의 '영광'을 뿌리내리게 하는 데 중요한 역할을 했다.

　　1967년 역사학 연구 좌담회에서 도오야마 시게키가 쥬오고론(中央公論)과 요미우리(読売)의 『일본의 역사』가 수십만 부의 판매를 기록하는 폭발적인 역사 붐의 상황에 대하여 "우리 상식으로는 이해할 수 없다."라고 하면서 "매스컴의 공세에 어떻게 대응할 것인가. 이쪽에서도 재빠르게 팔리는 책을 쓰면 대처할 수 있는가. 그건 아니라고 해서 모두 열심히 서클이라든가, 소규모의 서클 활동으로 대응할 수 있을까. 그런 일은 앞이 전혀 보이지 않는 상태에서 우왕좌왕하는 그런 상황이 아닐까?"[71] 라고 한 것은 '전후 역사학'이 구축해 온 '역사학'과 세간이 요구하는 '역사'와의 사이의 괴리를 인식하고 여기에 적극적으로 대응하지 못하는 현실에 대한 '불안감'을 표명한 것이었다. 이듬해 도오야마가 집필한 『전후의

---

70) 成田龍一, 『司馬遼太郎の幕末・明治ー『竜馬がゆく』と『坂の上の雲』を読む』, 朝日新聞社, 2003 참조.
71) 『歷史学研究』 320, 1967, 4~5쪽.

역사학과 역사의식』은 다분히 이러한 위기의식하에서 '과학적 역사학'의 영위에 의해 역사의식을 재형성하려는 노력의 일환이었다. 1970년대 중반 '역사학연구회'가 '오늘날의 역사의식과 역사 연구의 역할'과 '현대 사회에서의 역사의식의 형성'을 특집으로 구성[72]한 것도 그만큼 '전후 역사학'이 자기 점검에 쫓기고 있었다는 것을 말해주고 있다.

그러나 1960년 안보투쟁 이후 고도성장의 현실은 마르크스주의 역사학과의 사이에 괴리를 넓히면서 또 다른 모순을 노정시키고 있었다. 패전 직후 '전후 역사학'에서 특히 강좌파의 마르크스주의 역사학이 설득력을 가질 수 있었던 것은 '저항의 역사학'으로서 사회적 책무와 투철한 시대적 사명감으로 일본과 서구의 격차에 대한 답을 제시하려 했기 때문이었다. 1932년의 『일본자본주의발달사 강좌』 이래 마르크스주의 역사학의 가장 긴요한 명제는 '왜 아시아는 서구에 비하여 발전이 뒤떨어졌는가' 하는 문제와 '왜 아시아에서 유일하게 일본만이 자본주의화에 성공했는가' 하는 두 가지 문제에 집중되고 있었다. 당시로서는 이러한 문제 자체가 무엇보다도 절실한 답을 요구하고 있었으며 강좌파의 마르크스주의 역사학은 이러한 의문에 대한 답을 가장 충실하게 제공하려고 노력했던 것이다.

그러나 일본의 고도성장과 함께 서구와의 격차가 좁아지면서 문제 의식의 절실함이 점차 희박해지고 이에 따라 강좌파의 설득력도 약화되기 시작했다. 그리고 이러한 공백을 보수 이데올로기가 메우게 되는 기묘한 공존 현상이 나타나기 시작했다. 근대 일본의 침략 전쟁을 정당화하는 '대동아전쟁긍정론', 미국의 동아시아 정책을 배경으로 일본근대화의 '성공'을 찬미하는 '근대화론', 그리고 1970년대부터 모습을 나타

---

[72] 『歷史学研究』特集「今日の歷史意識と歷史研究」(427, 1975, 12);『歷史学研究』特集「現代社会における歷史意識の形成」(433, 1976. 6).

내기 시작해서 80년대 일본의 경제대국화에 상응하여 시대를 풍미하게 되는 '일본문화론'의 언설이 바로 그것이다.[73] '왜 아시아에서 유일하게 일본만이 근대화에 성공했는가' 하는 마르크스주의 역사학이 그 기원부터 안고 있던 명제가 이제는 반대 측의 전유물이 되어 일본인의 민족적 긍지를 심어주고 '일본특수성'을 뒷받침하는 언설로서 유포되기 시작한 것이다.

1930년대의 일본 자본주의 논쟁은 물론이고 이를 계승한 '전후 역사학'이 왜 아시아에서 유일하게 일본만이 자본주의화에 성공했는가'의 문제에 집착한 이유는 아시아에 대한 우월감을 가지고 일본 국민에게 민족적 자긍심이나 긍지를 심어주기 위해서가 아니었다. 하니와 핫도리가 '아시아정체성론'을 분석의 기준으로 삼은 것은 무엇보다도 반봉건적인 지주제와 후진적인 자본제의 이중의 질곡에 허덕이는 노동자・농민, 혹은 반봉건적인 전제와 지주 지배에 더하여 제국주의의 식민지 지배에 신음하는 아시아 인민의 해방이라는 '이념'이 있었다. 이시모다가 일본 민족의 전통과 문화적 창조력에 주목한 것도 같은 맥락에서 이해할 수 있다. 아시아에서 반봉건적 압제와 그것을 낳은 '아시아적 정체성'은 자본주의의 착취나 식민지 지배의 폭력과 마찬가지로 타도와 극복의 대상으로 파악하고 있었던 것이다. 따라서 그들은 아시아 인민의 이중의 질곡은 오로지 프롤레타리아와 그 전위당이 지도하는 혁명에 의해서만 타도할 수 있다는 혁명 이론을 신봉하고 아시아 인민의 해방을 위한 조건을 명시하기 위해 아시아의 '정체성'이 아시아 인민들을 얼

---

73) 일본문화론에 대한 연구는 다수 있으나 대표적인 것으로 青木保, 『「日本文化論」の変容 戦後日本の文化とアイデンティティー』, 中公文庫, 1999 ; 杉本良夫, ロス・マオア共著, 『日本人論の方程式』, 筑摩書房, 1995 ; ハルミ・ベフ, 『イデオロギーとしての日本文化論』, 思想の科学社, 1987 등 참조.

마나 비참한 상태에 빠트리고 있는가를 학문적으로 지적한 것이지 '아시아 멸시관'을 가지고 아시아의 후진성과 일본과의 차별성을 강조하기 위한 것은 아니었다.74) 그들에게 아시아의 '정체성'은 아시아 인민에게 비참한 현실을 가져온 역사적 요인으로서 부정하고 극복해야 할 유산이나 다름없었던 것이다.

그러나 이러한 문제의식을 바탕으로 한 강좌파 마르크스주의 역사학과 이를 계승한 '전후 역사학'의 국가와 사회에 대한 구조 분석과 운동·투쟁의 경과 분석은 뜻하지 않게 일국사적이며 일본 특수성적인 역사 인식에 도달하여 보수 우파의 이데올로기와 교묘한 공존을 이루게 되었다. 더구나 1960년대에 들어와 일본의 현실을 반식민지 상태로 보는 '전후 역사학'의 현상 규정은 고도성장기 일본의 현실과 점점 괴리하면서 당초 '전후 역사학'이 강조하던 '민족'과 '국가'를 둘러싼 내셔널리즘의 언설이 보수 이데올로기로 이행해 갔다. 즉, 일본이 아시아에서 유일하게 성공했다는 일국사적인 일본특수성론은 이념적인 입장의 반대편에서 받아들일 때 일본 자본주의와 제국주의, 군국주의에 대한 비판으로 이어지지 않고 오히려 일본만이 자본주의화에 성공했다는 긍지를 심어주는 역사로 해석되어버릴 수 있는 것이었다. 그것은 오늘날 '새역모'로 대표되는 일본의 우파 교과서의 가장 큰 특징이 일본은 서양에 뒤떨어지지 않는다는 것을 일관해서 부각하는 것이라는 점에서도 알 수

---

74) 永井和, 「戰後マルクス主義歷史学とアジア認識-'アジア的停滯正論のアポリア」, 663~664쪽. 후카야 가츠미도 마르크스주의 역사학이 메이지유신을 획으로 하는 일본 근대화 과정에서 '독립-제국화'와 '제국주의 발달-산업혁명'이라는 지표에 주목한 이유는 민족적 자긍심을 위해서가 아니라 오히려 일본 자본주의의 모순과 군국주의적이고 식민지주의적인 체제의 반아시아성, 반국민성이라는 비판적이고 공격적인 자세에서 비롯된 것이었다고 지적하고 있다(深谷克己, 「脫アジアという日本異質論の克服」, 『歷史評論』729, 2011. 1, 43~35쪽.

있다. 결국 '전후 역사학'이 그 기원부터 안고 있던 '왜 아시아에서 일본만이 근대화에 성공했는가'에 대한 일국사적인 일본특수성론의 설명은 그 극복을 보지 못한 채 1960년대 이래 고도성장과 함께 자신감을 회복한 보수 이데올로기의 전유물이 되어간 것이다.[75]

사실 마르크스주의 역사학의 아시아 인식은 전전부터 보수 이데올로기와의 사이에 내셔널한 언설의 교묘한 공존을 내포하고 있었으며 그것은 의식적으로든 무의식적으로든 일본의 식민지 지배와 침략 전쟁을 정당화하는 논리로 이어질 수 있는 가능성을 안고 있었다. 즉, 일본 '성공', 중국을 비롯한 아시아의 '실패'로 양분하는 '아시아정체성론'의 도식은 아시아에서 유일하게 근대화에 성공한 일본이 자력으로 근대국가를 형성할 수 없는 근린 아시아 제 민족을 서구 열강의 지배에서 보호하는 대신 아시아의 맹주로서 그들을 지도, 지배하는 권리를 가졌다는 '동아신질서론', '대동아공영론'에 역사적 논거를 제공하는 역할을 하는 것이었다.[76]

---

[75] 다만 여기서 주의할 것은 전후 역사학의 '민족' 문제와 보수 이데올로기의 그 것이 전적으로 일치하는 것으로 보기는 어렵다는 점이다. 니시가와 나가오는 전후 역사학의 '국민적 역사학', 우에하라 센로쿠의 '일본 국민의 역사학'(上原專祿『日本国民の世界史』岩波書店, 1960)이 내세운 이상이 40년 후의 일본에서 니시오 간지와 같은 우익들의 역사 서술(西尾幹二『国民の歴史』, 産経新聞社, 1999)에서 아이러니하게 실현된 것을 어떻게 이해할 수 있는가 자문(西川長夫, 「戦後歴史学と国民国家論」, 85쪽)하고 있지만 그것은 '국민의 역사학'을 추구하던 시대의 사회적 배경과 시대적 상황의 격차를 인식하지 못한 결과라 하겠다. 애초부터 '국민', '민족'을 추구하는 목적과 문제의식 자체에 현격한 격차가 있는 것이다. 가와모토 다카시도 니시가와와 비슷한 견해를 피력하고 있다(川本隆史「民族・歴史・愛国心」小森陽一・高橋哲哉編『ナショナル・ヒストリーを超えて』東京大学出版会, 1998). 그러나 "일본특수성론의 중하가 '타자'와의 대조적 관계를 파악함으로써 일본의 역사가 다른 그 밖의 역사와 하나 되는 것을 방해하고 있다."라고 하는 캐롤 글럭의 지적이 보다 적절한 이해라 할 수 있을 것이다(앞의 논문, 「戦後史学のメタヒストリー」, 109쪽).

패전 후 '전후 역사학'에서 일찍부터 이 문제를 자각적으로 인식하고 그 극복을 주장한 것은 1950년 역사학연구회대회에서의 중국사 연구자 니시지마 사다오(西嶋定生)와 호리 도시가즈(堀敏一)였지만 그들의 문제 제기는 별다른 반응을 불러오지 못했다.[76] 이후 1953년의 역사학 연구 대회의 통일 테마 '세계사에 있어서 아시아'에서 '아시아정체성론'의 극복에 관한 문제가 중심적으로 거론되었지만 참가자의 대다수는 실패라는 평가에 그치고 이후 1961년 대회까지 정체성론 극복의 문제가 논의의 중심이 되는 일은 없었다. 1968년 도오야마가 역사교육이 커다란 위기에 직면하고 있다는 인식 아래 "아시아정체성론, 중국정체성론의 극복의 필요성이 제기된 이후 약 20년을 경과했다."[78]라고 하면서 극복의 필요성을 역설한 것은 '전후 역사학'에서 여전히 '아시아정체성론'이 극복되지 않고 있다는 것을 말해주고 있다.

그러나 여기서 더욱 주목해야 할 것은 '전후 역사학'이 이론적 실천과 현실과의 괴리 사이에서 한계를 안고 있음에도 불구하고 반체제적인 활동을 결코 포기하지 않았다는 점이다. 이에나가 사부로의 오랜 교과서 투쟁을 비롯하여 '근대화론', '명치백년제'뿐만 아니라 '기원절 부활 운동'이나 '야스쿠니신사 국가호지법안'과 같은 보수 우경화의 움직임과 관련된 문제, 그리고 미나마타(水俣)시민운동에 이르기까지 그들은 민주주의와 평화를 위해 혹은 전전회귀적인 과거의 부활에 반대하기 위해 열정적인 연구 활동을 멈추지 않았다.[79]

---

76) 永井和, 「戰後マルクス主義歷史学とアジア認識-'アジア的停滯正論のアポリア」, 667~668쪽.
77) 遠山茂樹, 『戰後の歷史学と歷史意識』, 86~88쪽.
78) 위의 책, 306쪽.
79) 캐롤 글럭은 현실 사회와의 괴리 속에서도 그들이 활동을 포기하지 않았던 것은 "진보파가 그 세력을 유지해 온 것이 아니라 오히려 점차 보수화되고 정

'전후 역사학'은 이러한 열정과 시대적인 상황을 배경으로 1960년대 후반에서 70년대에 걸쳐 세밀한 실증 연구를 통해서 방대한 연구 성과를 거두면서 제2의 전성기를 맞이한다. 운동사 연구에서는 1950년대에 주로 근세사 연구자 하야시 모토이(林基), 호리에 에이이치(堀江英一), 쇼지 기치노스케(庄司吉之助) 등을 중심으로 한 계급투쟁사 연구가 1960년의 안보투쟁을 계기로 쓰다 히데오(津田秀夫), 야마다 다다오(山田忠雄) 등에 의해 연구사적인 심화를 가져왔다.80) 아울러 '인민투쟁사'라는 분석 개념이 제기된 것은 운동사 연구에서 획기적인 일이었다.81) 같은 시기에 막말유신기를 하나의 시대적인 '변혁기'로 보는 '요나오시(世直し)상황론'도 이 시기 전후 역사학의 커다란 성과였다.82) 특히 사사키 쥰노스케(佐々木潤之助)의 '요나오시상황론'은 이후 1970년대의 막말유신기 운동사 연구에 지대한 영향을 미치면서 연구를 주도해 나갔다.83) 또한 '요나오시상황론'에 대하여 "민중에 의한 독자적인

치적으로 무관심했던 사회가 그들을 허용해 왔기 때문이며 또한 그들의 활동이 야당의 대용물로서 기능하고 정치적 답변과 대항적인 비전을 요구하는 사회의 잠재적 욕구에 합치했을 것"이라고 보았다(キャロル・グラック, 「戰後史学のメタヒストリー」, 90쪽).

80) 1950년대 계급투쟁사 연구는 林基, 『百姓一揆の伝統』, 1955 ; 堀江英一, 『明治維新の社会構造』, 有斐閣, 1954 ; 庄司吉之助 『世直し一揆の研究』자비 출판, 1956(1970년 校倉書房에서 출간) 참조. 1960년대 계급투쟁사는 津田秀夫, 『封建経済政策の展開と市場構造』, 御茶ノ水書房, 1961 ; 林基, 「宝暦 - 天明期の社会情勢」, 『岩波講座日本歴史』12, 岩波書店, 1963 ; 山田忠雄, 「宝暦 - 天明期の百姓一揆」, 『日本経済史大系　近世下』東京大学出版会, 1965 ; 林基, 『続・百姓一揆の伝統』新評論, 1971 참조.
81) 青木美智男, 「日本近代史研究の当面する課題」, 『歴史学研究』, 318, 1966 ; 犬丸義一, 「歴史における人民・人民闘争の役割について」, 『歴史評論』, 202, 1967 ; 山田忠雄, 「幕末維新期の人民闘争」, 『歴史評論』, 215, 1968 ; 深谷克己, 「70年闘争とわれわれの歴史学」, 『歴史評論』231, 1969.
82) 田村栄太郎, 『世直し』, 雄山閣, 1960 ; 佐々木潤之介, 『幕末社会論』, 塙書房, 1969.

정치권력의 구상이 결여되어 있다."라고 비판하면서 '요나오시적인 변혁 관념'에서 '민중 사상의 형성=주체 형성'을 발굴하려 한 야스마루 요시오(安丸良夫)와 히로다 마사키(ひろたまさき)의 연구84)에서는 이미 민중사상사 연구의 맹아를 읽을 수가 있다.

    운동사, 계급투쟁사, 인민투쟁사의 연구가 주로 근세사 연구자들을 중심으로 막말기에 집중되었다면 근대사 연구에서는 시바하라 다쿠지(芝原拓自)가 1961년 역사학연구대회 보고에서 발표한 '메이지유신의 세계사적 위치'85)가 중요한 지표로 평가된다. 여기서 시바하라는 메이지유신을 19세기 후반의 부르주아적인 '세계혁명'에 규정된 아시아 사회의 변혁의 한 형태로 파악해야 한다고 주장하면서 핫토리 시소(服部之總) 이래 국내적 요인을 중시하는 일국사적인 연구사를 비판하고 국제적 계기의 도입이라는 새로운 연구 방향을 제시했다.86)

---

83) 1960년대의 계급투쟁사, 인민투쟁사 연구의 성과를 배경으로 1970년대에 고대부터 현대까지의 일본의 역사를 민중의 동향을 중심으로 서술하는 민중사의 통사가 기획되었던 것도 커다란 성과였다. 門脇禎二, 甘粕健, 稲垣泰彦, 戸田花美, 佐々木潤之介, 江村栄一, 中村政則, 金原左門, 松尾章一, 藤原彰編, 『日本民衆の歴史』全11卷, 三省堂, 1974.
84) 安丸良夫・ひろたまさき, 「『世直し』の論理の系譜」, 『日本史研究』 85, 86, 1966.
85) 芝原拓自, 「明治維新の世界史的位置」, 歴史学研究会編, 『世界史と近代日本－資本主義とその国際的契機』青木書店, 1961. 10, 39~55쪽.
86) 시바하라의 주장은 이후 芝原拓自, 「明治維新の世界史的位置」(歴史学研究会編, 『日本における封建制から資本主義へ』下, 校倉書房, 1975 ; 同, 『世界史の中の明治維新』, 岩波新書, 1977 ; 同, 『日本近代化の世界史的位置—その方法論的研究』, 岩波書店, 1981 등으로 출간. 시바하라의 세계사적 조건에 대한 문제 제기는 사실 1950년대에 전개되었던 도오야마 시게키와 이노우에 기요시의 '반식민지 위기'를 둘러싼 논쟁의 연속선상에서 전개된 것이었다. 메이지유신의 절대주의 성립 과정을 체계적으로 파악한 도오야마의 메이지유신 연구가 '외압'에 의한 식민지화의 위기를 상대적으로 경시한 데 대하여 이노우에 기요시가 '외압'에 의한 식민지화의 위기가 실제로 존재했다는 것을 강조하면서 비판을 전개하고 메이지유신의 정치 과정에서 외압에 저항하여 민족의식이 형성되는

이를 계기로 '전후 역사학'의 메이지유신사 연구에서는 일국사와 세계사를 잇고 세계사를 주체적으로 인식하기 위한 '지역사'의 검토가 새로운 조류가 되었다. 1963년 역사학연구회 종합부회에서의 테마 '동아시아 역사상의 검토'에서의 보고를 전제로 도오야마는 '세계사에 있어서 지역사의 문제'[87)]에서 유럽 전형 사관을 물리치고 아시아, 아프리카, 라틴아메리카의 제 민족도 독자적인 가치와 운동 법칙을 가지고 고유한 역할을 한다는 세계사 파악, 즉 "발전 단계, 사회구성체를 달리하는 제 민족의 역사의 구조적 복합체"로서의 세계사를 제창했다.[88)]

이후 일본 근현대사 연구에서는 '전후 역사학'의 '거대 담론'을 전제로 주된 관심의 대상과 시대가 메이지에서 다이쇼 데모크라시, 일본파시즘, 식민지를 포함한 제국주의 연구로, 기생지주제의 연구에서 산업혁명 연구로 그리고 계급투쟁사에서 '인민투쟁', '민주주의 투쟁사'로 이동하고 모든 영역에서 정밀한 실증 연구가 정착되었다. 그것은 '사실에 입각'한다는 '소화사논쟁'에서의 비판에서 배운 귀결이기도 했다.[89)] 자

측면을 강하게 추구했다. 이에 대하여 도오야마는 자신의 학설을 수정하여 식민지화 위기의 존재를 인정했다(遠山茂樹, 『明治維新と現代』, 岩波書店, 1968). 시바하라의 주장은 이러한 논쟁의 연장선상에서 국제적 조건과 국내적 조건을 대치시키는 분석 시각을 비판하고 세계자본주의의 본질은 아시아 각국 열강 자본주의의 반식민지화 분할을 받아들일 것인가, 아니면 경제적 서구화인가의 양자택일을 압박하는 것이며 메이지유신은 후자에 해당하는 것으로 보았다. 이에 대하여 도오야마는 반론을 제기하여 제국주의 단계 전야에는 양자택일이 아니라 일본의 자유민권운동이나 중국의 양무운동과 같이 부르주아혁명이라는 선택의 여지도 남아있었다고 주장하여 동아시아 역사상에 대한 가설을 제시했다(遠山茂樹, 「東アジア歴史像の検討」, 『歴史学研究』, 281, 1963). 이러한 논쟁의 배후에는 1960년 초의 쿠바혁명이나 안보투쟁과 같은 세계정세의 변화가 있었다.
87) 『歴史学研究』 301, 1965. 5.
88) 石井寬治, 「戰後歷史學と世界史」, 35쪽.
89) 安田常雄, 「方法についての断章」(앞의 책, 『戰後歷史學再考』, 15쪽).

유민권운동 연구에서의 고토 야스시(後藤靖), 시모야마 사부로(下山三郎), 오이시 카이치로(大石嘉一郎)[90], 경제사에서는 제 사업과 금융사의 이시이 간지(石井寬治), 면업사의 다카무라 나오스케(高村直助), 그리고 정치사의 반노 쥰지(坂野潤治) 등[91]은 한 시대의 획을 그은 '안보세대'로서 '전후 역사학'의 제2차 황금기에 중요한 역할을 했다.[92]

이러한 '전후 역사학'의 흐름에 따라 근대 천황제 연구의 큰 줄기도 마르크스주의 역사학의 계보를 잇는 일본 제국주의, 일본 파시즘 연구의 큰 틀 속에서 이루어졌다. 그런 점에서 이 시기의 천황제 연구는 기존의 절대주의 천황제에 대한 규정의 기본 틀을 크게 넘어서는 것이 아니었다. 전전의 '대량 전향'에서 드러난 천황제의 '토착성'이나 이데올로기적인 '특수성'에 대한 분석은 여전히 마르크스주의 역사학자들의 관심 밖의 문제였으며 이 부분은 주로 마루야마학파로 불리는 이시다 다케시(石田雄), 후지다 쇼조(藤田省三), 가미시마 지로(神島二郎), 마츠모토 산노스케(松本三之介), 하시가와 분조(橋川文三) 등의 정치사상사

---

90) 後藤靖, 『自由民権運動の展開』, 有斐閣, 1966 ; 後藤靖, 『自由民権 - 明治の革命と反革命 - 』, 中央公論, 1972 ; 下山三郎, 『明治維新研究史序説』, 御茶ノ水書房, 1966 ; 下山三郎, 『近代天皇制研究史序説』, 岩波書店, 1976 ; 大石嘉一郎, 『日本地方財行政史序説 - 自由民権運動と地方自治制 - 』, 御茶ノ水書房, 1978.
91) 石井寬治, 『日本蚕糸業史分析 日本産業革命研究序論』, 東京大学出版会, 1972 ; 同, 『日本経済史』, 東京大学出版会, 1976 ; 高村直助, 『日本紡績業史序説』上・下, 塙書房, 1970 , 1971 ; 坂野潤治, 『明治憲法体制の確立 富国強兵と民力休養』, 東京大学出版会, 1971 ; 坂野潤治, 『明治・思想の実像』, 創文社, 1977.
92) 1960~70년대 전후 역사학을 총괄한 것으로 岩波講座, 『日本歴史』, 全23巻, 岩波書店, 1962~1964 ; 歴史学研究会・日本史研究会編, 『講座日本史』, 全10巻, 東京大学出版会, 1970~1971 ; 岩波講座, 『世界歴史』, 全31巻, 岩波書店, 1969~71 ; 岩波講座, 『日本歴史』, 26巻, 岩波書店, 1975~1977 ; 歴史学研究会編, 『今日の歴史意識と歴史研究の役割』(『歴史学研究特集』425, 1975. 2.) ; 同, 『現代社会における歴史意識の形成』(『歴史学研究特集』433, 1976. 6.) 참조.

연구자들에 의해 추구되었다.93)

마루야마학파의 정치사상사 연구에 비하여 마르크스주의 역사학은 방법론적인 이론 틀에 얽매여 계급투쟁 사관과 국가론적인 시점에서의 분석에 지나치게 집착한 나머지 천황제 이데올로기의 특수성에 대한 분석이 결여되었다. 마르크스주의 역사학의 기본적인 방법론이 주로 계급투쟁과 경제구조, 또는 국가론에 대한 분석에 치우침으로서 천황제는 종종 군대, 경찰, 관료제 등을 포함하는 국가권력과 이를 지탱하는 사회적 지주로서의 기생지주제와 금융자본, 그리고 가부장적인 이에(家)제도까지 포함하여 추상적이고도 포괄적으로 이용되어 그 구체적인 실태를 파악하는 데 있어서 매우 애매한 개념이 되어버렸다.94)

더구나 1960년대 이후의 천황제 연구는 당시의 인민투쟁사 연구의 흐름 속에서 절대주의 천황제 권력의 억압적인 측면과 이에 대한 인민투쟁, 민중투쟁의 측면을 부각시키는 데 중점이 놓여 있었다. 예를 들면 1970년부터 1980년까지의 역사학연구회 대회 보고의 주제를 보면 '인민투쟁', '민중투쟁사', '민족과 민주주의', '민족과 국가'가 커다란 키워드를 이루고 있으며 근대사부회의 주제만 보면 '제국주의 성립기의 민중지배와 민중투쟁'(1974), '제국주의 성립기 식민지 지배의 경제구조와 저항 주체 형성의 기초 과정'(1975), '제국주의의 재편성과 부르주아지'(1976), '제국주의 지배의 시대·구조와 민중'(1978), '제국주의의 구조와 민중'(1979), '제국주의와 노동자계급'(1980) 등과 같이 거의 제국

---

93) 마루야마학파의 근대천황제에 대한 연구는 다수 있으나 대표적인 것으로 石田雄, 『近代日本政治構造の硏究』, 未來社, 1959 ; 橋川文三, 『日本浪曼派批判序説』, 未來社, 1960 ; 神島二郎, 『近代日本の精神構造』, 岩波書店, 1961 ; 藤田省三, 『天皇制国家の支配原理』, 未來社, 1966 ; 松本三之介, 『天皇制国家と政治思想』, 未來社, 1969 참조.
94) 安丸良夫, 『近代天皇像の形成』, 岩波書店, 1991, 15쪽.

주의와 계급투쟁사의 연구에 집중되고 있었다.[95] 1976년 '역사과학자협의회'가 '일본 봉건제와 천황제'를 특집으로 기획하고 "지배층이 천황을 '이용'하여 보수 지배의 '합의'를 유지하려는 새로운 책모를 드러내는 상황에서 과학적 역사학을 표방하는 우리는 천황을 역사적 제 관계와 제 모순 속에서 역사적인 것으로서 정확하게 파악하고자 한다."[96]라고 한 것은 제도로서의 천황제가 아니라 천황의 존재 그 자체를 연구의 대상으로 인식하게 되었다는 점에서 그나마 새로운 변화라 할 수가 있다.

이러한 마르크스주의 역사학의 고착된 천황제 연구에 새로운 방법론의 지평을 열고 전후 역사학의 변용에 중요한 역할을 한 것은 민중사상사 연구였다. 이로가와 다이기치, 야스마루 요시오, 가노 마사나오, 히로다 마사키 등으로 대표되는 민중사상사 연구[97]는 안보투쟁에서의 '패배'라는 소중한 경험을 바탕으로 1960년대 이래 보수 이데올로기의 공세에 대응하는 가운데 탄생하여 '전후 역사학'에 새로운 지평을 가져다주었다. 1968년 '역사학연구회'가 처음으로 '천황제 이데올로기'를 특집[98]으로 기획한 것도 민중사상사의 연구 조류가 주목을 받기 시작했

---

[95] 대회 주제뿐만 아니라 대회 특집도 제국주의, 파시즘 연구가 주종을 이루고 있었다. 예를 들면 「帝国主義とわれわれの歷史学」(351~352, 1969. 8~9) ; 「東アジアにおける帝国主義の形成」(383, 1972. 4) ; 「ファシズムの史的分析」1~3(397~399, 1973.6~8 ; 「日本ファシズム論の再検討」(451, 1977. 12) ; 「現代帝国主義と天皇制」, 『歷史評論』241, 1970.8.

[96] 「特集 '日本封建制と天皇' 編集にあたって」(『歷史評論』314, 1976. 6, 1쪽). 여기서 '천황제'가 아니라 '천황'이라는 용어를 사용한 것은 현실적으로 지배층이 '이용'하는 것은 '상징천황제'가 아니라 '천황'이라는 존재의 인식이 배경에 있었기 때문이다.

[97] 민중사상사 연구의 대표적인 역작은 色川大吉, 『明治精神史』, 黃河書房, 1964 ; 同, 『新編・明治精神史』, 中央公論社, 1973 ; 鹿野政直, 『資本主義形成期の秩序意識』, 筑摩書房, 1969 ; 安丸良夫, 『日本の近代化と民衆思想』, 青木書店, 1974 ; ひろた・まさき, 『文明開化と民衆意識』, 青木書店, 1980.

다는 것을 말해주고 있다. 이로가와의 '지하수론', 가노의 '질서의식론', 야스마루의 '통속도덕론', 히로다 마사키의 '저변민중론' 등과 같이 민중사상사 연구는 제각기 방법론과 관점을 달리하면서도 안보투쟁의 체험을 배경으로 '민중'이라는 '변혁 주체'를 새롭게 설정하여 마르크스주의 역사학과 근대주의 역사학의 '전후 역사학'을 모두 비판하고 '정점의 사상가'의 언설이 아니라 이른바 '민중'의 생활 현장에서의 행동을 통한 언어를 복원하여 천황제 사상을 상대화하려 했다는 점에서 공통적인 특징을 가지고 있었다. 물론 이들의 연구는 기본적으로 '전후 역사학'의 연장선상에서 그 결함을 보완하고 극복하려는 입장에서 전개된 것이지 '전후 역사학'의 범주에서 완전히 일탈한 것은 아니었다. 그들은 교의상의 마르크스주의에 이의를 제기하고 '발전단계설'과 사회구성사의 과도한 편중을 비판했지만 정치와 사회와 경제적 변혁의 비전을 위해 역사를 집필하고 보수적인 현상 긍정의 부활에 대하여 단호하게 반대의 입장을 취했다는 점에서는 마르크스주의 역사학에 '반대'한 것이 아니라 그 '확장'을 지향한 것이었다.[99]

이후 민중사상사 연구는 당초 '전후 역사학'의 '확장'이라는 문맥에서 점차 분리되어 야스마루의 데구치 나오(出口なお)에 대한 '내재적 분석'[100]이나 이로가와의 '자기사'[101] 제창과 같이 민중 개개인의 사상과

---

98) 『歷史学研究』341, 1968. 이 특집에는 이로가와 다이기치, 하가 노보루(芳賀登), 야스마루 요시오, 가노 마사나오, 아리이즈미 사다오(有泉貞夫), 나카무라 마사노리, 마츠모토 시로(松本史郎) 등이 기고했다. 이 가운데 色川大吉의 「天皇制イデオロギーと民衆意識」, 安丸良夫의 「近代化過程における民衆道徳とイデオロギー構成」, 그리고 鹿野政直의 「『近代』批判の成立」는 민중사상사의 대표적인 연구 성과라 할 수 있다.
99) キャロル・グラック, 「戦後史学のメタヒストリー」, 87~88쪽.
100) 安丸良夫, 『出口なお』, 朝日出版, 1977.
101) 色川大吉, 『ある昭和史』, 中央公論, 1975.

그 저변에 있는 '삶의 방식'의 사상으로 깊이 파고들고자 했다. 가노도 여성사와 오키나와사에 자각적으로 접근하기 시작했다.102) 그러나 역사 연구의 대상이 국가나 정치에서 사회와 생활로, 경제에서 문화로, 과학으로서의 역사에서 해석으로서의 역사로 이동하면 할수록 민중사상사의 연구가 처음부터 제기한 '아래로부터의 시좌'는 여전히 우리에게 중요한 시사점을 제공해 주고 있다. 패전 후 1960년대까지 역사학을 배운 사람들이 1930년대 강좌파 마르크스주의 역사학의 영향을 강하게 받으면서 자기 형성을 이루었다고 한다면, 사회사와 포스트모더니즘이 등장하는 1980년대를 전후해서 역사학을 배운 사람들은 민중사상사 연구방법론에 어떤 형태로든 중요한 영향을 받으면서 나름대로의 연구 영역을 모색해 왔다고 할 수 있을 것이다. 야스마루의 민중사상사가 가지는 의미를 오늘날의 시점에서 되묻고 있는 것도 이를 상징적으로 대변해주고 있다.103)

1970년대 프랑스 아날학파의 소개와 함께 사회사 연구가 시작된 것도 '전후 역사학'의 변용에 중요한 영향을 미쳤다. 1973년 프랑스 아날학파의 창립자 가운데 한 사람인 마르크 브로크의 『봉건사회』가 일본어로 번역되었으며, 1974년에는 아베 긴야(阿部謹也)의 『하메른의 피리 부는 남자』와 『중세를 여행하는 사람들』이 공간되었다.104) 아베는 여기서 사회경제사의 방법론에 의거하면서도 도시, 이동, 편력을 키워드

---

102) 鹿野政直, 『現代日本女性史 フェミニズムを軸として』, 有斐閣, 2004 ; 同, 『戰後沖繩の思想像』, 朝日新聞社, 1987 ; 同, 『婦人・女性・おんな 女性史の問い』, 岩波新書, 1989.
103) 安丸良夫, 『文明化の経験-近代転換期の日本』, 岩波書店, 2007 ; 安丸良夫・喜安朗編, 『戰後知の可能性 - 歴史・宗教・民衆 -』, 山川出版社, 2010 ; 安丸良夫・磯前順一編, 『安丸思想史への対論-文明化・民衆・両義性』, ぺりかん社, 2010.
104) マルク・ブロック, 新村猛ら共訳, 『封建社会1』, みすず書房, 1973. 阿部謹也, 『ハーメルンの笛吹き男』, 平凡社, 1974 ; 同, 『中世を旅する人々』, 平凡社, 1978.

로 하여 전에 없는 발상과 사료 해독으로 이목을 집중시켰다. 같은 시기에 잡지 〈사상(思想)〉 630호에 프랑스 사회사에 관한 논고가 다수 소개되었으며, 여기서 야마구치 마사오(山口昌男)는 "사회경제사를 중심으로 구축되어 온 역사 연구의 패러다임은 파산하고 그 모델과 개념은 어느새 마멸해버렸다."105)라고 단언하면서 사회사를 역사 연구에서의 '인식 혁명'이라고 평가했다. 같은 시기에 프랑스 사회사와는 전혀 무관하게 일본 중세사 연구에서 동시대적으로 사회사 연구가 진행되고 있었던 것은 더욱 중요한 의미를 가진다. 그 대표적인 성과를 거둔 것은 아미노 요시히코였다. 아미노는 『無緣・公界・樂』106)에서 종래의 일본 중세사의 연구 성과를 바탕으로 하면서도 독자적으로 사료를 해석하여 권력, 자유, 평화를 축으로 한 '스토리'를 아질(asylum, 避難所, 無緣所)과 표박(漂迫)이라는 측면에서 훌륭하게 그려냈다.

'역사과학자협의회'에서는 1970년대 역사학계의 변화에 민감하게 반응하여 '사회사'를 특집으로 기획107)했으며 〈사상〉에서도 '사회사'를 특집으로 기획했다. 여기서 시바다 미치오(柴田三千雄)와 니노미야 히로유키(二宮宏之) 등은 사회사의 개념을 '반정치사적', '비정치사적'이라는 주장으로 제기된 것이라고 설명했다.108) 1970년대 사회사가 등장하여 커다란 반향을 불러일으킨 배경에는 마르크스주의 역사학에 대한 비판, 역사는 발전한다고 하는 명제에 대한 회의, 투쟁과 변혁의 측면보

---

105) 山口昌男, 「歷史人類學或は人類学的な歴史学－ジャック・ルゴフの歴史学と民族学の現在」(『思想』630, 1976. 12, 29쪽).
106) 網野善彦, 『無緣・公界・樂』, 平凡社, 1978.
107) 「現代歷史学の諸潮流」(341, 1978. 9) ; 「技術の社会史」(350, 1979. 6) ; 「ヨーロッパ史学の新動向」(354, 1979. 10) ; 「歴史における身分と社会」(368, 1980. 12). 모두 『歷史評論』특집.
108) 鼎談・柴田三千雄・遲塚忠躬・二宮宏之, 「' 社会史 ' を考える」(『思想』, 663, 1979. 9. 2~24쪽)

다도 일상성과 나날의 생활에 대한 시좌라는 의식이 있었다. 그리고 1980년대에 들어가면 이윽고 '사회사 알레르기'라고 할 만큼 사회사가 성황을 이루는 상황이 '전후 역사학' 속에서 발생하게 된다.[109]

이처럼 사회사가 일본 사회에 수용되기 쉬웠던 것은 1960년대 이후 '전후 역사학'의 거시적인 미래 구상에 입각한 정치·경제구조의 분석에 대한 관심이 감소되는 한편 고도성장하의 모순을 배경으로 이제까지 '전후 역사학'이 관심을 기울이지 않았던 민중·생활·여성·지역 등에 대한 사회사적인 시점이 모색되는 '방법의 다원적 분출의 시대'[110]가 시작되고 있었기 때문이기도 하다. '전후 역사학'이 상정한 고전적인 '근대'의 윤곽이 희미해지고 그 잠재적 가능성에 대한 신뢰가 쇠퇴하면서 '근대'의 거대 담론이 '현실의 세계'에 이미 적용되지 않는 것으로 보이기 시작하는 시기에 사회사 연구가 뿌리를 내리기 시작한 것이다.

캐롤 글럭은 사회사를 포함한 포스트모더니즘의 역사학의 특징을 '국가로부터의 탈각'(정치사에서 사회, 문화로의 이동), '역사적 행위의 중심에서 서서히 인간이 배제되고 있는 점'(생태, 인구, 주체의 탈구축), '방향성이 없는 역사'(역사의 외부에 대한 관심과 유토피아의 부재), '시간에서 공간으로의 이행'(共時性, 層, 의미 공간에 대한 관심), '근대로부터의 도주'(flight from the modern. 근대에 대한 절망과 지역·전근대로의 이륙)의 다섯 가지를 들고 있다.[111] 캐롤이 지적한 내용들은 1970년대에는 아직도 미미한 출발점에 있었지만 1980년대 이후 1990년대에 걸쳐서 본격적으로 개화되기 시작했다고 할 수 있을 것이다.

그렇다면 과연 '전후 역사학'은 폐기 처분되어도 좋은 것일까. 아미노가 중세의 자유와 평화를 그려내고, 야스마루가 농민 봉기의 비일상

---

109) 須田努, 『イコンの崩壊まで－戦後歴史学と運動史研究』, 195~196쪽.
110) 安田常雄, 「方法についての断章」, 18쪽.
111) キャロル・グラック, 「戦後と「近代後」－20世紀後半の歴史学」, 65~70쪽.

적인 일탈을 그려냈듯이, 아직도 '전후 역사학'에서 여전히 해독하지 못한 가능성은 없는 것일까. '전후 역사학'의 유산을 되돌아보고 가능성을 확인하기 위해서는 금후 1980년대 이후의 포스트모더니즘과 국민국가론이 가지는 문제점은 무엇인지 더욱 심도 있게 검토할 필요가 있을 것이다.

5. '전후 역사학'의 유산

'전후 역사학'은 패전 후 일본 사회의 급진적인 변화를 추구하면서 자기 형성을 이루어왔다. 그러나 전후 일본 사회의 현실은 '전후 역사학'이 지향하는 바와 다른 방향으로 전개되어 왔다. 점령 초기의 농지개혁, 재벌해체와 같은 개혁 정책은 '전후 역사학'이 추구하는 방향과 부합하는 것처럼 보였다. 그러나 1948년 점령군의 역코스정책을 비롯하여 한국전쟁, 대일강화조약, 공산당의 내분, 스탈린비판, 헝가리 사건 등은 역풍의 시작에 불과했다. 1950년대 이후 일본 자본주의의 부활과 1960년대의 고도성장을 경과하면서 일본은 '전후 역사학'의 예상과는 반대로 선진자본주의국가로서 세계경제에 중요한 위치를 차지하게 되고 소비사회, 대중사회, 정보화사회와 같은 현대사회에 특유한 상황을 나타내기에 이르렀다. '전후 역사학'이 부정해 왔던 일본의 봉건시대를 일본 근대화의 전제로서 칭송하는 '근대화론', 근대 일본의 대외 침략을 정당화하는 '대동아전쟁긍정론', 근대 일본의 역사를 '성공'과 '영광'으로 치부하는 '메이지백년제', 그리고 이에나가 사부로의 교과서 검정으로 대표되는 '교육반동화'는 '전후 역사학'에 있어 커다란 역풍이었다.

그러나 '전후 역사학'은 거센 역풍에 굴하지 않고 시대 상황의 변화에 따라 대응하면서 스스로 자기비판과 극복을 위한 새로운 방법론의 모색을 시도해 왔다. 1960년대의 민중사상사와 1970년대의 사회사는 모두 '전후 역사학'의 영향하에서 출발한 비판적 계승의 시도였지 '전후 역사학'과 결별을 고하면서 전혀 다른 입장에서 새로운 역사상을 구축한 것은 아니었다.

오늘날 역사 인식의 지평에서 볼 때 '전후 역사학'은 그 실천적 의욕에도 불구하고 역사 인식의 이론으로서는 이미 파산한 것으로 평가할지도 모른다. 그러나 오늘날의 시대감각에서 '전후 역사학'을 단죄할 경우 그것이 가지는 역사적 의미를 제대로 이해할 수가 없다. 패전 직후 일본 사회의 구조 변혁을 총체적인 형태로 추진하려는 변혁기의 거대한 시대상황 속에서 볼 때, 역사 인식이 사회구성체의 구조적 문제와 관련하여 치열하게 논의되었던 것은 그만큼 '전후 역사학'이 현실이 제기하는 문제를 민감하게 받아들이고 이에 대한 역사학으로서의 노력을 성실하게 거듭해왔다는 것을 말해주고 있다. '전후 역사학'이 1950년대 일본 사회에서 그만큼 커다란 영향력을 가질 수 있었던 것도 이러한 치열한 노력과 결코 무관하지 않다. 따라서 '전후 역사학'을 오늘날의 역사 인식에서 단순하게 교조주의적으로서 그릇된 '세계사의 기본 법칙'을 일본 역사에 적용한 것으로만 평가해서는 안 된다. 더구나 전전·전시기를 통해서 일본인의 정신 구조를 속박하고 침략 전쟁에 동원하는 이데올로기에 의거한 '황국사관'을 단기간에 극복하고 합리적·과학적 인식의 틀을 만들어야 한다는 긴박하고도 실천적인 과제에 정면에서 임한 역할의 의의는 역사적으로 중요한 의미를 가진다고 하지 않을 수 없다.

'전후 역사학'의 또 하나의 귀중한 유산으로 철저한 '실증주의'를 들 수 있을 것이다. 야스마루의 말을 빌리자면 "역사가에게는 사료를 마주하고 '사실'을 탐구하는 현장이 중요한 작업장인 것이며 그 작업장에는 자기 자신만이 지금 이 특정한 사료를 다루어 새로운 발견을 하고 있다는 감각", 즉 '특별한 실증주의적 신념'112)이라는 '전후 역사학'의 학풍은 역사학의 본연의 자세가 무엇인가를 우리에게 웅변해주고 있다.

물론 '전후 역사학'에 문제점과 한계가 전혀 없었던 것은 아니다. 본고에서 지적한 천황제와 아시아 인식의 문제, 그리고 여기서 파생되는 전쟁 책임과 역사 인식의 문제는 아직도 진행 중에 있는 과제라 할 수 있다. 그런 점에서 '전후 역사학'이 '국민'과 '민족'의 문제를 어떻게 인식하고 논의하였는지, 그리고 무엇보다도 일본인의 역사 인식이 천황제, 전쟁 책임, 아시아 정체성의 문제와 어떤 관련성을 가지는지를 '전후 역사학'이 전개되어 온 시대적인 상황에 입각해서 재검토하는 것은 새로운 역사학의 패러다임을 생각하는 데도 불가결한 문제라고 할 수 있을 것이다.

더구나 마르크스주의 역사학의 근원적 난제로서 남아있는 '아시아 정체성론'이 본래의 의미에서 완전히 이탈하여 일본의 아시아 침략과 식민지 지배를 정당화하는 논리의 배후에 모습을 드러내고 있는 상황에서 '전후 역사학'이 주는 교훈을 되돌아보는 것은 더욱 중요한 의미를 가진다고 하겠다. 2000년대에 들어와서도 불식되지 않고 있는 일본 근대사 연구자들의 식민지 문제에 대한 경시, 또는 무시,113) '한국병합 100

---

112) 安丸良夫, 「表象と意味の歴史学」(安丸良夫, 『現代日本思想論』, 143쪽).
113) 예를 들면 미야지마 히로시는 아메미야 쇼이치(雨宮昭一)의 전후 개혁은 내적인 요인에 의한 것이며 식민지 지배의 책임 문제는 외적 조건에 의해 저해되었다(雨宮昭一, 『日本近現代史シリーズ 7・占領と改革』, 岩波新書, 2008)는 설명에 대하여 식민지 문제를 전적으로 무시한 독선적인 주장이며 '커다란 역사의 시좌를 상실'한 '일본인만의 폐쇄적인 역사상'의 전형이라고 비판하고 있다(宮嶋博史, 「方法としての東アジア再考」, 『歴史評論』, 729, 2011.1, 15~16쪽). 여기서 미야지마는 '자립'을 지킨 일본과 '자립'에 실패한 조선, 중국이라는 식으로 동아시아 근대사에 대한 인식이 여전히 극복되지 않고 있

년'을 앞두고 조선 침략의 역사적 사실을 무시하거나 상대화하여 '메이지의 영광'에 향수를 느끼는 일반적인 사조,114) 이토 히로부미를 평화주의자로 미화하고 한국의 근대화에 진력한 인물로 묘사하는 역사 서술115) 등은 전후 역사학의 '고고한 지기(志氣)와 모럴'116)조차 상실해버린 안타까움을 자아낸다. 이러한 역사 인식이 보수 이데올로기의 국가주의적인 역사관에 이용되고 있는 현실에서 볼 때 '전후 역사학'의 양질의 유산을 되돌아보고 거기서 얻을 수 있는 교훈을 모색하는 것은 여전히 역사학을 지향하는 자들에게 중요한 과제라 하지 않을 수 없다.

다는 점을 비판하고 그 사고의 전환이 필요하다는 것을 주장하고 있다(11쪽).
114) 이에 대한 비판은 中塚明, 「日本近代史と朝鮮問題」, 『歷史学研究』, 867, 2010. 6, 10~11쪽 참조.
115) 伊藤之雄, 『伊藤博文と韓国統治』, ミネルウァ書房, 2009.
116) 宮島博史, 「方法としての東アジア再考」, 16쪽.

찾아보기

【1/A】
GHQ 130, 139, 165, 195
GHQ의 검열 116
GHQ의 검열제도 117

【ㄱ】
가나모리 도쿠지로 180, 181
가노 마사나오 311
가리온 215
가메이 가츠이치로 296
가미시마 지로 309
가사노동 177
가세 가즈토시 264
가야하라 가잔 240
가와시마 다케요시 225
가지 신조 233, 237
가타야마 모리히데 110
가토 도시히코 263
강재언 214
강좌파 248
강화조약(안보조약) 48
결전가곡 113
고노에 히데마로 119
고바야시 다키지 36
고바야시 히데오 29
고지마 가즈오 261
고토 야스시 309
곤도 히데조 174
구라하라 고레히토 32
구스타프 말러 126
구체음악 142
국민문학론 26
국민적역사학운동 294
국제문제연구소 252
근대문학 26
근대화론 298
기다야마 시게오 281
기도 시로오 120
기원절 부활운동 305
기타가와 도쿠스케 259
김달수 51
김석범 208
김시종 208

【ㄴ】
나가하라 게이지 297
나카노 시게하루 27
나카무라 마사노리 273
나카야 우키치로 178
남바라 시게루 229

노농파	248	도쿄대학 사회과학연구소	224
노다 요시유키	233	도쿄신문	129
노로 에이타로	281	도쿄음악학교	120, 128, 129
노무라 고이치	122, 125, 126	도쿠다 규이치	295
니노미야 히로유키	314, 274	도호쿠제국대학	241
니시가와 나가오	293	독일 음악	134
니시지마 사다오	305	동아시아	147

【ㄷ】

【ㄹ】

다리우스 미요	131	라쇼몽	139
다이쇼 데모크라시	308	리하르트 슈트라우스	119
다카무라 나오스케	309		
다카야나기 싱이치	262	【ㅁ】	
다카하시 고하치로	237, 277	마루야마 마사오	47, 225, 270
다카하시 유지	233	마르크 브로크	313
다케미추 도루	109	마르크스주의	239
다케미츠 도루	141	마츠모토 레이지	239
다케우치 요시미	26, 292	마츠모토 산노스케	309
대동아전쟁긍정론	298	마츠모토 신하치로	281
데라다 다케오	178	막말엄매뉴설	290
데루오카 슈조	263	메이지백년제	298
도마 세이타	281	메이지유신	285
도시다니 노부요시	263	메이지헌법	284
도야마 시게키	296	모리 이와오	120
도쿄 전범 재판	119	모리타 오사무	264
도쿄대학	224	모차르트	134

미야모토 겐지	32	사사키 쥰노스케	306
미야모토 유리코	171	사적유물론	248
미야자와 도시요시	238	四全協	295
미요시 아키라	108	사토 신이치	276
미우라 다마키	130	사회과학	224
미점령군	117	사회과학의 기본문제	226
민법 개정	167	사회과학자	225
민주조선	203	사회주의	239
민주주의과학자협의회	279	샹송	135, 146
		서경식	198

【ㅂ】

		세이토	152
바그너	109	소화사논쟁	296
바흐	134	쉰베르크	131
박경식	213	쇼스타코비치	132, 131
반노 쥰지	309	쇼지 기치노스케	306
방악	109	쇼치쿠	120
베르디	108	순애보	139
베토벤	134	슈만	134
부인공론	156	스다 쯔토무	278
부인문제	157	스에노부 산지	233
북송사업	219	스에히로 아키라	264
비제	108	스이타사건	209
빌헬름 푸르트벵글러	118	스즈키 마사시	281
		스즈키 코이치로	233

【ㅅ】

		시라카바파	42
사랑의 운동	127	시로오120	

시마나카 유사쿠	158
시모야마 사부로	309
시모야마 에이지	259
시바 료타로	300
시바가키 가즈오	263
시바다 미치오	314
시바하라 다쿠지	307
신부인협회	152
신일본문학회	31
신진카이	240
실험공방	142, 144
쓰다 히데오	306

【ㅇ】

아날학파	313
아라 마사히토	37
아라키 모리아키	262
아리이즈미 도루	232
아미노 요시히코	314
아방가르드 음악	144
아베 긴야	313
아시아적 생산양식	289
아시아정체성론	288
애국행진곡	113
야나이 가쓰미	233
야나이하라 다다오	226
야마구치 마사오	314
야마네 긴지	110, 121
야마노우치 이치로	121, 226
야마다 고사쿠	140, 142
야마다 다다오	306
야마다 모리타로	280
야마모토 겐키치	27
야마베 겐타로	292
야스마루 요시오	311, 270, 307
야스쿠니신사 국가호지법안	305
엔도 쇼키치	233
여성의 참정권	168
역사학연구회	279
영화 검열	140
영화음악	136, 139
예술신조	145
오규 소라이	290
오우치 츠토무	233
오이시 카이치로	309
五全協	295
오츠카 히사오	225, 270
오코노기 마사부로	281
오코우치 가즈오	233
오쿠다이라 야스히로	260
와가쓰마 사카에	230
와다 하루키	226

와타나베 요시미치	281	음악영화	136, 139
요나오시상황론	306	음악예술	113, 115, 144
요사노 아키코	152	음악정신대	114
요시노 사쿠조	240	음악지식	112, 114, 142, 145
요시모토 다카아키	56	이구치 모토나리	120
요시모토 아키미쓰	122	이노우에 기요시	281
우게츠 이야기	139	이데 요시노리	236
우노 고조	226	이동 연주단	130
우노 시게키	266	이로가와 다이기치	311
우다카 모토스케	242	이마이 다다시	138, 140
우미유카바	113	이소다 스스무	243
우시오미 도시타카	261	이소마에 준이치	277
우지하라 쇼지로	263	이시다 다케시	226, 309
우치다 리키조	233	이시모다 쇼	277, 281
우치다 요시히코	239	이시이 간지	274, 309
우카이 노부시게	232	이에나가 사부로	276
우타고에	146	이치카와 후사에	152
우타고에 운동	141, 147	이토 리츠	243
월간악보	112	이회성	214
유대인 음악가	123, 124	인간선언	284
유아사 죠지	141	인민투쟁사	306
六全協	295	일본 영화	139
음악과 전투	114	일본그리스도교부인교풍회	152
음악구락부	112	일본낭만파	42
음악문화	112, 113, 125	일본사연구회	279
음악세계	112	일본음악연맹	128, 129

일본자본주의논쟁	275
일본전후음악사	110

【ㅈ】

자라 레안더	140
재일본대한민국거류민단	199
재일본조선통일민주전선	207
재일조선인	192
재일조선인연맹	199
재즈	135
재즈 음악	133, 146
전쟁 책임	145
전쟁범죄자	122
전후 계몽	239
전후 사회과학	224
정체성 정치	194
제국음악협회	119
조국방위대	207
조선총련	196
지옥문	139
진달래	210

【ㅊ】

차이콥스키	109, 140

【ㅋ】

코민테른	288
코민포름	293
클라우스 프링스하임	111, 126, 127

【ㅌ】

태평양전쟁	124, 133
토마스 만	126, 127

【ㅍ】

포스트모더니즘	315
프랑스 음악	134
피압박민족의 문학	49

【ㅎ】

하니 고로	280
하시가와 분조	309
하시모토 구니히코	120
하야시 다케히사	263
하야시 모토이	281
하야시 시게루	232
한국전쟁	48, 206
한덕수	212
핫토리 시소	280, 289
헤르베르트 카라얀	119
헤베르트 폰 디르크센	125

현대음악	131, 146
호리 도시가즈	305
호리에 에이이치	306
호리우치 게이조	125, 145
호소가와 미도리	120
혼다 슈고	33
황국사관	278
후루시마 도시오	276
후지다 쇼조	309
후지와라 요시에	142
후지이 히로시	237
후지타 이사무	261
후쿠다 쓰네아리	54
후쿠시마 마사오	276
후쿠시마 신고	227
히라노 겐	36
히라노 요시타로	280
히라쓰카 라이초	152
히라이 고우자부로	120
히라지마 겐지	264
히로다 마사키	307, 311
히틀러	118
힌데미트	131

필자약력

장인성

서울대학교 정치외교학부 교수. 도쿄대학에서 요코이 쇼난(横井小楠)과 김윤식의 국제 정치사상을 중심으로 한 개항기 한일 정치사상 비교 연구로 학술박사 취득. 주요 연구 분야는 동아시아 국제사회론, 일본사상사, 동아시아 국제정치사상, 동아시아 개념사. 주요 저서로 『장소의 국제정치사상』(서울대학교출판부, 2002), 『근대한국의 국제관념에 나타난 도덕과 권력』(서울대학교출판부, 2006), 『메이지유신』(살림, 2007) 등이 있음.

서동주

서울대학교 일본연구소 HK연구교수. 전공 분야는 일본근현대문학, 표상문화연구. 쓰쿠바대학에서 1920년대 '신흥문예'라 불리며 문단을 석권했던 모더니즘 문학 및 사회주의문학과 식민지주의의 상상력의 공모성에 대한 연구로 문학박사 학위를 취득. 주요 업적으로는 『전후의 탄생』(공저, 그린비, 2013), 『전후일본의 보수와 표상』(공저, 서울대학교출판부, 2010) 등의 단행본과 「1938년 일본어 연극 〈춘향전〉의 조선 '귀환'과 제국일본의 조선 붐」(2013), 「새로운 전쟁과 일본 전후문학의 사상공간」(2012) 등의 논문이 있음.

이경분

서울대학교 일본연구소 HK연구교수. 독일 마르부르크대학교에서 독일의 망명문학에 관한 연구로 독문학 석사를 취득하고, 동 대학교에서 망명 음악 연구 논문으로 음악학 박사를 취득. 저서로는 『Musik und Literatur im Exil』(2001), 『망명음악 나치음악』(2004), 『프로파간다와 음악 - 나치방송정책의 '낭만적 모더니즘'』(2009), 『전후 일본, 그리고 낯선 동아시아』(공저 2011), 논문으로 「영화음악으로 해석한 일제강점기 영화 〈半島の春〉」(2012), 「식민지 조선의 음악문화에 나타난 쇼와천황의 청각적 이미지」(2012) 등이 있음.

이은경

서울대학교 일본연구소 HK연구교수. 도쿄대학에서 하니 모토코(羽仁もと子)라는 인물을 중심으로 근대 일본 여성의 사상・종교・전쟁 문제를 연구하여 학술박사를 취득. 근현대 일본 여성들의 운동・생활・문화를 복원하여 사회적・역사적 위치를 부여하는 연구를 수행 중. 주요 업적으로는 『일본사의 변혁기를 본다』(공저, 지식산업사, 2011), 『현대일본의 전통문화』(공저, 박문사, 2012) 등의 연구서와 「다이쇼기 일본 여성운동의 조직화와 노선갈등」(2011), 「전후 일본 여성의 대외인식」(2011), 「근대 일본 기독교인의 전쟁협력」(2010) 등이 있음.

조관자

서울대학교 일본연구소 HK교수. 도쿄대학에서 일본의 국학자인 모토오리 노리나가론으로 석사 학위를 받고, 식민지기(1910-1945) 한일의 지식 교류와 문화 내셔널리즘의 교섭 현상을 연구하여 박사 학위를 취득. 저서로 『植民地朝鮮／帝国日本の文化連環-ナショナリズムと反復する植民地主義』(有志社, 2007), 공저로 『식민지 공공성- 실체와 은유의 거리』(책과함께, 2010) 등이 있고, 연구 논문으로는 「이양지가 찾은 언어의 뿌리」(2007), 「'민족주체'를 호출하는 '재일조선인'」(2011)이 있음.

남기정

　서울대학교 일본연구소 HK교수. 도쿄대학 대학원 종합문화연구과 박사. 전후 일본의 정치와 외교를 동아시아 국제정치의 문맥에서 분석해 왔으며, 최근에는 전후 일본의 평화주의와 평화운동에도 관심을 갖고 연구하고 있음. 주요 업적으로는 『김대중과 한일관계』(공저, 2012), 『전후 일본, 그리고 낯선 동아시아』(편저, 2011), 「베트남 '반전탈주' 미군병사와 일본의 시민운동: 생활세계의 전쟁과 평화」(2012), 「중일국교정상화와 한일관계: 지연된 갈등」(2011) 등이 있음.

박진우

　숙명여자대학교 일본학과 교수. 히도츠바시대학 사회학연구과에서 메이지 초기의 근대천황제형성기 국가와 민중의 관계에 관한 연구로 박사 학위 취득. 전후 일본의 천황제와 역사 인식의 관계성이 주요 연구 분야. 주요 저서로는 『근대일본형성기의 국가와 민중』(2003, 제이앤씨), 『21세기 천황제와 일본』(2006, 논형), 공저로 『함께 읽는 동아시아 근현대사』1, 2(2010, 창비), 역서로 『근대천황상의 형성』(2008, 논형) 등이 있음.

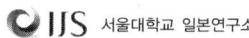 서울대학교 일본연구소

현대일본생활세계총서 **4**

전후 일본의 지식 풍경

초판1쇄 인쇄 2013년 06월 21일
초판1쇄 발행 2013년 06월 28일

저 자 장인성 외
발행인 윤석현
발행처 도서출판 박문사
등 록 제2009-11호
전 화 (02)992-3253(대)
전 송 (02)991-1285
주 소 서울시 도봉구 창동 624-1 북한산현대홈시티 102-1106

편 집 자 주수련
책임편집 김선은
전자우편 bakmunsa@hanmail.net
홈페이지 http://www.jncbms.co.kr

ⓒ 서울대학교 일본연구소 2013 All rights reserved. Printed in Seoul KOREA.

ISBN 978-89-98468-07-1 93910 　　　　**정가** 18,000원

·저자 및 출판사의 허락 없이 이 책의 일부 또는 전부를 무단복제·전재·발췌할 수 없습니다.
·잘못된 책은 바꿔 드립니다.